Jürgen Stahnke

... ich habe noch gar nicht gelebt!

Kindheit und Jugend

2. Auflage
Berlin 2019
© Jürgen Stahnke
kleiner.poet@t-online.de

Vorwort

Ich bin als drittes von elf Kindern in erbärmlichen, asozialen Verhältnissen aufgewachsen. Mit dreizehn Jahren kam ich in ein Kinderheim, mit neunzehn Jahren ins Gefängnis, und mit einundzwanzig Jahren bin ich nach West-Berlin gezogen.

Bis dahin habe ich immer wieder Misshandlungen, auch Missbrauch und Verachtung ertragen müssen. In mir wuchs in diesen Jahren der Hass auf die Gesellschaft, der ich große Mitschuld an meiner Entwicklung gab. Gleichwohl habe ich versucht, aus eigener Kraft diesem Elend zu entkommen. Ich wollte beweisen, dass man vieles schaffen kann, wenn man nur will. Einige Jahre versuchte ich es, hatte Pläne und setzte davon auch einige um. Aber die Narben der Kindheit brachen immer wieder auf. Das äußerte sich in Brutalität, Alkoholismus, Sexsucht, Depressionen und Selbstmordversuchen.

Meine Aufzeichnungen unter dem Titel „Ich habe noch gar nicht gelebt" sollten eigentlich in drei Teilen bis in die Gegenwart führen:

- Eine Kindheit,
- Die wilden Jahre
- Die Depression

Für den dritten Teil hatte ich dann nicht mehr die Kraft. Es war für mich aktuell zu belastend, in meiner eigenen Vergangenheit zu wühlen. Deswegen gibt es jetzt *(erst einmal?)* nur die ersten beiden Teile.

Inzwischen bin ich 69 Jahre alt, beziehe eine Rente und lebe mit zwei Katzen zum großen Teil in der Vergangenheit. Das Schreiben hat mir *(noch?)* nicht geholfen, meine Erlebnisse zu verkraften. Vielmehr leide ich ohne Ende, wenn ich mich mit meinen Erinnerungen beschäftige.

Und doch bin ich ein wenig stolz darauf, dass ich, als ehemaliges Heimkind, nach der 6. Klasse aus der Schule entlassen, heute ohne fremde Hilfe und mit Zwei-Finger-Such-System das Manuskript zu diesem Buch zustande gebracht habe.

Möge die Geschichte von ROBERT STREBEL den Leserinnen und Lesern einen Einblick in die Erlebnisse und mühseligen Verarbeitungsversuche eines ehemaligen Heimzöglings geben und helfen, ihn *(und mich)* besser zu verstehen.

Jürgen Stahnke, 2019

Herstellung und Verlag:

BoD – Books on Demand, Norderstedt

Bibliografische Information der Deutschen Nationalbibliothek:

Die Deutsche Nationalbibliothek verzeichnet diese Publikation in
der Deutschen Nationalbibliografie; detaillierte bibliografische
Daten sind im Internet über http://dnb.dnb.de abrufbar.

ISBN: 978-3-7494-5330-6

Prolog

Robert träumte wieder von „ihr", sie lagen im Bett und liebten sich, und Simone schaute ihm dabei tief in die Augen. „Nie mehr will ich mit einem anderen schlafen, nie wieder einen anderen lieben, nur dich, denn du bist die Liebe meines Lebens!". Er hat ihre Stimme noch im Ohr, als er erwacht. Wie viele Jahre ist das alles schon her, als er zum letzten Mal verliebt und glücklich war?

Zickchen kuschelt dicht an ihm, und das ganze Elend türmt sich wie ein riesiger Berg vor ihm auf. Wie lange wird das Kätzchen noch bei ihm sein? Und Frederik, der Kater? Werden sie vor ihm sterben, oder setzt er seinem Leben zuvor ein Ende? Aber wer wird sich dann um seine Lieblinge kümmern?

Der Tinnitus macht ihn noch wahnsinnig, es rauscht und pfeift und dröhnt in seinem Schädel, als hätte man Lautsprecher neben seinen Ohren auf volle Lautstärke gestellt. Und diese unerträglichen Kopfschmerzen, Robert ist verzweifelt, alles ist so hoffnungslos, so sinnlos, seine Blase drückt, er müsste aufs Klo, aber es fällt ihm schwer, aus dem Bett zu steigen. Wäre es nicht schön, einfach weiter zu schlafen und nie mehr zu erwachen? Die Tränen laufen über sein Gesicht, diese Scheißdepression, er kriegt das einfach nicht in den Griff und dann die Schmerzen in den Gelenken, ist das die Strafe für seinen Lebenswandel? Keiner ist da, um ihm zuzuhören, mit ihm zu sprechen.

Neulich kam es auch wieder so über ihn, Angst, Panik, er wird nicht gebraucht, ist zu nichts mehr nütze, niemand liebt ihn, er möchte sterben, und will doch leben! Mit aller Kraft zwingt er sich in die Arztpraxis, weint und jammert vor sich hin, bittet um Hilfe. Die Psychiaterin kennt Robert und seine Geschichte schon einige Jahre, sie spritzt ihm ein Beruhigungsmittel, dann verordnet sie ihm wieder Psychopharmaka. "Herr Strebel, mehr kann ich für sie nicht tun, Sie müssen das alleine schaffen, und wenn Sie sich umbringen wollen, bitte, ich kann Ihnen nicht mehr helfen, niemand kann Ihnen helfen!"

Wieder zuhause legt er sich ins Bett und schläft ein. Am Abend geht es ihm etwas besser, er grübelt vor sich hin, denkt an die zurückliegenden Jahre.

Immer wieder kommen die Fragen, "warum bin ich so, warum muss ich leiden, warum will ich sterben? Ist dies alles das Erbe meiner Eltern?" Die Ärztin hat mal zu ihm gesagt, "Ihre Probleme haben vermutlich ihren Ursprung in der Kindheit, vielleicht würde es Ihnen helfen, wenn Sie darüber schreiben. Ihre Erlebnisse würden sicher ausreichen, um ein dickes Buch zu füllen, versuchen Sie es doch einmal, ich traue es Ihnen zu!"

Robert hatte schon vorher alle paar Jahre einige Blätter geschrieben und wieder beiseitegelegt, denn oft war die Erinnerung so schlimm, dass er es einfach nicht mehr ertragen konnte, so stark und heftig kamen die Gefühle über ihn *("die Geister die ich rief, ich werde sie nicht mehr los")*.

Jetzt, nach zwanzig Jahren, will er sein Buch fertigstellen. Er weiß ja nicht, wie lange er noch zu leben hat. Vielleicht, wenn er Glück hat, sind es noch zehn, zwölf Jahre. "Ja, denkt er, warum eigentlich nicht, denn ich habe noch gar nicht gelebt!"

Eine Kindheit

Wenn Robert an etwas Angenehmes in seiner Kindheit denkt, so fällt ihm nur Ostern ein. Dann sieht er eine grüne Wiese vor sich und riecht den Duft des Grases und der blühenden Bäume. Unter einem Busch findet er ein Nest, in dem ein Hase aus Schokolade sitzt, umgeben von bunten Ostereiern.

Es bleibt die einzige, schöne Erinnerung an seinen Vater!

Die Geschichte beginnt in einem kleinen Dorf, einige Kilometer von der nächsten Stadt entfernt, dieses wollen wir "Adorf" nennen:

Der zwölfjährige Robert lungert schon stundenlang im Dorf herum. Er ist klein, schmächtig und unterernährt. Hunger und Kälte machen ihm arg zu schaffen, aber die Angst vor seinem Vater ist noch viel stärker.

Langsam wird es Abend, die Dunkelheit ist sein Freund, nun kann er sich vorsichtig an das Haus heranschleichen, in dem sie wohnen. Es ist das Gemeindehaus, zweigeschossig, links und rechts gesäumt von einem gleich großen Haus, in dem jeweils ein Lehrer aus der Dorfschule mit seiner Familie wohnt. Auf dem kleinen Vorplatz steht ein großer Baum, eine Eiche. Vier große Sandsteine schließen ihn zur Straße hin ab. Robert lebt dort mit den Eltern und sechs Geschwistern im Erdgeschoß. Zwei unbeheizte Räume zum Schlafen, sowie eine Küche, in der sich das "Leben" abspielt.

Miete zahlen sie schon lange nicht mehr. Der Vater ist oft arbeitslos, was aber auch daran liegt, dass er ein Säufer ist und ein notorischer Faulpelz. Vorgestern z.B. bekam er einen Job als Bauhelfer, nur einen Tag später ließ er sich einen Vorschuss geben, und heute hatte er schon keine Lust mehr zum Arbeiten.

Als Robert an diesem Tag von der Schule kam, ahnte er Übles. Voller Hoffnung auf ein warmes Mittagessen kam er zur Türe herein, als der Alte schon schrie, "du verfluchtes Bankert, wo kommst du jetzt erst her? Sofort gehst du los, zu den Bauern und holst etwas zu trinken, und wage es nicht, ohne Wein zurück zu kommen". Mit diesen Worten ging der Vater, ein kräftiger untersetzter Mann, auf den Jungen los, riss ihm den Ranzen aus den Händen und trat ihm mit voller Wucht so in den Hintern, dass er fast zu Boden stürzte. "Hoffentlich ist die Narbe am After nicht wieder aufgeplatzt", denkt Robert.

Sein Vater hatte ihm vor einigen Wochen in einem Wutanfall so zwischen die Pobacken getreten, dass der Darmausgang eingerissen war. Auf dem Küchentisch liegend wurde die Wunde vom Dorfarzt genäht. "Ich werde Sie ins Zuchthaus bringen, wenn Sie nicht aufhören, den Jungen zu misshandeln", sagte der Arzt. Aber wirklich geändert hat sich doch nichts. Der Alte hat geweint und Robert versprochen, ihn nicht mehr zu schlagen, aber nach ein paar Tagen war alles wieder wie sonst auch.

So schnell er konnte, rannte Robert aus dem Haus und die Straße hinunter zum Bach, um sich erstmal zu beruhigen. Bei den Bauern würde er abends um Wein betteln, jetzt um die Mittagszeit waren alle, die arbeiten konnten, auf den Feldern. Der Alte tobt, "drei Stunden ist der faule Hund schon weg, na warte, wenn der wieder heimkommt, der kann was erleben, wo ist denn der Bettpisser?", er meint die jüngere Schwester Rosie, die nachts immer noch einnässt. "Hier Papa, hier bin ich", leise kommt die Stimme von Rosie aus der Ecke. Der Alte stiert sie wütend an und schreit: "Geh los und suche den Drecksack, sage ihm, ohne Wein braucht er nicht mehr heimzukommen"!

Rosie verlässt ganz schnell die Wohnung, sie kann sich denken, wo ihr Bruder ist. Sie halten zusammen, der Junge und das Mädchen, einer hilft dem anderen. Auch bei Erfahrungen im Gebüsch oder im Strohhaufen, wenn Robert Doktor spielen will, sie ist die Kranke, und er fummelt da unten an ihr herum. Bis zum Bahnhof - er liegt am oberen Dorf Ende, gleich dahinter beginnt ein kleines Wäldchen - läuft sie ohne Unterbrechung. In der Schule sagt man, sie hätte Chancen in der Leichtathletik, aber Vater verbietet jede Art von sportlichen Aktivitäten. "Was brauchen die Sport, die sollen arbeiten, damit sie was zum Fressen haben!"

Im Bahnhofsgebäude wohnt auch eine kinderreiche Familie, manchmal treffen sie sich mit den beiden älteren, rothaarigen Schwestern zum Herumtoben im Wald, die machen auch bei den Doktorspielen mit, aber heute ist Robert nicht da. "Vielleicht ist er in seiner Höhle im Wald", denkt Rosie, "oder soll ich doch besser zum ‚Fluss' *(ein kleiner Bach)* gehen? Aber das ist ja wieder am anderen Ende vom Dorf."

Robert ist gerne am ‚Fluss', hier trafen sich überwiegend die Kinder vom Dorf, oft spielten sie Trapper und Indianer, aber meistens nur die Armen, die Kinder der Reichen durften nicht mit ihnen spielen, für die waren sie asozial. In der Schule hatten sie schon mal Winnetou gelesen. Das war ein Held! So wollte er auch sein, groß und stark, niemand könnte ihm mehr wehtun, alle hätten Angst vor ihm. Bestimmt würde ihn auch die Tochter vom Sportlehrer gernhaben, die ihn jetzt nicht will, weil er so arm und schmutzig ist.

Langsam schlendert er am Wasser entlang, manchmal kann man einen kleinen Fisch sehen oder eine Wasserratte, richtig friedlich ist es hier. "Was mache ich bloß bis heute Abend?", sinniert er vor sich hin. Vielleicht wäre es besser, ins Dorf zu gehen, zu Klaus, seinem älteren Freund, der hat immer die neuesten Tarzan- und Sigurd-Hefte. Klaus ist auch aus armen Verhältnissen, aber die Mutter arbeitet täglich bei den Bauern und ernährt ihn und seine vier Geschwister. Ihnen geht es besser als Roberts Familie, sie müssen nicht hungern. Sein Vater, der "Schorsch" treibt sich als Säufer im Dorf herum, wenn er nicht gerade mal wieder im Gefängnis sitzt, weil er keinen Unterhalt zahlt für Frau und Kinder.

Voriges Jahr hatte Roberts Vater eine kleine Hündin gekauft, einen Spitz, der Schorsch hat sie manchmal geholt zum Spazieren gehen. Einmal hat er sie über Nacht bei sich im Schuppen gehalten, wo er hauste. Am nächsten Tag lief das Hündchen schwer mit weit gespreizten Hinterbeinen. Seitdem sagt sein Vater immer, wenn er betrunken ist, "Hundeficker" zu ihm.

Es ist früh Herbst geworden, die Bäume verlieren schon ihr Laub, und wenn die Sonne weg ist, denkt man an den Winter. So ungemütlich ist es. Auf dem Weg ins Dorf trifft Robert kaum auf Menschen. Seine Mutter ist auch im Feld bei der Kartoffelernte, bestimmt ist sie voller Sorge, was der Alte wieder mit den Kindern anstellt. Sie hat in letzter Zeit oft bereut, ihn geheiratet zu haben - Robert hat ein Gespräch mitgehört, das sie mit einer Tante geführt hatte - aber wer hätte sie denn genommen, mit den zwei unehelichen Kindern? Und schon wieder ist ihr Bauch angeschwollen!

Auf der Hauptstraße sieht er Fritz Arnold, der mit dem Traktor, samt Anhänger, vollgeladen mit Kartoffeln nach Hause kommt. Er ist der einzige Sohn vom Bauern, bei dem auch Robert oft arbeitet. Diese Leute behandeln ihn gut, er geht gerne zu ihnen. Über den Sohn wird gemunkelt, er wäre nicht ganz richtig im Kopf. Er ist anders als die Jungen im Dorf, schon über zwanzig Jahre alt, und hat noch keine Freundin. Außerdem geht er in der großen Stadt ins Theater und er hört Operetten!

„Vielleicht gibt er mir eine Flasche Wein", denkt Robert und öffnet das Tor zum Bauernhof. Er kommt aber nicht weit, weil Harras, der Schäferhund, frei umherläuft. Der Hund ist sehr bissig, schnell schließt Robert das Tor und macht sich davon.

Rosie geht langsam heim, sie konte ihren Bruder nicht finden. "Hoffentlich lässt der Vater seine Wut nicht an mir aus", denkt sie, "er ist ja unberechenbar, wenn er nichts zu saufen hat. "Auf dem Platz vor dem Haus stehen einige Leute an den Ecksteinen herum und genießen den Feierabend. Es sind alles Verwandte von ihr, aber schon was "Besseres", vor allem haben sie Arbeit und Essen.

Eine Tante hat sogar einen Fernseher! Sie wohnen alle im Gemeindehaus, insgesamt sechs Familien. Die einzelnen Wohnungen sind sehr klein, jeder Haushalt verfügt über einen Wasseranschluss, aber nicht alle haben einen Abfluss. Zwei Plumpsklos auf dem Hof für alle, sowie ein Misthaufen, auf dem morgens die Nacht-Eimer entleert werden. Und dann gibt es noch hinter der Scheune ein kleines Gärtchen, wo der Vater ein Schwein hält und Stallhasen. Robert und Rosie sind für die Tiere verantwortlich, sie müssen Futter besorgen, was oft genug von den Feldern der Bauern stammt und mehrfache, harte Bestrafung nach sich zieht, wenn sie erwischt werden: vom Bauern, vom Vater, vom Lehrer und manchmal auch vom Pfarrer. Trotzdem freuen sich alle auf den Tag, wenn geschlachtet wird, dann gibt es endlich wieder Fleisch und Wurst zu essen. Aber sehr oft verkauft Vater das Schwein und die Hasen und versäuft das Geld, dann ist "Schmalhans" wieder Küchenmeister.

Als sie die Treppe zur Wohnung hochgeht, hört sie schon Palaver und Gegröle, also hat der Alte Besuch, das ist gut, da hält er sich etwas zurück. Rosie öffnet die Küchentür und tritt ein. Der Schorsch, dieser Taugenichts, ist zu Besuch und hat etwas zum Saufen mitgebracht. Sie mag ihn nicht, er tatscht oft an ihr herum oder macht heimlich mit den Fingern und Daumen ein Zeichen, sie weiß was er von ihr will. Und dabei grinst er noch so schmierig. "Papa, ich habe den Robert nicht gefunden, ich gehe jetzt in den Stall und füttere die Tiere", so ruft sie und macht sich davon, noch bevor er etwas sagen kann.

Robert trifft auf dem Marktplatz einen Schulfreund, sein Ulkname ist "Spitzer", ein gutmütiger etwas einfältiger Junge, der oft mit ihm zusammen ist. Er hat Respekt vor Robert, der zwar klein und schmächtig ist, der aber keine Angst kennt unter seinesgleichen. Sie trotten gelangweilt aus dem Dorf in die Weinberge, Spitzer hat Zigaretten dabei, die wollen sie paffen. Die Weinlese war prächtig, es würde ein guter Wein werden, sagten die "Alten". "Am Wochenende werden wir wieder stoppeln müssen", denkt Robert. Stoppeln bedeutet, dass man nach der Weinlese, wenn die Weinberge offen, d.h. von jedermann zu betreten sind, nachsieht, ob noch irgendwo Trauben hängen. Die darf man ernten und verkaufen, mit etwas Wasser gepanscht kann man schon etliche Märker verdienen. Das Geld kassiert aber der Alte! Oft haben wir Kinder bei der Weinlese etliche Eimer voll Weintrauben unter dem Laub verbuddelt und später halt "gefunden". Bei der Kartoffelernte war es ähnlich, aber wehe, wenn die Bauern es gemerkt haben!

Inzwischen hat Rosie die Tiere gefüttert und sitzt in der Küche. Alle Kinder sitzen in der Küche *(es ist der Aufenthaltsraum, ein Wohnzimmer haben sie nicht)*, wenn sie nicht gerade Wein, Tabak oder Lebensmittel schnorren oder bei den Bauern arbeiten. Spielen oder Sport ist verboten. Immer ist jemand unterwegs, der Alte hält alle auf Trab. Mama ist noch nicht zuhause, aber es kann nicht mehr lange dauern, bis sie kommt. Alle warten schon auf sie. Der Alte wegen dem Geld, das sie heute verdient hat und die Kinder, weil sie Hunger haben und froh sind, dass der Vater dann etwas gnädiger ist. Der Onkel Hans ist auch noch vorbei gekommen, er haust sonst oben, unterm Dach. Der Vater hatte den Rotkreuz-Suchdienst eingeschaltet, weil er durch den Krieg seine Familie aus den Augen verloren hatte. Der Onkel Hans hatte sich daraufhin aus der Sowjetzone gemeldet. Er war dort

Volkspolizist und kam eines Tages ganz überraschend zu Besuch. Als kurze Zeit danach in Berlin die Mauer gebaut wurde, blieb er für immer bei ihnen. Sehr viele Jahre später haben wir erfahren, dass er Frau und Kind zurückgelassen hat. Er hat mit Robert aber nie darüber gesprochen.

Sie sitzen am Küchentisch und spielen Skat. Es ist sehr laut im Raum, vor allem Vater stänkert immerzu, er kann nicht gut spielen, und wenn er verliert, wird er sehr böse. Sie sind alle schon ziemlich betrunken. Der Alte hat mächtig verloren, "arme Mama", denkt Rosie, "da bleibt von deinem Geld nicht mehr viel übrig!"

„Rosie!!", der Alte brüllt nach ihr, obwohl sie ihm fast gegenüber sitzt. Er sieht schlecht auf einem Auge, durch den Zigarettenrauch und das schwache Licht hat er sie nicht bemerkt, "geh Wein holen, der Schorsch gibt Dir Geld. "Sofort springt sie auf und stellt sich mit offener Hand vor den Mann hin, der grinst schmierig und drückt ihr das Geld in die Hand. Dabei tätschelt er Rosie den Hintern. "Eine Mark für den Wein", sagt er "und der Groschen ist für dich, wenn du schnell wieder zurück bist." Sie läuft los, hoffentlich hat Vater das mit dem Groschen nicht mitbekommen, sonst muss sie ihn abgeben. Draußen ist es schon dunkel, aber sie braucht nur ein paar Häuser weit zu laufen zum Huber, dem Weinbauern. Ein widerlicher Geizhals, er verkauft ihnen immer den billigsten Wein, kaum genießbar, aber er steigt schnell in den Kopf.

Sie rennt die Haustreppen herunter, über den kleinen Platz zur Straße. Dabei wäre sie beinahe mit Robert zusammen gestoßen, er hatte sich hinter der großen Eiche versteckt. Hier wartete er auf eine Gelegenheit, um vom Vater unbemerkt ins Haus zu kommen. Es geht ihm nicht so gut, das Rauchen ist ihm wohl nicht bekommen, auch hat er großen Hunger. Zum letzten Mal hatte er in der Frühe ein paar Stullen gegessen, die hatte er einem Bauernjungen weggenommen. Morgen in der Schule wird es wohl wieder eine Tracht Prügel dafür geben, wie so oft, aber das ist ja schon fast normal für ihn. Nun steht er also auf dem Platz und wartet, bis sein Vater eingeschlafen ist, dann wird er sich ins Haus schleichen und schlafen gehen. Rosie hat eben Wein geholt und ihm gesagt, dass der Alte sehr wütend ist, weil er beim Skat verliert. Als er nun so vor sich hin sinniert, kommt seine Mutter von der Arbeit beim Bauern zurück. Ganz aufgeregt drängt Robert sich an sie und erzählt das Neueste vom Tage. Sie fängt an zu weinen und gibt ihm ein belegtes Brot, es war ihre Mahlzeit vom Bauern, während der

14

Arbeit im Felde. Sie bringt fast immer ihr Brot mit nach Hause, für die Kinder.

„Ich werde dir nachher das Fenster von der Stube aufmachen", sagt sie, "dann kannst du reinklettern."

Und so geschieht es dann auch. Robert klettert ins Zimmer und legt sich in eines der beiden Betten zu den schon schlafenden Geschwistern.

Robert ist oftmals wachgeworden, vom Gebrülle der Skatspieler und als Rosie sich an ihn kuschelt. Außerdem ist es sehr kalt, das Zimmer ist ungeheizt, die Betten feucht und durchgelegen. Als Decken dienen auch alte Mäntel und Jacken. Gerade hat er geträumt, von schöner Bekleidung und ganz viel Essen, als er ängstlich hochschreckt, sein Vater steht vor dem Bett und schüttelt ihn wach. Morgens ist er meistens friedlich, trotzdem hat Robert immer Angst vor ihm. "Leeb, aufstehen", sagt er, "guck mal, ob du etwas zum Trinken holen kannst, bei der Wiegand oder sonstwo".

(Der Vater hat die Kinder ganz selten mit dem richtigen Namen angesprochen, meistens waren es Schimpfnamen, die dann von anderen Leuten übernommen wurden und oft das ganze Leben gültig waren, das tat sehr weh.) Robert war also der Leeb *(von Löwe, weil er als kleines Kind immer so laut gebrüllt hatte, wenn der Hunger ihn überkam.)*

Schnell zieht Robert seine Hosen an, die Rosie hat ihn wieder voll gepinkelt in der Nacht, aber das Hemd ist schon trocken, er besitzt ja nur dieses eine, die anderen liegen schmutzig auf dem Wäschehaufen.

Heute hat er Glück: obwohl es noch sehr früh ist, bekommt er eine Flasche Wein. Die Bauern haben viel zu tun mit dem Weinkeltern, deshalb sind sie schon so zeitig auf den Beinen. Außerdem arbeitet sein Onkel Hans bei der Frau Wiegand.

Robert hat ihn sehr lieb, er steht ihm oftmals bei, wenn der Alte ihn verprügelt, und er gibt der Mama immer Geld und Essen für die Kinder. Der Onkel mag Mama auch sehr! Im letzten Jahr war der Vater einige Monate im Gefängnis, weil er ihn - seinen Bruder - im Streit so schwer verletzt hat, dass dieser ins Krankenhaus musste. Robert hat das Messer dann unter den Küchenschrank geschoben und versucht, dem Onkel zu helfen. Aber er war ja klein und schwach gegen den Vater, da hat er sich geschworen, wenn er mal groß ist, dann schlägt er ihn tot, falls er weiterhin den Onkel und die Mutter und die Geschwister verprügelt.

Während der Alte weg war, hat der Onkel oft bei Robert im Bett geschlafen. Einmal sagte er nachts zu ihm, "mach mal ein bisschen Platz" und schlaftrunken rückte Robert zur Seite, wurde aber auf einmal ganz wach vom Stöhnen und Keuchen neben sich. Langsam kroch er aus dem Bett, tastete sich zum Lichtschalter, knipste ihn an und was er dann sah, würde er sein Leben lang nicht mehr vergessen, die Mutter, seine anständige, liebe Mama lag mit gespreizten Beinen unter dem Onkel und er hatte seinen Schwanz in ihr!

Weinend rannte Robert aus dem Zimmer und in die Küche. Obwohl er seinen Vater hasste konnte er nur schreien, "das darf man nicht, ich sag es Papa, ich sag es Papa!"

Die Mutter und Onkel Hans liefen ihm nach, die Mama weinte und sagte, "wenn du das deinem Vater erzählst, dann gehe ich ins Wasser, ich ertränke mich und ihr kommt ins Heim."

Robert hat es dann für sich behalten. Viel später und nach ähnlichen Vorfällen, *(die beiden haben vor den Kindern all die Jahre nur selten ihre Gefühle zueinander verborgen)* hat er aber geahnt, wer der wirkliche Vater der kleineren Geschwister sein könnte. Sie waren anders geartet, auch äußerlich passten sie nicht zu den anderen Kindern.

Wie so oft schon ging Robert auch an diesem Tag ohne Schularbeiten zum Unterricht, wann hätte er sie denn machen sollen? Als er in die Schule kam, war er natürlich wieder der letzte, die anderen Kinder standen schon in Reih und Glied und mussten ein Gedicht vorsagen. Als er die Tür öffnete, verstummten alle und sahen zu ihm hin. Da stand er nun mit rotem Kopf, er schämte sich sehr, er war schmutzig, er stank und er hatte Angst. *(Vor einer Woche war es ähnlich, da schenkte ihm die Lehrerin vor der ganzen Schulklasse ein Stück Seife zum Waschen. Am liebsten wäre er damals vor Scham im Erdboden versunken).*

„Strebel!" der Lehrer ruft es mit lautem, drohenden Tonfall, "nach vorne zu mir."

Langsam geht Robert an den kichernden Kindern vorbei, bis er vor dem Lehrer steht. "Hoffentlich wird es nicht zu schlimm", denkt er. Mit spitzen

Fingern der linken Hand, so, als würde er in Scheiße greifen, fasst ihn der Lehrer ans Ohr und zieht ihn zu sich heran, um ihm eine "Kopfnuss" zu verpassen.

Dabei ist die Faust geballt und der Knöchel des Mittelfingers steht etwas gekrümmt hervor. Mit dieser rechten Faust schlägt ihm der große, schwere Mann so auf den Kopf, dass er vornüber fällt. "Das war für das zu spät Kommen" sagte der Lehrer "und nun leg dich über die Bank, jetzt kommt die Strafe für gestern, als du dem Klaus die Stullen weggenommen hast." Mit diesen Worten schlägt er wie ein Wahnsinniger mit dem Rohrstock auf Robert ein!

Das Jahr neigt sich dem Ende zu, in einer Woche ist Weihnachten. Roberts Schulklasse war in Mainz im Theater gewesen. "Peterchens Mondfahrt" wurde gespielt. Ursprünglich sollte er auch mitfahren, die Mutter hatte es fest versprochen. Aber dann war wieder kein Geld da, und er hatte auch keine ordentliche Kleidung, obwohl Robert an allen Tagen der Herbstferien von früh bis spät beim Bauern gearbeitet hatte. Alles schwer verdiente Geld wurde ihm vom Vater weggenommen.

Und nun sollte es Weihnachten Geschenke geben, aber er wusste, es würde so sein wie jedes Jahr. Der Weihnachtsmann würde an ihrem Haus vorbeifahren.

Der Vater hatte mal wieder keine Arbeit, die Familie lebte vom Kindergeld und dem, was die Mutter und die Kinder bei den Bauern verdienten. Aber jetzt im Winter hatte niemand Arbeit für sie.

Gelegentlich kamen Dieter und Gaby am Wochenende zu Besuch, es waren die älteren Geschwister. Sie hatten eine Beschäftigung in anderen Dörfern gefunden, sie schliefen auch bei ihren Arbeitgebern. Die beiden brachten auch immer etwas Geld mit, das meiste davon wurde aber vom Alten aufgebraucht, für Tabak und Alkohol.

Heute war es sehr kalt. Robert hatte keine richtige Winterkleidung, die Schuhsohlen hatten Löcher, sodass die Nässe eindringen konnte, er fror jämmerlich. Seit dem Mittag lief er von einem Bauern zum anderen und bettelte um ein paar Kartoffeln. Sie hatten daheim nichts mehr zu essen. Die Geschwister weinten vor Hunger, und der Alte wurde immer böser. Gestern war er wieder mal betrunken, und als die kleine Elke schrie, nahm er sie an den Füßen und schleuderte sie gegen die Wand. Rosie stand zufällig im Weg, konnte das Kind auffangen und so Schlimmeres verhindern.

„Ich werde noch mal zu Herrn Richter gehen," denkt Robert, das ist der Bauer, bei dem Mama immer arbeitet, ein Schulfreund von ihr.

Vor einigen Wochen war Mama spät abends von der Arbeit nach Hause gekommen. Sie hatte ein schönes Kleid an und eine Tasche mit Würsten und ein Brot dabei, das hatte sie von der Frau des Bauern bekommen. Der Alte war total besoffen, brüllte sie an, das Kleid wäre von einem anderen Mann, sie wäre ein Hure, dann schmiss er Wurst und Brot auf die Erde und trampelte darauf herum. Als Mama ihn daran hindern wollte, verprügelte er sie, und als sie am Boden lag, hat er ihr das Kleid mit den Zähnen vom Leib gerissen, bis sie nur noch die Unterwäsche anhatte. Dabei hat er geknurrt wie ein Hund. Die Kinder standen mit hungrigen Mägen dabei und haben geschrien vor Angst.

Robert geht über den Bauernhof zur Küche, wo schon Licht brennt und klopft zaghaft an die Türe. "Herein", ruft eine Männerstimme und ein Hund fängt an zu bellen. Vorsichtig macht er die Tür auf, die ganze Familie sitzt beim Abendessen." Was willst du", herrscht der Altbauer den Jungen an. "Lieber Herr Richter", bitte geben Sie mir ein paar Pfund Kartoffeln, wir haben nichts mehr zu essen, die Mama lässt bestellen, im Frühjahr kommt sie auch wieder zum Arbeiten. "Nichts gibt's", sagt der Bauer und geht auf Robert zu, "Euer Vater soll arbeiten gehen, dann habt ihr auch zu essen. Du warst doch erst gestern hier und hast wieder Wein geholt ohne Geld, außerdem habt ihr schon genug Schulden bei mir. Wer weiß ob ihr mir das jemals zurückzahlt." Mit diesen Worten schiebt er den Jungen aus dem Raum und macht die Türe zu. Traurig steht Robert draußen im Hof und denkt, "ihr Mistbauern, ihr werdet immer dicker und reicher und wir müssen hungern." Am liebsten würde er den Bauernhof anzünden, so groß ist der Hass in ihm.

Robert denkt an den Sommer zurück. Damals hatte er einen Strohhaufen angezündet, es hat wunderschön gebrannt. Die Strohballen gehörten mehreren Bauern, sie waren aufgetürmt und groß wie ein Haus. Aus allen umliegenden Dörfern kamen die Feuerwehren, aber sie konnten nur noch Schlimmeres verhindern, der Strohhaufen selbst brannte vollständig nieder.

Aber eigentlich war es keine Absicht, sondern ist nur durch Dummheit passiert.

Onkel Hans hat einen Kumpel aus dem Dorf, der ist als Ganove bekannt und sein Spitzname ist Messer-Paul, weil er ständig ein Messer dabei hat und wahrscheinlich damit auch zustechen würde. Auch war er schon öfter im Gefängnis wegen Diebstahl und Schlägereien. Neuerdings macht der Onkel mit diesem Kumpel krumme Sachen. Sie haben Zigarettenautomaten aufgebrochen und den Inhalt bei Roberts Familie in der Scheune versteckt, nur die Mutter und Robert wissen davon.

Und von diesen Zigaretten hatte er nun ein Päckchen genommen und wollte mit Spitzer in ihrer Höhle im Strohhaufen einige davon qualmen. Auf dem Weg dahin trafen sie einen Bauernsohn, er hatte einen sogenannten "Pferdefuß" (*das eine Bein ist kürzer und er trägt deshalb einen großen Spezialschuh),* Karl hatte auch Lust auf Zigaretten und so ging er mit ihnen. In der Höhle kam Robert dann dummerweise auf die Idee, ein Lagerfeuer zu machen, wie die Indianer. Na ja, auf jeden Fall brannte der Haufen ab, und nur weil der Karl dabei war, brauchte niemand für den Schaden aufzukommen. Die Bauern regelten das unter sich. Aber Robert wurde von seinem Vater halbtot geschlagen!

„Was mache ich denn nur", denkt Robert, "komme ich ohne Kartoffeln nach Hause, verprügelt mich der Alte. Besser wird sein, ich warte mal ab." Langsam geht er zum Gemeindehaus. Unterwegs trifft er Doris, sie ist die Tochter einer entfernten Verwandten. Sie wohnen ein paar Straßen weiter, ihr Vater säuft auch, aber er geht trotzdem immer arbeiten. Er hat nicht viel Schönes vom Leben gehabt, Mama sagte einmal, er hätte die Kriegserlebnisse nicht verkraftet, er war Matrose auf einem Schiff. Als er in Rente ging, bekam er kurz hintereinander beide Beine amputiert. Mama sagte, das käme vom vielen Zigarettenrauchen *(er ist dann auch bald gestorben).*

Doris lässt sich gerne von den Jungen befummeln, aber sie tut immer so, als wenn sie es gar nicht wollte. Fast immer lässt sie ihn ran. Sie ist ein Jahr jünger als Robert, hat kleine, feste Brüste und unten an der Muschi sind schon viele Haare dran. "Na, Doris, wollen wir uns nachher noch mal treffen, hinten im Hof?" Wie üblich ziert sie sich noch etwas, aber Robert kann sie überreden. "Und bring mir was zu essen mit, ich habe großen Hunger", sagt er.

Im Hof ist es stockdunkel, aber Robert könnte blind laufen, alles ist ihm sehr vertraut. In der verfallenen Scheune hat er schon unzählige Male geschlafen, wenn er sich aus Angst vor seinem Vater versteckte oder wenn die Kopfschmerzen mal wieder so schlimm waren, dass er es kaum noch ertragen konnte. Und immer war Pussi, die kleine Katze bei ihm, kuschelte sich an ihn, wärmte ihn.

Er wartet fast eine halbe Stunde bis Doris kommt. "Papa wollte mich nicht weglassen, weil es schon dunkel ist", sagt sie und gibt ihm ein Wurstbrot. Gierig stopft Robert sich die Backen voll und fängt an, ihr zwischen die Beine zu greifen. Er hat schon ein steifes, hartes Schwänzchen, es ist noch nicht groß gewachsen, und ein wenig schämt Robert sich deswegen. Klaus, sein Freund hat einen ganz großen, wie ein Mann und wenn sie wichsen, kann er schon spritzen. Doris legt sich in der Scheune auf das Stroh. Robert zieht ihr die Unterhose runter, macht die Beine auseinander und legt sich auf sie.

Sie ist ganz nass zwischen den Beinen und er denkt, "kann sie denn nicht warten mit dem Pullern, bis wir fertig sind?" Schnell schiebt er ihr sein Schwänzchen in die Muschi und zappelt hin und her, bis bei ihm da unten ein wunderbares Gefühl entsteht, unbeschreiblich schön!

Robert macht es mit den Mädchen, sooft wie es möglich ist. Am Anfang waren es ja nur "Doktorspiele". Als er dann gesehen hat, wie es Papa mit Mama und Onkel Hans mit Mama gemacht haben, da hat er es mal mit der Rothaarigen vom Bahnhof probiert, sie war schon etwas älter, das hat ihm mit ihr sehr gefallen. Allerdings ist die Auswahl nicht groß, mit Doris macht er es nicht so gerne, weil sie nicht so hübsch ist, und doof ist sie auch. An die Töchter der "besseren Leute" kommt er nur selten ran. Die dürfen ja nicht mit ihm gesehen werden, weil er asozial und schmutzig ist. Außerdem gibt es immer schlimme Prügel, vom Lehrer und vom Pfarrer, wenn er doch mal bei den "Schweinereien" erwischt wird.

Doris ist gerade gegangen, als noch jemand über den Hof schleicht und leise seinen Namen ruft. Es ist Rosie, sie kennt ja alle Verstecke von ihrem Bruder. "Du kannst reinkommen", sagt sie, "Onkel Hans hat einen Sack Kartoffeln und eine Flasche Wein mitgebracht, Papa ist jetzt gut gelaunt!"

Schnell klettert Robert vom Heuboden hinunter und geht mit Rosie in die Küche, wo der Alte auch schon losbrüllt. "Du verfluchter Bankert, du wirst eines Tages im Zuchthaus landen, stundenlang treibst du dich da draußen herum, ab ins Bett mit dir, ohne Essen". Langsam geht Robert auf ihn zu, er muss an ihm vorbei, um in das Schlafzimmer zu kommen. Er hätte es beinahe geschafft, als er von hinten einen Schlag ins Genick bekommt und mit dem Gesicht gegen die Tür schlägt. Sofort schießt ihm das Blut aus der Nase und er fällt zu Boden. Der Alte tritt noch mal mit den Füßen zu, bevor Onkel Hans ihn festhalten kann.

Heute Morgen haben sie doch noch einen Weihnachtsbaum gekauft. Er ist krumm und schief, aber es gab nichts Besseres für die paar Mark, die ihnen zur Verfügung standen. Der Alte will ihn "verschönern", dort wo keine Zweige sind, bohrt er Löcher in den Stamm und steckt dann Zweige rein, die er woanders wegnimmt. Meistens ist er nach getaner Arbeit besoffen und der Baum sieht schlimmer aus als vorher!

Die Oma und Tante Astrid aus der Ostzone haben ein Paket geschickt, mit Gebäck und Bonbons. Das Paket war ziemlich zerfleddert. Onkel Hans sagt, das hätten die Grenzer gemacht, die durchsuchen alles, was aus der Zone rein und raus geht.

Vor ein paar Tagen haben sie sehr viel Geld bekommen, Nachzahlungen vom Kindergeld. Der Alte hat sich wie ein Gockel geputzt und ist einkaufen gegangen. Der Weg zu den Geschäften führt an zwei Kneipen vorbei, da blieb er hängen und soff sich die Kutte voll. Anschließend hat er dann im Lebensmittelgeschäft einen Teil der Schulden bezahlt, und dann war das Geld auch schon wieder weg.

Oft verkaufen ihm die Leute auch Dinge, die Roberts Familie nicht unbedingt braucht, z.B. Zuchthasen für viel Geld, die dann doch geschlachtet werden, oder eine Wäscheschleuder ohne Waschmaschine?! Sie nutzen halt seine Blödheit und den Suff aus. Mama sagt, dass man ihnen den Strom abstellen wird, weil die Rechnung mal wieder nicht bezahlt ist. Aber hoffentlich erst nach Weihnachten!

Wenn es möglich ist, dürfen die Kinder sich einmal in der Woche baden Am späten Nachmittag hatte sich der Alte besoffen hingelegt und da nutzten sie die Gelegenheit zum Waschen, alle nacheinander im gleichen Wasser! Ist auch sehr umständlich, das Wasser muss ja erst topfweise auf dem Herd heiß gemacht werden.

Es war durchaus die Regel, dass sie nur lauwarmes Wasser zum Baden hatten, weil der zweite Topf erst heiß wurde, nachdem das erste Wasser in der Zinkwanne schon wieder kalt war, usw. usw. Ansonsten wusch man sich nur kalt. "Das härtet ab", sagte der Alte. "Und überhaupt, zu viel Waschen ist ungesund und zu teuer".

Die Mutter hat in der Zwischenzeit einen Kuchen gebacken und will den Kindern ein Stück zum Probieren geben, als der Vater aus dem Schlafzimmer stürzt. Er hat nicht ausgeschlafen und ist noch halb betrunken, da ist er besonders eklig. "Was ist das hier", schreit er, "seid ihr immer noch am Fressen"? Und mit einer Armbewegung wischt er alles vom Tisch. Kuchen, Kaffee und Geschirr, alles fällt zu Boden, und rasend vor Wut treibt er die Kinder in die Schlafstube. Sie schreien vor Angst, und er tobt, sie sollen sich ja nicht rühren, keinen Mucks will er hören. "Na dann frohe Weihnachten", denkt Robert.

Gaby arbeitet als "Mädchen für alles" in einem kleinen Hotel in der Stadt. Sie ist sehr fleißig, bescheiden und überall beliebt. Auch in der Schule war sie eine der Klügsten. Mit Freude hätte sie einen richtigen Beruf gelernt, aber der Alte wollte das nicht. Seiner Meinung nach reichte es, wenn eine Frau den Haushalt beherrscht, und später würden die Weiber sowieso heiraten und Kinder kriegen. Und besser ist es allemal, wenn die "unnützen Fresser" endlich aus dem Haus sind und Geld verdienen!

Über Weihnachten darf sie heimfahren und sie freut sich auch auf ihre Mutter und die Geschwister, für jeden hat sie ein kleines Geschenk dabei. Groß ist ihr Verdienst ja nicht, aber sie ist sehr sparsam. Als sie über den kleinen Platz zum Elternhaus geht, hört sie schon den Alten brüllen. Am liebsten würde sie sich wieder umdrehen und weggehen, aber er weiß ja, dass sie kommt und wartet schon auf sie. Gaby öffnet die Küchentür und tritt ein.

Der Vater ist ganz gerührt und drückt sie an sich, er fängt an zu weinen, aber das ist meistens so, wenn er betrunken ist oder ein Geschenk bekommt. "Kannst du mir mal 10 Mark leihen?", sagt er zu Gaby, kaum, dass sie den Mantel ausgezogen hat. Das fängt ja gut an, denkt sie, und widerwillig gibt sie ihm das Geld. Dann geht sie in die Schlafstube, um die Geschwister und die Mutter zu begrüßen. Hinter ihr drängt sich der Vater durch die Tür und schreit nach Robert. "Leeb", sagt er, "hier hast du Geld, hole ein paar Flaschen Bier und ein Päckchen Tabak, aber mach schnell, sonst ist Weihnachten für dich vorbei!"

Als Robert zurückkommt, ist der Alte dabei, den Weihnachtsbaum zu schmücken. Er steckt ein paar weiße Kerzen auf die Zweige, und vom letzten Jahr sind noch einige Kugeln heil geblieben. Dann gegen Abend fällt ihm ein, dass noch etwas Lametta fehlt, also muss Robert nochmals losrennen und welches besorgen. *(Bei den Läden im Dorf durfte man auch außer den Kaufzeiten über den Hof kommen oder klingeln.)*

Nun ist der Baum endlich fertig, und die Kinder warten auf den Weihnachtsmann. Da klopft es an der Tür. Alle sind ganz erstaunt, nur Fremde klopfen an oder die Polizei, aber am Heiligabend kommt doch niemand vom Amt, wer kann das sein?

Der Alte ist inzwischen wieder besoffen, und als sich die Tür öffnet und er fremde Menschen sieht, fängt er auch schon an zu brüllen, "wir kaufen nichts, ihr dreckigen Zigeuner, haut ab", mit diesen Worten wirft er eine leere Bierflasche nach den Leuten, die sich ganz schnell in das Treppenhaus zurückziehen. Er trifft mit der Flasche aber nur die Wand, wo sie zersplittert. Die Mutter ist dann rausgegangen und hat mit den Fremden gesprochen, es waren Theologiestudenten, die von der Not der kinderreichen Familie gehört hatten und ihnen ein paar Spielsachen und Lebensmittel schenken wollten. Außer dem Alten waren wir alle sehr beschämt.

Dann kam die Bescherung: Der Baum erstrahlte im Kerzenlicht, die Kinder standen in Reih und Glied und mussten Weihnachtslieder singen. Der Alte grölte auch mit, "schmierte" aber öfters seine Stimmbänder mit Bier, und dann war er total besoffen. Alle sollten nun Gedichte aufsagen und wer keines auswendig vortragen konnte, der musste ins Bett gehen, ohne Abendbrot! Die kleineren Geschwister greinten und plärrten vor sich hin, vor Hunger und Müdigkeit, der Alte tobte, da ging die Tür auf und Onkel Hans betrat die Küche, er war auch betrunken. Vor einigen Wochen hatten sie sich wieder mal geprügelt. Der Vater muss gemerkt haben, dass Mama und Onkel Hans etwas miteinander hatten. "Du Hurenbock verschwindest sofort aus meiner Wohnung", mit diesen Worten stürzt sich Roberts Vater auf den Onkel und schlägt auf ihn ein. Im nächsten Augenblick ist die schönste Keilerei im Gange.

Die Kinder schreien vor Angst, wegen dem Vater oder wegen dem Onkel, ihre Mutter will dazwischen gehen, da schlägt ihr der Alte mit der Faust ins Gesicht und schreit, "Du Hure bist an allem Schuld". Das Blut schießt ihr nur so aus der Nase, sie hält sich ein Handtuch davor und bringt die Kinder in die Schlafstube. Draußen im Treppenhaus stehen die anderen Nachbarn - die Verwandtschaft - und schauen dem Treiben in der Küche zu. Dann fällt der Weihnachtsbaum um und fängt an zu brennen. Jetzt endlich gehen die Männer zwischen die Streithähne und löschen den Brand. Den Onkel nehmen sie mit und werfen in aus dem Haus. Robert hat er sehr leidgetan!

Nach Neujahr hat die Gemeinde einen neuen Pfarrer bekommen. In der ersten Predigt hat er gesagt, er wünscht sich mit seiner jungen Frau und Gottes Hilfe viele Kinder, die haben sie auch bekommen. An mindestens fünf konnte Robert sich erinnern. Er denkt, "wenn solche Leute viele Kinder bekommen, ist es ein Geschenk Gottes, bei armen Leuten ist es asozial".

Für die armen Leute war beim Pfarrer keine Herzlichkeit vorhanden, aber Robert durfte jeden Samstag die Straße vor seinem Haus fegen, es war ein großes Gartengrundstück. Der Lohn war ein belegtes Brot und ein Glas Apfelsaft! Verprügelt hat der Mann Gottes ihn auch oft, weil er z.B. im Religionsunterricht fehlte oder ungepflegt daher kam, was aber nicht seine Schuld war. Bei seinem Vater hat der Pfarrer sich nicht beschwert, da hatte er Angst. Der findet die Kirche überhaupt verlogen, und die Pfaffen wären die schlimmsten Heuchler. Die verlangen vom Volk alles was "gottgefällig" ist, sie selbst richten sich aber nicht danach.

So langsam wird es Frühling. Zwar liegt teilweise noch Schnee auf den Feldern, aber hier und da ist schon etwas Grün zu sehen. Der Winter war sehr hart, mit eisigem Wetter und viel Schnee. Die Familie hatte für ein paar Monate keinen Strom und saß nur bei Kerzenlicht daheim, oft wurden auch die Kerzen knapp. Die Kinder fanden es aber nicht so schlimm. Da ihre zwei Schlafräume nicht beheizbar sind, haben diese bei großer Kälte vereiste Wände, sie glitzern richtig und auf den Fenstern sind wunderschöne Eisblumen zu sehen. Abends nehmen sie sich immer Feldsteine mit ins Bett, die haben sie vorher im Backofen in der Küche heiß gemacht. An denen wärmen sie sich dann die Füße.

Im vorigen Monat war Robert sehr krank, er musste auch immer so schlimm husten. Der Doktor meinte, es wäre Keuchhusten. Seinen Vater hat es so gestört, dass er ihn für ein paar Tage in dem kalten Zimmer einsperrte.

Gestern hat er Robert schlimmer als üblich verprügelt, er sagt, Robert wäre ein Spitzbube, der seine Eltern beklaut. Sie haben sich bei einer Tante zwei Mark gepumpt, und er sollte Margarine holen, sie wollten Bratkartoffeln machen. Er hatte aber so kalte Finger, dass ihm das Geld in den Schnee gefallen ist, sie haben es auch nicht mehr gefunden. Der Alte sagt, er steckt ihn ins Erziehungsheim, weil er nicht mehr fertig wird mit ihm. Robert hat große Angst, dass aus ihm ein Verbrecher wird, weil das alle sagen. Aber er hat das Geld wirklich verloren!

Morgen wollen sie nach der Schule Feldsalat suchen. Der wächst wild an den Rändern der Felder und an Bahndämmen und ist eine Delikatesse. Anschließend verkaufen sie den gereinigten Salat an die reichen Leute im Dorf.

Es ist früher Morgen und Robert hat wieder Angst vor der Schule, ihn erwartet eine Tracht Prügel, weil er wieder keine Schularbeiten gemacht hat. Der Alte ist Frühaufsteher und hat schon den Ofen in der Küche angeheizt, er legt rohe Kartoffelscheiben zum Rösten auf die Herdplatte, es wird die einzige Mahlzeit bleiben bis zum Abend.

„Leeb", sagte er, "du bleibst heute bei mir, du brauchst nicht zur Schule zu gehen, da lernst du ja doch nur Mist, wir wollen schon bald los, um Feldsalat zu stechen" *(der Salat wird mit einem Messer knapp über dem Erdboden abgeschnitten.)* Robert ist es recht, was soll er auch machen? Letztes Jahr musste er die Klasse wiederholen, er hat sich so sehr geschämt. Zuhause hat ihn der Alte dann wieder verprügelt und meinte, er wäre eine Schande für die Familie. Der Lehrer schrieb in das Zeugnis, "Robert könnte einer der Besten in der Klasse sein, wenn er regelmäßig am Unterricht teilnehmen und seine Schularbeiten machen würde". Dabei wissen doch alle, warum er so schlechte Leistungen erbringt!

Am Morgen ist es wieder sehr kalt, und Robert hat keine richtige Winterbekleidung. Die alten Schuhe haben Löcher und neue bekommt er frühestens im Herbst, wenn er bei den Bauern arbeitet. Im Sommer laufen die Kinder barfuß. Damit er nicht ständig nasse und kalte Füße bekommt, hat ihm die Mutter alte Lappen darum gewickelt. Das hilft aber nur solange, bis sie wieder durch den Schnee laufen.

Sie marschieren aus dem Dorf über die verschneiten Felder bis zum Bahndamm, und dann geht es immer die Gleise entlang. Das Laufen im Schnee ist sehr beschwerlich, aber nach ca. zwei Stunden finden sie eine Stelle, an der sehr viel Feldsalat wächst.

Voller Freude machen sie sich an die Arbeit. Der Alte hat schon Pläne, was er mit dem Geld, das sie für den Salat bekommen, alles anstellen wird. Und Robert träumt mit offenen Augen von einem großen Wurstbrot!

Inzwischen ist es schon Mittag, und sie sind auf dem Weg nach Hause, jeder mit einem großen Sack voller Feldsalat auf dem Rücken. Plötzlich lässt sich einige Meter von ihnen entfernt ein großer Vogel auf dem Boden nieder. Es ist ein Bussard, der seine Beute in den Krallen hält, er hat eine Maus gefangen. Roberts Vater hat ein großes, schweres Taschenmesser dabei, dieses wirft er mit Wucht nach dem Vogel. Zufälligerweise trifft er ihn auch, und der Bussard ist benommen. Schnell stürzt sich der Vater auf ihn und bindet ihm die Krallen zusammen. "Das wird mir ein schönes Stück Geld einbringen", sagt er und steckt den Vogel in den Sack. Zu Hause angekommen, bringt er den Bussard in den Stall, und dann sitzen alle um den Tisch herum und putzen den Salat. Die größeren Kinder müssen anschließend losrennen und den Salat verkaufen, beim Apotheker, dem Doktor, oder bei anderen reichen Leuten im Dorf. Viele sind sehr geizig und jammern, sie wollen den Preis nicht bezahlen (*eine Mark für eine große Schüssel Salat ist ihnen zu teuer*). Sie bedenken nicht, was für eine mühselige Arbeit es war, bis dieser Salat nun angeboten werden konnte.

In letzter Zeit hat sich bei Robert viel Wut und Hass gegen die Reichen aufgestaut. Wenn er bei den Bauern mal wieder um Wein oder Kartoffeln oder Milch bettelt und sie ihn wegjagen oder den Hund hinterher hetzen, wenn er im Weinberg oder in den Feldern arbeitet oder mit Rosie im Keller faule, stinkende Kartoffeln aussortiert, stundenlang, oft mit fürchterlichen Kopfschmerzen, für wenig Geld, dann kann er es kaum erwarten, endlich erwachsen zu sein.

Robert hat einen Paten, er ist ein etwas wunderlicher, alter Mann, der mit seinem Bruder in einem winzigen Häuschen lebt. Sie schlafen gemeinsam in einem großen Bett, einer am Kopf-, einer am Fußende. Bis vor einigen

Jahren hat auch die Mutter der beiden in dem Haus gelebt. Sie war die Oma von Roberts Mutter. Der Pate ist sehr sparsam, er gönnt sich kaum etwas, manchmal eine Zigarette am Tag. Im Frühjahr und Sommer ist er oft zu sehen, mit einem Bündel Holz auf dem Rücken, das er im Wald gesammelt hat. Und im Herbst geht er - wie andere Arme auch - über die Felder und stoppelt *(sammelt)* liegen gebliebene Kartoffeln auf. Sein Bruder ist genau das Gegenteil. Er trinkt gerne ein Gläschen Wein, er raucht viel und wenn kleine Mädchen um einen Groschen betteln, so gibt er den auch, wenn er dafür unter den Rock greifen darf. Und weil das alles so ist, bekommen sie oft Streit, und dann prügeln sich die alten Männer manchmal so schlimm, dass sie bluten. Sein Pate gewinnt meistens und dann wirft er den Bruder für ein paar Tage aus dem Haus.

Robert ist gerne bei ihm. Der Pate erzählt oft von früher, von den beiden Kriegen, die er miterlebt hat und wie schwer das Leben ist. Und gelegentlich schafft Robert es sogar, nach -stundenlangem Jammern- einen Groschen, ein Stück Brot oder einige Kartoffeln von ihm zu bekommen. Bei ihm kann er auch Zeitungen und Romane lesen, da verschlingt er förmlich die Berichte über Ganoven und Verbrecher, auch Robin Hood und der Schinderhannes gefallen ihm, so möchte er auch sein. Den Reichen alles wegnehmen und den Armen Geschenke machen, das würde ihm gefallen.

Manchmal war er schon so. In der Bäckerei hat er einmal mitbekommen, wo die Mutter vom Bäcker das Geld herholt, wenn sie wechseln muss. Und als er später Brot kaufen sollte und sah, dass die Alte im Hof die Hühner fütterte, schlich er sich in die Küche und stahl Geld aus der Schublade. Oder er klaut leere Bierflaschen hinten im Hof der Gastwirtschaft und vorne am Tresen gibt er sie für Pfandgeld wieder ab.

Für das Geld kaufte er Lebensmittel und Süßigkeiten für die Geschwister oder Nescafé für die Mama, sonst gab es ja nur Linde's-Kaffee *(Kornkaffee)*.

Oft schickte ihn auch sein Vater los, Gemüse oder Kartoffeln zu holen, "aber woher soll ich es denn besorgen ohne Geld", sagte Robert, "du blöder Hund", schreit der Alte und schlägt ihm ein Verlängerungs-Kabel mit solcher Wucht über den Rücken, dass ihm die Haut aufplatzt, "dann klaust du es eben!"

Robert und Rosie sind bald wieder vom Salatverkauf zurück. Vom ersten Geld werden Wein und Tabak und dann Brot und Wurstabschnitte gekauft, wobei der dicke Metzger beim Wiegen den Daumen mit auf die Waage legt. Sie betrügen ohne Scham selbst die Ärmsten noch!

Der Vater darf als erster essen, alle schauen ihm mit hungrigen Augen zu, wie er sich den Bauch vollstopft. Wobei er von dem frischen Brot aber nur die Krusten isst *(das schmeckt auch am besten)*, die Mutter und die Kinder bekommen dann den Rest.

Am nächsten Tag in der Schule erzählte Robert von dem Raubvogel und wie der Alte ihn gefangen hat. Der Lehrer ist neugierig und bittet den Vater, den Mäusebussard einmal vorzuführen. Das hätte man sehen müssen, es war zum Schießen: Nachdem er eine Flasche Wein intus hatte und sich geputzt hatte wie ein Pfau, stolzierte der Alte durch das Dorf hinauf zur Schule, den Vogel auf der Schulter. - Einmal in diesem Jahr war er wirklich wichtig.

Nach einigen Tagen war der Bussard schon richtig zahm geworden, mein Vater hat ihn dann für einige Laibe Brot und etliche Flaschen Wein dem Bäcker überlassen, zum Mäusefangen in der Backstube.

Gestern hat die Frau Wiegand, eine alte Weinbäuerin, Robert zum Arbeiten gebraucht. Er ist gerne zu ihr gegangen, man bekommt bei ihr immer gutes Essen, außerdem ist sein Onkel Hans auch da. Oft träumt Robert, wie schön es wäre, wenn dieser sein Vater sein könnte.

Abends kam Rosie, der Alte hatte sie geschickt, sie sollte ihn heimholen, weil der Alte schon wartete und scharf auf das von Robert verdiente Geld war: 4,50 Mark für den ganzen Nachmittag. Aber der Onkel wollte noch im Weinkeller arbeiten und brauchte Roberts Hilfe, also blieb er dort.

Nach einer Stunde kam Rosie wieder und weinte, "Papa ist sehr böse, du sollst sofort nach Hause kommen, sonst gibt es Prügel, außerdem hätte er dir ja den Umgang mit Onkel Hans verboten". *(Wenn sein Vater Streit mit irgendjemandem hatte, dann durfte niemand aus der Familie mit dieser Person sprechen!)*

Also ging Robert mit ihr nach Hause. Der Alte war rasend vor Wut. "Ich habe dir verboten, mit dem Zuchthäusler zu reden, her mit dem Geld und ab ins Bett", sagte er. Robert musste an ihm vorbei, um in die Schlafstube zu kommen, da griff er in die Ecke und holte einen Besenstiel hervor, damit schlug er auf ihn ein. "Ein für alle Mal, lernst du jetzt mir zu gehorchen", schrie er und trieb ihn mit den Schlägen durch die Wohnung. Er traf ihn mit dem Besenstiel auf dem Kopf und auf den Armen, die er zum Schutz hochhielt. Robert dachte, "um Gottes Willen, der bringt mich um". In seiner Not krabbelte er unter ein Bett in die hinterste Ecke. Aber der Alte stocherte und stieß den Besenstiel mit aller Kraft solange nach ihm, bis er wieder hervor kam. Am Schluss hatte er den Besenstiel in drei Teile auf ihm zerschlagen. Robert konnte einige Tage seine Arme nicht mehr schmerzfrei bewegen, seine Mutter musste ihm den Hintern wischen, ihn waschen und füttern. Den Lehrern in der Schule erzählte er, er wäre vom Baum gefallen!

In Roberts Dorf gibt es eine Familie, die bei der Kirmes ein Karussell betreibt, außerdem besitzt sie einen Schnapsvertrieb, es sind also reiche Leute.

Die jüngere Tochter Julia ist frühreif und wunderschön. Robert mag sie sehr, hat aber keine Chancen bei ihr. Er ist inzwischen 13 Jahre alt, aber klein - gerade mal ca. 130 cm groß - schmächtig, verdreckt und lumpig angezogen.

Aber bei Julias Eltern arbeitet ein junger Ausländer aus Algerien, er spricht Französisch, mit dem hat sie was. Er hat sie mal im Kornfeld beobachtet, sie haben sich geküsst und später hat er ihr seinen Schwanz da unten hineingesteckt.

Neulich ist sie Robert über den Weg gelaufen und weil sie so tat, als wäre er Luft, hat er ihr das mit dem Kornfeld gesagt und gedroht, es ihren Eltern zu erzählen. Darauf ist sie ganz rot geworden und hat geweint. Dann hat sie ihn angebettelt, er solle es nicht weiter erzählen, sie würde ihm auch Geld geben wenn er schweigen würde.

„Warum nicht", dachte Robert, "Geld genug haben sie ja".

Also hat er sich immer öfter mal 5 oder 10 Mark geben lassen oder Likör für Mama und Zinn 40 für Onkel Hans. Viele Flaschen Schnaps hatte er in seiner Höhle versteckt. Gelegentlich hatte er auch davon getrunken, vor allem abends, wenn es dunkel und kalt war und er Angst hatte, nach Hause zu gehen, weil der Alte und die Prügel auf ihn warteten. Danach ging es ihm meistens besser.

Robert trottet in Richtung Bahnhof. Tagsüber ist es schon richtig warm, alles grünt und blüht, richtiges Osterwetter halt. Es ist Wochenende, er hat

Hunger und der Alte will wieder Wein haben, da hat er Julia aufgelauert und wollte Geld von ihr. Aber diesmal weigerte sie sich, ihm etwas zu geben. Daraufhin drohte er wieder, ihrem Vater zu erzählen, was damals im Kornfeld passiert ist.

Er denkt darüber nach, als plötzlich ein Auto neben ihm stoppt, und bevor er reagieren kann, springt ein Mann aus dem Wagen und stürzt sich auf ihn. Es ist der Vater von Julia. "Du dreckiger Erpresser", schreit er Robert an und schüttelt ihn dermaßen, dass der sich vor Angst fast in die Hosen macht, denn der Mann ist sehr groß und stark.

„Ich war bei der Polizei und habe Anzeige erstattet", sagte er, "es wird Zeit, dass sie dich endlich einsperren, du Drecksack". Mit diesen Worten gibt er Robert noch eine Ohrfeige, steigt in das Auto und fährt davon.

So langsam dämmert es dem Jungen, dass das alles kein Spaß mehr ist. Also hat Julia ihn verraten, aber sie hat ihm das Geld doch angeboten?!

Was soll er nur machen? Robert ist ziemlich ratlos, mit der Polente hat er eigentlich noch nichts zu tun gehabt. Was wird der Vater sagen, wenn er das hört, was werden die Lehrer machen und der Pfarrer?

Er ist gerade auf dem Weg zum Gemeindehaus, ihrem Wohnhaus, als ihm der Vater auf dem Fahrrad entgegenkommt. Bestimmt weiß er schon von der Sache mit Julia. So schnell er kann, läuft Robert vor ihm davon, immer im Zickzack, wie ein Hase.

Der Alte brüllt irgendwas vom Totschlagen und Einsperren, falls er nicht stehen bleibt, aber Robert läuft in panischer Angst zum Dorf hinaus, über die Felder, zum Friedhof und dann weiter zum Bahnhof. Dort hält gerade ein Triebwagen auf dem Wege zur Stadt. Robert kann von der anderen - dem Schaffner abgewandten Seite - in den Zug krabbeln und legt sich in der Toilette unter das Waschbecken. Er hofft, dass ihn niemand entdeckt, bevor der Zug abfährt.

Er hat Glück und ca. 40 Min. später ist er in der Stadt. Hier arbeitet seine Schwester Gaby in einem Hotel. Robert war oft mit Rosie hier, wenn der Vater Geld brauchte, dann mussten sie die Schwester anbetteln. Manchmal fuhren sie mit einem geliehenen Herren-Fahrrad in die Stadt, Rosie vorne auf der Stange sitzend. Meistens sind sie aber zu Fuß über den großen Berg gewandert, das dauerte immer sehr viele Stunden und sie litten großen Durst und Hunger.

Vor dem Hotel stehend wartet er auf eine Gelegenheit, um ungesehen hinein zukommen. Dabei fällt ihm wieder ein, wie er vor einigen Wochen beinahe von einem Lastwagen überfahren worden wäre:

Er hatte sich bei der Frau Wiegand ein altes, großes Herren-Fahrrad geliehen, weil er für den Alten in die Stadt zur Krankenkasse fahren sollte. Der hatte mal wieder für ein paar Tage in einer Baufirma gearbeitet und sich dann krankschreiben lassen. Robert sollte nun das Krankengeld abholen. An einer Kreuzung hinter dem Dorf wollte er anhalten, aber die Handbremse funktionierte nicht richtig, er hatte auch noch nicht so viel Erfahrung mit einem Fahrrad und so rollte er langsam auf die Straße, als von rechts ein großer Lastwagen heranbrauste. Voller Panik sprang Robert vom Fahrrad und fiel dabei zu Boden, das Auto kam mit quietschenden Reifen immer näher. Zum ersten Mal in seinem Leben war er dem Tode nahe. Aber seltsamerweise verspürte er keine Angst. Auf einmal sah er viele Erlebnisse aus seinem bisherigen Leben vor sich, er schwebte förmlich über allem, sah sich dort unten neben dem Fahrrad liegen und der Lastwagen rutschte gerade so an ihm vorbei!

Als er das Erlebnis abends seinem Vater erzählte sagte der nur, "selber schuld, wenn du zu blöde zum Radfahren bist, haben die Hasen schon ihr Futter bekommen?"

Und damit war die Sache erledigt. "Vielleicht wäre es besser, wenn ich nicht mehr leben würde", dachte Robert, "ich bin ganz sicher, dass es nicht weh tut."

Die Herrschaften vom Hotel mögen Gabys Familie nicht, auch Gaby schämt sich für sie, weil sie so ungepflegt sind.

Aber heute hat Robert Glück. Gaby gibt ihm ein paar Mark, und er verspricht ihr, wieder nach Hause zu fahren. Aber in Wirklichkeit denkt er nicht daran, weil die Angst zu groß ist vor dem, was ihn im Dorf erwartet. Nein, er wird einfach abhauen und in die Welt ziehen. Später ist er dann groß und reich und wird es allen zeigen.

Doch erstmal kommt er nicht sehr weit. Auf dem Weg zum Bahnhof muss er an einem Kino vorbei, dort wird zurzeit der Film "Taras Bulba" gezeigt, mit Yul Brynner und Christine Kaufmann in den Hauptrollen. Den möchte er gerne sehen, aber er ist doch zu jung für die Abend-Vorstellung, wie soll er hineinkommen in das Kino? Sein Blick fällt auf zwei junge Männer, die vor dem Eingang stehen und er bittet sie, ihn mit hinein zunehmen. Die beiden stellen sich so, dass er unter dem Kassenfenster vorbeikrabbeln kann. "Manchmal ist es doch nicht so schlecht, wenn man klein ist", denkt Robert. Der Film war wunderschön, gerne möchte er so ein Held sein wie der Hauptdarsteller, groß und stark, und die Frauen mögen ihn.

Er erzählt einem der Männer ein wenig von sich, dass er Angst hat nach Hause zu gehen und nicht weiß, wo er schlafen soll. Dieser möchte ihn mitnehmen, er könnte einige Tage bei ihm bleiben. Gerne stimmt er zu und dann fahren sie mit dem Auto in Richtung Mainz, das ist die größte Stadt, die er kennt.

Nachdem sie einige Kilometer gefahren sind, biegt der Mann auf einen Feldweg ein und hält an. Er beginnt an ihm herumzufummeln, er möchte auch, dass Robert ihm seinen Schwanz streichelt, den er aus seinem Hosenschlitz genommen hat. Dem ist das unangenehm und unter dem Vorwand, er müsse mal pinkeln, steigt er aus dem Auto und rennt los, quer über die Felder.

Inzwischen ist es Nacht, aber der Himmel ist sternenklar, und der Mond leuchtet so hell, dass Robert sich etwas orientieren kann Er bibbert vor Kälte, dass ihm die Zähne nur so klappern. Aber bald findet er eine alte Scheune mit Stroh. Getreidesäcke sind auch vorhanden, und im Nu hat er sich eingekuschelt. Morgen früh würde er versuchen, irgendwo bei einem Bauern zu arbeiten, um Geld und Essen zu bekommen.

Die Gestalten bewegen sich ganz langsam, er sieht sie kommen, kann aber nichts dagegen machen, sie werden immer größer. Er will weg aus dem Raum, ist aber wie festgenagelt. Furchteinflößende Fratzen drängen sich an ihn, riesige Mäuler aus denen Speichel tropft und Hände wie Raubtiertatzen und sie stinken aus dem Maul wie Hunde.

Er schreit und schreit, schweißgebadet und voller Angst läuft er los, auf die Lichter zu, wo ist er? Reifen quietschen, laute Stimmen ertönen. Robert kommt langsam zu sich, er hat wieder diese schlimmen Albträume gehabt. Sie kommen immer öfter in der letzten Zeit. In seiner Panik ist er auf die Straße gerannt und ein Auto konnte gerade noch ausweichen. Den Insassen des Wagens erzählt er, weinend und zitternd, dass er vor seinem Vater aus Angst vor Strafe weggelaufen ist.

Sie bringen ihn in ein Kinderheim, wo er übernachten soll, bevor man seine Eltern benachrichtigen wird. Im Heim angekommen, muss er sich ausziehen und eine junge Frau bringt ihn in ein Badezimmer, wo sie ihn unter die Dusche stellt, damit er sich waschen kann. Dann rubbelt sie ihn trocken und streift ihm ein Nachthemd über. Anschließend bringt sie Robert in ein Zimmer, dieses ist groß und alles ist sauber, das Bett weiß bezogen und nur für ihn alleine. Noch nie hat er so gut geschlafen wie in dieser Nacht.

Am nächsten Morgen verlässt Robert das Kinderheim. Er klettert aus dem Fenster und läuft los. Bei Tageslicht erkennt er, dass es eine vornehme Gegend sein muss. "Bestimmt wohnen hier nur reiche Leute", denkt er, fast überall stehen volle Milchflaschen an den Türen und manchmal hängt an ihnen auch ein Beutel mit frischen Brötchen. So etwas hat er vorher noch nie gesehen. Also greift er freudig zu.

Er isst und trinkt, so viel er kann, als plötzlich ein Polizeiwagen um die Ecke biegt und auf ihn zukommt. Weglaufen ist zwecklos, also wird er ihnen ein Märchen erzählen. Aber diesmal hat er Pech gehabt, man sucht ihn schon seit dem Abend und so wissen sie auch ziemlich schnell, wer er ist und wo er wohnt.

Wieder zu Hause, schreit ihn der Alte wie üblich an, aber diesmal gibt es keine Prügel von ihm. Hat der Vater etwa Angst um ihn gehabt? Über Nacht war Robert noch nie weg gewesen. Aber alles bleibt wie es ist, und einige Stunden später muss er schon wieder los, zu den Bauern, um Kartoffeln und Milch zu erbetteln.

Im Februar hat Robert ein neues Brüderchen bekommen. Der kleine Michael ist sehr still, außerdem hat er eine verkrüppelte Hand. Ob es wohl damit zusammenhängt, weil Papa der Mama nach Weihnachten so fest in den Bauch getreten hat, dass unten viel Blut heraus kam? Er war mal wieder wütend, weil jetzt bald ein "Fresser" mehr da sein würde.

Am nächsten Tag in der Schule wird Robert gemieden, keiner spricht mit ihm. Es hat sich wohl herumgesprochen, die Sache mit Julia. Er schämt sich und leidet sehr, weil ihn niemand beachtet. Nur der Pfarrer hat später im

Religionsunterricht vom verlorenen Sohn gesprochen und dass man armen Sündern verzeihen soll, wenn sie denn Buße tun. *(Eine Tracht Prügel hat er nach dem Unterricht trotzdem bekommen.)*

Ein paar Wochen sind vergangen seit Roberts Fluchtversuch. In der Schule haben sie neue Stühle und Tische bekommen und die Lehrer sind sehr stolz darauf.

Es gibt in seiner Klasse ein Mädchen, das ihm gefällt. Sie ist die Tochter vom Sportlehrer, einem bösen, strengen Mann. Die großen Jungen nennen ihn "Säckelwichser", weil er immer eine Hand in der Hosentasche hat und da öfter rumfummelt.

Die Ingrid ist nicht besonders schlau, Robert sagt ihr oft die Ergebnisse vor, wenn sie Kopfrechnen soll. Aber sie ist sehr hübsch, und so kritzelt er unter seinen neuen Stuhl "Robert liebt Ingrid". Irgendwer hat ihn verpetzt und so muss er an diesem Morgen mal wieder nach vorne, zum Lehrerpult, der Direktor selbst will ihn züchtigen.

Sein Klassenlehrer heißt Geisler, er ist ein Zonenflüchtling, *(Als er damals seinen Dienst antrat fragte er, warum vorne an der großen Tafel Rohrstöcke lägen? Die ganze Klasse lachte und schaute nur zu Robert hin. Er bemerkte das und fragte diesen, also erzählte Robert leise und stockend, dass er damit bestraft werde, ab und zu. Der Lehrer hatte Tränen in den Augen und sagte, bei ihm gäbe es keine Prügelstrafe, er solle die Stöcke zerbrechen und wegwerfen.)*

Als Robert nun nach vorne zum Direktor musste, geht Geisler aus dem Raum, er will nicht zusehen, wie der Junge bestraft wird. Robert legt sich also über den Tisch, und der Direktor schlägt mit dem mitgebrachten Stock zu. Aber diesmal wird es dem Jungen zu viel. Zum ersten Mal wehrt er sich gegen die Schläge. Er stellte sich aufrecht hin und sagt, "jetzt ist es genug, ich lasse mich nicht mehr schlagen". Dieser Widerstand macht den Direktor rasend vor Wut, scheint ihn noch mehr anzustacheln. Wie ein Verrückter schlägt er unkontrolliert auf Robert ein, auf den Kopf, auf die Arme, die er zum Schutz hochhebt. Er treibt ihn durch den Klassenraum, und als er sich der Tür nähert, weiß Robert, was zu tun ist.

Mit einem Ruck öffnet er die Tür und stürzt die Treppe hinunter, der verhasste Direktor hinter ihm her. Einige Türen haben sich geöffnet, und Lehrer und Schüler schauen, woher der Lärm kommt. Der Direktor schreit, "haltet ihn fest, lasst ihn nicht laufen". Sein Lehrer Geisler kommt ihm entgegen und tut so, als wollte er ihn festhalten, stolpert aber, und schon ist Robert vorbei an ihm, rennt auf die Straße und immer weiter bis in den Wald.

In seiner Höhle versucht er, sich erstmal zu beruhigen. Alles tut ihm weh, und dann kommen wieder die Kopfschmerzen, so schlimm, dass er sich übergeben muss. "Was soll ich nur machen, wo soll ich hin, wie geht es weiter?", denkt Robert, vieles geht ihm durch den Kopf, aber eines steht für ihn fest:

„Ich habe mich gewehrt, nie wieder soll mich jemand schlagen ohne Gegenwehr. Nie mehr will ich ein hilfloses, schwaches Schaf sein"!

Nach Schulschluss brachte ein Mitschüler seinen Ranzen nach Hause, er bekam Schulverbot. Als er dann am Abend nach Hause kam, sagte sein Vater, "nun kann es nicht mehr lange dauern, bis du in ein Heim kommst, für schwer erziehbare Jungen, besser noch wäre es, sie würden dich gleich ins Gefängnis stecken"!

Diese Worte seines Vaters haben Robert sehr wehgetan, und er wird sie niemals vergessen. "Warum hasst mich der Alte so, er hat nicht mal gefragt was in der Schule passiert ist, warum hilft er mir nicht, warum lässt er mich so alleine?"

Es ist die Zeit der Maiglöckchen. Robert und Rosie haben sich ein Fahrrad geliehen und sind einige Dörfer weiter in den Wald gefahren, dort kennen sie die Stellen, an denen die Maiglöckchen wachsen. Es gibt dieses Jahr sehr viele davon, und gegen Mittag haben sie schon große Sträuße gepflückt und fahren nach Hause. Später wird man die Blumen im Dorf verkaufen und dann haben sie wieder ein paar Mark zum Leben. "Hoffentlich gibt es genug zu essen", denkt Robert, der hungrig wie ein Wolf ist, "Mama wollte Kartoffelsuppe kochen, mit Speck". Als sie vor dem Elternhaus ankommen, steht ein großes Auto vor dem Haus.

Robert hat ein mulmiges Gefühl im Bauch, es gibt noch nicht viele Autos im Dorf, nur ein paar reiche Bauern und ein Lehrer haben so einen Wagen.

Sie betreten die Küche und Robert ahnt Übles. Es sind zwei Besucher gekommen, ein Mann und eine Frau von der Fürsorgestelle aus der Stadt. Sie wollen ihn gleich mitnehmen, bevor er wieder weglaufen kann. Er soll seine Geschwister und seine liebe Mama verlassen. Er weint, er bettelt, nichts hilft, der Mann packt ihn ganz fest am Arm, schiebt ihn in den Wagen und los geht es.

Robert ahnt noch nicht, dass er nun seine Heimat für viele Jahre verlassen wird. Es ist die bitterste Stunde in seinem bisherigen Leben!

Die Fahrt dauert etliche Stunden. Seine Begleiter haben belegte Brote und Kaffee in einer Thermoflasche dabei. Die Pausen machen sie nur im Auto, damit er nicht weglaufen kann. Aber Robert ist wie gelähmt, er begreift nicht, was da mit ihm passiert, er wüsste auch gar nicht, wie er nach Hause kommen sollte, alles ist ihm fremd. Außerdem besitzt er auch kein Geld.

Gegen Abend sind sie am Ziel, von der unteren Einfahrt sieht es aus wie eine alte Mühle, ein riesiges Fachwerkhaus, umgeben von großen alten Bäumen, ein kleines Bächlein schlängelt sich vorbei.

Vor der oberen Einfahrt steht ein Schild: "Evangelisches Kinder und Jugendheim". Eine große Mauer umgibt die Anstalt, aber es gibt kein Tor, das man schließen könnte, "also doch kein Gefängnis", denkt Robert.

Der Mann von der Fürsorge lässt Robert mit der Begleiterin im Auto sitzen und betritt das große Haus. Es dauert nicht sehr lange, dann kommt er auch schon mit einer alten Frau in Schwesterntracht und einem Mann *(einem Erzieher)* zurück. Die Frau öffnet die Wagentüre, "guten Tag Robert", sagt sie freundlich und gibt ihm die Hand, "dann komm mal mit, es gibt gerade Abendbrot". Die Leute von der Fürsorge verabschieden sich von ihm, und dann geht er mit der Frau und dem Mann in das alte Haus, aus einem großen Zimmer schallt ihnen Lärm und Gelächter entgegen. Dort sitzen viele Jungen verschiedenen Alters an mehreren Tischen, auf denen allerlei Esswaren zu sehen sind. Als die Erwachsenen eintreten und Robert vor sich hinschieben, verstummen die Gespräche, und alle glotzen zu ihm hin, er weiß auch warum.

Er hat sich noch nicht gewaschen, er war ja im Wald gewesen, Maiglöckchen sammeln. Die Hose ist ihm viel zu groß, sie gehörte seinem älteren Bruder, der arbeitete in einer Essigfabrik und so riecht sie auch. An den Beinen ist sie dreifach umgekrempelt, und als Gürtel dient eine mehrfach zusammen geknotete Kordel.

Das Hemd, das er trägt, sieht ähnlich aus. Er ähnelt sehr einem verwahrlosten Landstreicher.

Als Robert an einen der Tische gesetzt wird, rücken die anderen Jungen von ihm weg. Er kennt das schon und schämt sich über alle Maßen.

Nach dem Essen führt ihn ein großer Junge - der Gruppenälteste - in den Baderaum.

Robert ist es unbehaglich zumute, ein Bad hat er bisher nur einmal gesehen, das war in der Nacht, als er weggelaufen war. Und hier hat jeder Junge seinen Waschplatz, an dem auch sein eigener Zahnbecher mit der eigenen Zahnbürste steht *(zum ersten Mal in seinem Leben wird er eine Zahnbürste besitzen)!*

Der große Junge heißt Achim. Er zeigt ihm, wie die Dusche funktioniert, und etwas später kommt eine ältliche Frau, die ihm saubere Wäsche bringt. Sie stellt sich ihm als seine Erzieherin vor, sie sieht sehr streng aus mit dem langen Kleid, der Brille und ihrem kleinen Haarknoten, wie ein Nest sieht es aus.

Für die Nacht bekommt er ein weißes Nachthemd. Die Jungen schlafen alle in einem sehr großen Raum, die Betten stehen in mehreren Reihen nebeneinander. Achim zeigt ihm sein Bett, und wenig später ist er fest eingeschlafen.

Am nächsten Morgen ist Robert schon früh wach, er braucht eine Weile bis ihm klar wird, dass er nicht zu Hause ist. "Was soll ich hier, ich will wieder nach Hause", denkt er und beginnt leise vor sich hin zu weinen.

Die Erzieherin kommt sie wecken, mit einem lauten "Guten Morgen" öffnet sie die Türe und steht im Raum. Wer sich nicht gleich bewegt, dem zieht sie die Bettdecke weg. Die ersten Jungen rennen gleich in den Waschraum, die anderen fangen schon mal an die Betten zu "bauen" *(alles muss akkurat sein, Kante auf Kante)*. Achim, der Junge von gestern, wird ihm als "Brüderchen" zugeteilt. Er wird sich um ihn kümmern, bis er alles begriffen hat, also Betten machen, Stubendienst, Küchendienst usw. den ganzen Tagesablauf halt.

Nach dem Frühstück bringt man ihn zum Heimleiter, er ist auch der Pfarrer im Heim und sieht eigentlich ganz gemütlich aus, wie ein großer, alter

Teddybär. Er erklärt Robert was man von ihm erwartet, was erlaubt ist und was nicht. Für schlechtes Benehmen würde man hart bestraft werden. Aber wer anständig und willig wäre, der hätte es auch gut im Heim. "Dann kommst du bald in Pflege", das war sein Lieblingsspruch. Dann sprach er noch darüber, warum Robert aus seiner Familie weggenommen wurde und dass er es hier besser hätte, als daheim. "Hier hast du immer genug zu essen und ein warmes Bett, es wird dir an nichts mangeln", sagte er.

„Was weiß der denn, was für mich besser ist, ich will zu meinen Geschwistern und zu meiner Mama", denkt Robert und fängt wieder an zu weinen.

Das Kinderheim ist ziemlich groß. Im Altbau gibt es auch eine Mädchen-Abteilung sowie die Küche und eine Wasch- und Nähstube. Außerdem befinden sich noch das Büro der Heimleitung und eine Schuhmacherei in dem Haus. Unten am Bach sind in einem Anbau eine Schlosserei sowie eine Tischlerei untergebracht. Am Ende des Heimgeländes befindet sich die Gärtnerei mit den Feldern.

Das Heimgelände ist durch eine Straße geteilt, auf der anderen Seite gibt es zwei Neubauten, in diese ziehen die Jungens um, wenn die Schulzeit beendet ist, also mit 14 Jahren. Wobei aber nochmals unterschieden wird, ein Haus für die "normalen" und das andere Haus für die "schwierigen" Jungen.

Ein Fußballplatz ist auch vorhanden und eine Schule.

Robert ist nun schon einige Wochen im Heim. Es fehlt ihm eigentlich an nichts, anständige, saubere Kleidung, immer genug zu essen, und wenn man brav ist, gibt es auch keine Prügel. Aber er hat großes Heimweh. Besuche bekommt er keine, sein Dorf ist ja so weit entfernt, und Geld für die Fahrt haben sie zuhause ja auch nicht. Ab und zu bekommt er Post von Mama, darüber freut er sich sehr.

Viele Kinder haben reiche Eltern, die schicken immer Pakete mit Süßigkeiten und Geld und Kleidung. Manchmal geben sie ihm etwas davon ab, aber meistens sind sie böse zu ihm. Sehr viele der Jugendlichen kommen aus Nordrhein-Westfalen, sie sprechen Hochdeutsch. Robert spricht schlimmen Dialekt, sie äffen ihn immer nach, und sie haben auch nicht vergessen, wie verdreckt er angekommen ist.

"Stinker-Strebel" sagen sie zu ihm, oder "Zigeuner", oder "Asozialer". Ein Junge hat ein Gedicht verfasst:

„Ein Stinktier saß auf einer Bank und stank,
und als die Sonne war gesunken
hat der Strebel immer noch gestunken".

Oft sagen sie dieses Gedicht in seinem Beisein, und dabei lachen sie. Es tut so weh, er leidet sehr unter diesen Gemeinheiten, kann sich nicht dagegen wehren. Auch ist er für sein Alter immer noch sehr klein und schmächtig. Im Herbst soll er deshalb nach Königsfeld im Schwarzwald zur Kur fahren.

Robert hatte Kopfschmerzen, solange er denken konnte. Zuhause hatte er Schmerztabletten geklaut, überall, wie es sich ergab, und dann gebunkert für den Notfall. Ging es ihm mal wieder schlecht, dann schluckte er eine oder zwei Tabletten und verkroch sich für ein paar Stunden in der Scheune, bis der Schmerzanfall vorüber war. Und immer kam sein Kätzchen und kuschelte sich an ihn.

Er war damals sechs Jahre alt und in der 1. Klasse, als sein Vater mit ihm Schularbeiten übte. Wie immer war er besoffen und verlangte von Robert, er solle lesen, was er, der Vater auf die Tafel gekritzelt hat. Der Junge konnte das natürlich nicht lesen und der Alte schlug ihm voller Wut so ins Genick, dass er mit dem Kopf gegen die Tischkante schlug. Die rechte Stirnseite platzte auf, und das Blut schoss nur so hervor. Der Arzt musste dann kommen und die Wunde nähen.

Mama war zu dieser Zeit per Anhalter nach Frankfurt unterwegs. Sie holte das restliche Geld und seine Arbeitspapiere bei einer Baufirma ab, man hatte ihn mal wieder entlassen!

Und als sie nach der Strapaze endlich am Abend nach Hause kam, hungrig und erschöpft, da lag Robert mit blutverschmiertem Hemd und einem Verband um den Kopf im Bett. Der Alte saß daneben und weinte und bat sie um Verzeihung. Am liebsten wäre sie von ihm weggelaufen. Aber wohin sollte sie gehen, wer würde sie noch nehmen mit den vielen Kindern?

Als Robert in das Heim kam, hat man ihm die Tabletten weggenommen, und seit einiger Zeit hat er auch keine Kopfschmerzen mehr.

Aber nachts hat er immer noch diese Alpträume. Neulich war es ganz schlimm.

Er saß in einem kleinen Raum und fegte mit einer Bürste Dreck auf eine Schaufel, als die fürchterlichen Gestalten wieder zu ihm kamen und ihn bedrohten. *(Viele Jahre später wird er diese Szene wieder sehen)*

Er schreit vor Angst, und alle werden wach, nun kommt die Erzieherin und schimpft mit ihm. Sie sagt, "er wäre hysterisch und schwachsinnig", dann muss er mit in ihr Zimmer, dort soll er bestraft werden.

Die Erzieherin ist klein und dicklich, trägt eine Brille, hat einen Haarknoten und die Kinder müssen "Fräulein" zu ihr sagen, obwohl sie doch schon so alt ist.

Dort verlangt sie von Robert, dass er sich über ihren Schoß legt, mit dem Gesicht nach unten. Dann zieht sie ihm das Nachthemd hoch und schlägt mit der Hand, so fest und solange sie kann, auf den nackten Po. Später streichelt sie ihn, dabei stöhnt sie und fängt an zu zittern. Robert denkt, "sie ist bestimmt traurig weil sie ihn bestrafen muss, warum würde sie sonst so zittern"?

Immer wieder mal kam es zu solchen Bestrafungen. Robert verstand nicht, warum sie immer nur ihn so behandelte, andere waren doch auch hysterisch? Diese Bestrafungen endeten erst, als er nach seiner Schulentlassung in ein anderes Haus kam.

Im Kurheim im Schwarzwald ist es schön, die Kinder haben einen Betreuer, der sehr gut und freundlich zu ihnen ist. Sie singen Wanderlieder, und er spielt mit der Gitarre dazu, oder sie machen Schnitzeljagd im Wald oder abends ein Lagerfeuer auf der Wiese. Es sind wunderschöne Wochen für Robert, am liebsten möchte er für immer hier bleiben.

Das Kurheim liegt mitten im Wald, zum Dorf müssen sie ein langes Stück Weges gehen. Am Wochenende war immer Ausgang, ohne den Betreuer, da gingen sie auch schon mal mit den großen Jungen in eine Kneipe, um ein Bier zu trinken und Musik zu hören. In der Musikbox haben sie die Schallplatten von den Beatles und den Rolling Stones, das ist der neuste Schrei.

Robert hat sich mit einem Jungen angefreundet, er heißt Hans, ist schon etwas älter und kommt aus Stuttgart. Seine Eltern haben viel Geld und Robert hat auch Vorteile dadurch, Hans ist sehr spendabel. Neulich haben sie heimlich im Wald geraucht, dann haben sie sich ihre Schwänzchen angeschaut, *(welcher ist größer)* und gestreichelt. Abends ist Hans oft zu ihm ins Bett gekrochen und hat ihn da unten gestreichelt und geleckt, er hat es gerne gemacht, Robert hat es sehr gefallen, aber lieber möchte er so was mit den Mädchen machen.

Nun ist er wieder im Kinderheim:

Er hat ein paar Kilo zugenommen, und es war schön, dass er mal "normale" Jugendliche kennenlernen konnte. Nicht alle waren so böse wie die im Heim.

In der Schule haben sie ihn gut im Griff, die Lehrer sind streng aber gerecht. Oft kommt sogar Freude auf, und er geht gerne zur Schule. Allerdings hat er geistige Defizite. Seine Wissbegier ist groß, aber die verlorenen Jahre sind nicht mehr so schnell aufzuholen. Gestern hat er einen Brief von Mama bekommen. Sie hat ihm geschrieben, dass der "Klapperstorch" noch ein Schwesterchen gebracht hat. Sie schreibt weiter, dass sie ihn vorerst nicht besuchen kann, sie kann des Kindes wegen eine Weile nicht bei den Bauern arbeiten. Und Vater hat auch keine Arbeit, sie haben kein Geld. Aber vielleicht klappt es ja im Frühjahr, und sie kann zu seiner Konfirmation kommen. "Also nichts Neues", denkt Robert und ist ganz verzweifelt, er wird Weihnachten ohne seine Mama und ohne die Geschwister verbringen müssen. Wann darf er endlich wieder nach Hause?

Robert hat sich geprügelt, weil der boshafteste unter den Knaben ihn wegen seines Dialektes mal wieder verspottet hat. Dafür soll er heute Abend "Gruppenkeile" bekommen. Dabei stellen sich die Jungen in zwei Reihen, bilden somit eine Gasse, durch die der "Verurteilte" laufen muss. Sie schlagen dann mit Fäusten, Pantoffeln oder auch mit Handfegern auf den armen Kerl ein. Viele haben Spaß am Schlagen und können sich so abreagieren. Mit Strafe müssen sie nicht rechnen, "Gruppenkeile" wird als Erziehungsmaßnahme von den Erziehern toleriert. Während des Vorgangs verschwindet der Erzieher in seinen Privaträumen. Davor hat Robert Angst und so läuft er vor dem Abendbrot weg.

Das Heim liegt dicht am Wald, und dort will er sich erstmal verstecken. Aber bald ist es dunkel, es regnet, er friert, und da er sich nicht auskennt, geht er einige Stunden später wieder zurück. Er meldet sich bei dem Heimleiter und dieser verspricht ihm, dass ihn niemand schlagen dürfe. Freunde hat er damit aber nicht gewonnen, für eine lange Zeit ist er nun als "Memme", als "Feigling" abgestempelt, auch bei den Erziehern. So vergehen die nächsten Tage und Wochen in gedrückter Stimmung, Robert hat noch keinen Freund, der ihm beistehen würde, zu dem er Vertrauen haben könnte.

Dann ist Weihnachten, manche der Kinder durften zu ihren Angehörigen nach Hause. Für die im Heim gebliebenen haben sich die Erzieher viel Mühe gegeben, die Tische sind mit Tannengrün geschmückt, darauf liegen Obst und Süßigkeiten, das Essen ist besser als sonst, und dann kommt der Weihnachtsmann und verteilt Geschenke. Auch Robert wird bedacht, er bekommt einen warmen Pullover, ein Buch und ein Gesellschaftsspiel. Es werden Weihnachtslieder gesungen und eigentlich ist es das schönste Weihnachten, das Robert bis dahin erlebt hat. Aber er ist sehr traurig und vermisst die Mutter und die Geschwister. Als die Kinder ihre Geschenke bestaunen und zu spielen beginnen, schleicht er sich in den Schlafsaal, legt sich in sein Bett und weint sich in den Schlaf.

Endlich keine Schule mehr: Robert ist aus der 6. Klasse entlassen worden, seine Zeugnisse waren ganz ordentlich, es hätte schlimmer sein können. Zur Konfirmation ist dann zu seiner großen Freude die Mama für einige Stunden gekommen, sie hat ihm eine Armbanduhr als Geschenk mitgebracht, Sie hat viel geweint und von zuhause erzählt, aber sie war stolz auf Robert, er sah so hübsch aus in seinem Anzug und etwas gewachsen war er auch.

Viele der Kinder werden nun nach Hause entlassen, oder kommen zu Pflegeeltern. Das sind meistens Bauern oder Inhaber von kleinen Betrieben, die nur wenig Lohn geben, die Kinder ausbeuten und oft sehr streng sind. Einige kommen bald wieder in das Heim zurück und beklagen sich über die Pflegeeltern. Manchmal sind auch Mädchen schwanger geworden, die stecken sie dann in ein anderes Heim, im Westerwald.

Robert hatte sich in ein Mädchen verliebt, die Ingrid war ein hübsches Kind, aber außer Händchen halten und Zettel zustecken ist nichts passiert. Und dann musste sie auch zur "Pflege" nach Traunstein in Bayern. Einmal kam noch ein Brief von ihr, das war alles. Aber er hat sie nie vergessen.

Der Heimleiter hat ihn zu sich bestellt und will ihm das Leben in einer Pflegefamilie schmackhaft machen, aber Robert möchte nicht zu fremden Leuten. So hat denn die Heimleitung mit der Fürsorge abgesprochen, dass er in eine Schuhmacherlehre soll, *(die einzige Ausbildungsstelle innerhalb des Heimes, Gärtnerei, Schlosser- und Tischlerei konnten keine Lehrlinge ausbilden).* Wenn er die Lehre besteht, darf er wieder nach Hause. Es ist nun nicht gerade Roberts Traumberuf, er wäre lieber Friseur oder Elektriker geworden, aber er hat keine andere Wahl und so fügt er sich augenscheinlich in sein Schicksal, aber heimlich denkt er anders. Seinen Traum hat er immer noch im Kopf, groß und stark werden und alle bestrafen, die ihm so wehtaten. Und er möchte ein Haus bauen, wo er mit Mama und den Geschwistern wohnt.

Robert ist inzwischen umgezogen und wohnt jetzt in Block A, dem Haus für die Schulabgänger. Hier sollen die Jungen für das "Leben" erzogen werden, also eigenständig werden. Sie schlafen in Zwei- bzw. Dreibettzimmern. Diese sind sehr schön, viel besser als im Altbau, aber die Jungen müssen alles selber machen, die Fußböden wischen, wachsen, polieren, Geschirr spülen usw. Auch die Zimmer müssen noch vor dem Frühstück "pikobello" aufgeräumt sein, die Wäsche in den Schränken liegt Kante auf Kante, das Bett und Kissen akkurat, wie mit dem Band gemessen. Hatte ein Erzieher schlechte Laune, *(das kam nicht selten vor)* dann riss er alles auseinander, bis das Bett nach seinem Geschmack "gebaut" war. Das konnte öfter am Tag passieren.

Der Erzieher wohnte mit seiner Familie im gleichen Haus, aber separat. Außerdem gibt es noch ein Extrazimmer für Praktikanten. Diese Leute waren manchmal Wehrdienstverweigerer oder auch Studenten, aber oft kaputte Typen, die an den Jungen ihren Frust abreagierten, auch mit den Fäusten. Einmal hatten sie zwei Finnen als Praktikanten, die waren sehr freundlich zu ihnen. Manchmal, wenn der Erzieher außer Haus war, spielten sie Gitarre und die Jungen sangen dazu Wanderlieder. Aber sie hatten immer Lust auf Alkohol, den man ihnen besorgen musste. Dann betranken sie sich so sehr, dass sie zwischen den Jugendlichen einschliefen. Sie wurden bald wieder nach Hause geschickt.

An den Praktikanten Max erinnerte sich Robert ganz besonders. Er war ein hübscher Mann, ein toller Fußballer, singen konnte er auch sehr gut. *(Rote Lippen muss man küssen)*. Den Robert mochte er nicht so besonders, der war ihm zu aufmüpfig. Er stand mehr auf sanftere Jungen, die schon einen großen Schwanz hatten. Oft hat Robert ihn beobachtet, wenn er im Wald, bei den Versteckspielen, mit einem der Jungen hinter den Bäumen oder in einer Quarzhöhle verschwand. Später kamen sie verschwitzt und mit einem roten Kopf wieder zurück. Seine Lieblinge hatten viele Vorteile dadurch, bekamen auch Geschenke, und sie wurden nicht bestraft, wenn sie mal beim Rauchen erwischt wurden. Man sprach davon, dass sie sich gegenseitig mit dem Mund befriedigten oder er schaute zu, wenn man es sich selbst machte.

Im ersten Jahr als Schuhmacherlehrling bekam Robert 20,- DM im Monat. Wenn er brav war, bekam er also 5,- DM pro Woche Taschengeld. Davon musste er auch noch den Friseur bezahlen, und damit hatte er so seine Probleme. Es war ja die Zeit der Pilzköpfe, der Beatles, der Rolling Stones, und so ließ sich Robert die Haare wachsen oder nur ganz wenig abschneiden. Ihm hat es gefallen, den Mädchen auch, aber für die Erzieher war er eine Reizfigur. Sie wollten die Jugendlichen doch zu anständigen Menschen erziehen, mit Zucht und Ordnung, also weg mit den langen Haaren!

Hier im Heim durfte man auch eine Freundin haben. Sie dürfen sich beim wöchentlichen gemeinsamen Abendspaziergang mit dem Pfarrer sogar Händchen halten und auch Briefchen zustecken, aber mehr nicht. Alles andere, küssen, fummeln oder noch mehr wurde hart bestraft. Robert hatte sich in eine hübsche Blonde verliebt, sie hieß Uschi und kam aus Köln. Sooft es möglich war, trafen sie sich am Bach in den Büschen und dann griff er ihr zwischen die Beine und streichelte sie, bis die Muschi ganz nass wurde. Inzwischen wusste er auch, warum das so ist bei den großen Mädels. Nur küssen konnte er nicht so richtig, das musste er noch lernen.

Es gab ein paar große Jungen, die brachten ihnen das Küssen bei, und sie streichelten sich dabei die Schwänze. Das gefiel Robert auch, aber er hatte ja schon Erfahrungen mit Mädchen, und das fand er einfach schöner. Er entwickelte sich jetzt immer mehr zum Anführer. Obwohl die meisten der Jungen größer waren, konnte er sich doch durchsetzen, er hatte vor nichts und niemandem Angst. Natürlich bekam er trotzdem oft Prügel, aber er weinte nicht und wehrte sich auch gegen stärkere Jungen. Das verschaffte ihm Respekt im Heim.

In den Sommerferien waren viele Kinder zuhause, bei ihren Angehörigen. Robert durfte die Ferien nicht bei seiner Familie verbringen, "aus erzieherischen Gründen", vielmehr sollte er während dieser Zeit in der Gärtnerei arbeiten, derweil die Schuhmacherei geschlossen war.

Der Gärtner hieß "Bruder Johannes", viele Erzieher hatten sich ein christliches Mäntelchen angezogen. Sie waren oftmals die schlimmsten!

Wenn man in Gegenwart von Bruder Johannes artig war und die Finger von den Mädels ließ, dann war mit ihm gut auszukommen, er gab den älteren Jungen sogar Zigaretten.

Aber er konnte auch sehr wütend werden und dann rastete er aus, wurde richtig brutal und schlug mit der Faust oder dem Knüppel zu. Überhaupt war die Prügelstrafe durch die Erzieher normal, man konnte sich nicht dagegen wehren. Wo hätte man sich auch beschweren sollen?

Zur Gärtnerei gehörten große Felder mit Kartoffeln und verschiedenen Sorten Gemüse.

An einem schönen Tag kamen Leute vom nahegelegen Camping-Platz und fragten, ob wir denn auch Gemüse verkaufen würden? Robert schaut seinen Kumpel an, der zwinkert mit den Augen und schon waren sie im "Geschäft". Die beiden haben dann an vielen Tagen Frühkartoffeln und Gemüse verkauft, bis Bruder Johannes das mitbekam. Die Prügel die sie bezogen haben, waren schrecklich, er schlug mit dem Knüppel zu, als habe er Ratten vor sich. Aber er hat sie anständiger Weise nicht an den Heimleiter verraten, dann wäre alles noch schlimmer geworden.

Robert ist nun im 2. Lehrjahr, er kann schon fast ohne Hilfe neue Schuhe herstellen, das gefällt ihm, es macht ihm Spaß, kreativ zu sein. Oftmals bettelt er den Meister an, ihm die Schäfte *(Oberteile vom Schuh)* nach eigenem Entwurf zu nähen, z.B. mit verschiedenfarbigem Leder- oder Wildledereinsätzen. Das sieht toll aus! Aber mit dem Beruf selbst ist Robert unzufrieden, ja, er ist sehr unglücklich. Oft wird er von den anderen gehänselt als "dummer Schuster", das schmerzt ihn sehr. *(Er wird ein Leben lang darunter leiden.)*

Er hat sich körperlich zu seinem Vorteil entwickelt, er ist noch etwas gewachsen, sieht nett aus und kann sehr gut Fußball spielen. Aber noch besser ist er bei den Mädchen. Er hat oft zwei oder drei "Eisen im Feuer", meistens bleibt es beim Knutschen. Manchmal darf er auch seine Hand zwischen die Beine der Mädels schieben und fummeln, dann ist die Lust so stark, dass er am liebsten sein Schwänzchen in die Muschi stecken möchte, wie früher, als er noch in seinem Dorf lebte. Aber wo und wann sollen sie es machen? Die Jugendlichen haben wenig Freiraum, tagsüber ist ja immer eine Aufsicht bei der Arbeit dabei, da reicht es höchstens mal zu einer Zigarettenpause vor der Türe. Und abends sind sie in ihrem Wohnblock, mit dem Erzieher als Aufsicht.

Im Heim hat sich eine Fingersprache entwickelt, mit dieser ist es möglich, zwischen den Häusern auch auf größere Entfernung zu kommunizieren. So ist es oft der einzige Weg, sich zu verabreden.

Siegfried ist der beste Freund von Robert, sein Spitzname ist "Mast" *(von Mastschwein)*, weil er so pummelig ist. Aber er ist ein toller Junge. Vor einigen Wochen hat er ihm das Leben gerettet! Sie waren im Zeltlager an einem See im Westerwald, als sie Lust bekamen, mit dem Boot raus zu rudern, ohne Aufpasser. Auf dem See kippte das Boot um, weiß der Teufel warum, und da lagen sie nun im Wasser. Für "Mast" kein Problem, er ist Fahrtenschwimmer, aber Robert kann nicht schwimmen und sofort geht er unter. Zwar hatte er vorher noch geprahlt mit seinen Schwimm-Künsten *(niemals würde er Schwächen zugeben)*, aber er schluckt schon gewaltig Wasser, bevor Siegfried in glücklicherweise zu fassen bekommt und zum Ufer schleppt.

Nun sitzen sie beide zusammen und überlegen, wie sie mal richtig Liebe machen könnten.

Robert kommt auf die Idee, am Freitag in den Mädchen-Schlafsaal rein zu klettern, er liegt im ersten Stock des Hauses. An diesem Abend will ihr Erzieher mit seiner Frau zu einem Kino-Besuch in die Stadt fahren.

Robert hatte sich mit Sonja abgesprochen, einem hübschen, groß gewachsenen Mädchen. Sie war die Wortführerin, keines der Mädchen war gegen "Männer-Besuch", die fanden es toll, dass wir zu ihnen wollten, konnten es selbst kaum erwarten.

Sie nehmen noch einen Jungen mit, einen langen Lulatsch, Schuhgröße 48! Er kommt aus Köln, immer eine große Klappe, aber wir brauchen ihn für die "Räuberleiter".

Alles klappt wunderbar, sie schleichen sich in den Keller und klettern durch das Fenster nach draußen. Sie haben auch Glück, der Himmel ist bewölkt, und in der Dunkelheit sind sie kaum zu sehen. Die Mädchen warten schon, ein Fenster ist nur angelehnt, also los!

Der Lulatsch macht die "Räuberleiter" und Robert steigt auf seine Schultern, leise öffnet er das Fenster ganz und klettert in den Schlafsaal. Sonja steht schon parat, mit einem Bettlaken in der Hand, sie zittert wie Espenlaub, vor Angst oder was? Sie befestigen das Laken an einem Bett und schon ziehen sich der Lulatsch und Mast mit Roberts Hilfe nach oben,

Ist das schön, sie legen sich zu den Mädels in die Betten und küssen und fummeln und streicheln sich gegenseitig da, wo es am schönsten ist. Robert liegt bei Uschi, sie ist schon ganz nass zwischen den Beinen, beide sind sehr erregt, aber bevor er in sie eindringen kann, geht das Licht an!

Sie schrecken hoch und starren zur Tür. Dort steht die Frau Oberin mit einer großen Taschenlampe in der Hand. Wie ein Racheengel, im Nachthemd, mit rotem Gesicht, die Haare offen, eigentlich eine Witzfigur- aber ihnen bleibt das Lachen im Halse stecken.

„Ihr Lüstlinge, sofort anziehen und in mein Büro", so herrscht sie die Jungen an. Wortlos trotten diese hinter ihr her. Sie telefoniert mit dem Heimleiter und nur wenige Minuten später ist er da.

„Wer hat sich das ausgedacht?", fragt er mit gespielter Ruhe, keiner antwortet, aber er kennt ja seine Zöglinge nur zu gut.

Der lange Lulatsch ist im 3. Lehrjahr als Maler und hat viele Vergünstigungen, weil er in einer Firma im Dorf arbeitet. Der Heimleiter erinnert ihn daran, spricht ihn auf seine Eltern an, die doch so stolz auf ihn wären usw. usw. Es dauert nicht lange und der Lulatsch sitzt als heulendes Elend auf seinem Stuhl und deutet mit dem Finger auf Robert. "Natürlich, der Strebel wieder", brüllt der Heimleiter und schlägt wie von Sinnen mit einem Stock auf Robert und dann auf alle ein. Es scheint ihm egal zu sein, welche Körperteile er trifft.

Als seine Kraft nachlässt, bringt er die Jungen in ihr Haus zurück und schließt sie im Keller ein. Am nächsten Morgen folgt dann die Bestrafung durch den Erzieher. Wieder Prügel, Ausgangs-Verbot, Taschengeld-Entzug, Fernseh-Verbot, zusätzliche Arbeitsdienste im Haus, und am Montag sollen alle drei eine Glatze geschoren bekommen, als Abschreckung!

Sonntags ist immer Gottesdienst, und da hat der Heimleiter - der auch Pfarrer ist – seine Strafpredigt gehalten. Er sprach von armen Sündern, gefallenen Mädchen und von "Strebel, dem Kopf der Bande, der wie ein geiler Köter um das Mädchenhaus herum schleicht".

Bei den letzten Sätzen ist seine Stimme immer lauter geworden und am Schluss brüllte er so, dass ihm Schaum aus dem Munde trat. Dabei drohte er mit der Faust zu Robert hin. Die Erzieher aber – sie saßen im Andachtsraum seitlich vor den Zöglingen - schauten Robert während der Predigt vorwurfsvoll und mit solcher Abscheu und Verachtung an, als würde nun seinetwegen die Welt untergehen.

Nach dem Mittagessen – der Nachtisch ist gestrichen - müssen die "armen Sünder" den Küchendienst übernehmen, also Geschirr spülen, saubermachen, aufräumen usw.

Anschließend sollen sie auf ihre Zimmer gehen und diese bis zum Abendbrot nicht mehr verlassen.

Mit der Gewissheit, dass sie diese Schikanen für lange Zeit ertragen sollen, aber nicht wollen, beschließen Mast und Robert, aus dem Heim zu fliehen.

Eigentlich war es ja eine Kurzschlusshandlung. Sie wollten sich unter keinen Umständen die Haare abschneiden lassen. Und so sind sie quer durch den Wald gelaufen, bis zur Autostraße, und dann per Anhalter zur nächsten großen Stadt. Dort trieben sie sich tagsüber am Rhein herum, stiegen in Wochenend-Häuser ein -zwecks Lebensmittelbeschaffung- und übernachteten auch da. Nach ein paar Tagen wurden sie von der Polizei aufgegriffen und dann ging es wieder zurück ins Heim.

Die schöne Frisur haben sie ihnen trotzdem verstümmelt, es war fürchterlich. Sie haben ihnen die Haare am Hinterkopf von einer zur anderen Seite einfach abgeschnitten. Die beiden sahen danach aus wie die Bauern im Mittelalter! (*Der Lulatsch wurde verschont, weil er reumütig war*).

Nach einigen Wochen war aber alles wieder im Lot, und Robert war in der Achtung der Jugendlichen gestiegen, sie haben Respekt vor ihm, weil er sich nichts mehr gefallen lässt.

Die Mädchen mögen ihn sehr, auch die großen. Manche sind schon neunzehn oder zwanzig Jahre alt, die wissen ganz genau, was sie wollen. Eine heißt Gerlinde, sie ist nicht sehr hübsch, hat aber große Brüste und glotzt ihn immer so komisch an. Gestern hatten sie sich unten am Bach getroffen und er fragte, ob sie seine Freundin sein möchte. Gerlinde sagte ja, und dann haben sie sich befummelt und geknutscht. Zu mehr kam es nicht, weil jemand störte, aber heute Abend nach dem Essen, da wollen sie richtig ficken.

Die anderen Jungen schauen sich gemeinsam mit dem Erzieher ein Fußballspiel im Fernsehen an, derweil Robert zum "Schuhe putzen für alle" in den Keller abkommandiert wurde. Von da konnte er sich aus dem Haus schleichen und zum Bach runter laufen. Dort stehen einige Bäume und Sträucher, zwischen denen hat sich Gerlinde versteckt und erwartet ihn. Sie umarmen sich, küssen und streicheln ihre heißen Gesichter, dann legt sie sich auf den Boden und macht die Beine weit auseinander. Robert schiebt ihr den Rock hoch und sieht, dass sie ihr Höschen schon vorher ausgezogen hat. Sie sind beide sehr erregt, er legt sich auf sie und schnell schiebt er ihr sein Glied in die Muschi. Kurz danach überkommt ihn ein wunderbares, schönes Gefühl, von unten über den Bauch, die Brust, zum Hals, die Luft wird knapp, fast wie eine Ohnmacht. Und dann spritzt es aus seinem Penis, zum ersten Mal in seinem Leben hatte er einen Orgasmus mit einer Frau!

Die nächsten Tage bemerkte er, dass die Mädchen über ihn tuscheln, wenn er vorbei kommt, und oft lachen sie auch. Also hat die doofe Gerlinde gequatscht. Erst viel später wusste er, dass körperliche Liebe mehr ist als nur ein "Hasenfick" , "rein und raus", abspritzen und weg. Die Gerlinde hat bestimmt nichts davon gehabt, deshalb haben die Mädchen gelacht.

Robert hat sich mit dem Leben im Heim abgefunden. Zwar empfindet er oft Sehnsucht und Trauer, wenn er an seine Familie denkt, aber er weiß ja, dass er spätestens nach der Lehrzeit und bestandener Prüfung wieder nach Hause darf.

Es ist übrigens eine wunderschöne Landschaft, in der das Kinderheim liegt. Fast alles gehört einem richtigen Adeligen, dem "Fürsten zu Wied". Da ist der Westerwald, in dem sie so oft herumtoben und wo es sogar richtige Esskastanien gibt. Dann sind da die großen Obstplantagen, wo sie immer Obst stehlen, dazwischen die endlosen Weiden mit den Kuhherden.

Natürlich hat Robert seine ersten Reitversuche an einer Kuh probiert –es gehörte zu einer Mutprobe –aber er schaffte es gerade mal so auf den Rücken der Kuh, da flog er auch schon im hohen Bogen Durch die Luft, mitten in die Kuhscheiße. Es blieb bei diesem einen Versuch.

Aber am meisten hat es Robert der Bach mit den Forellen angetan, Fische haben ihn schon immer fasziniert. Manchmal fingen sie die Fische mit der Hand, oder sie legten Eimer ins Wasser, in diese flüchteten die Tiere, wenn die Jungens durch das Wasser trampelten. Dann wurden sie in Lehm gepackt und auf offener Flamme gebacken. Dabei war aber Vorsicht geboten, auch dieser Bach samt Fischen gehörte dem Fürsten. Manchmal durfte Robert am Wochenende ganz früh alleine losziehen und an den Waldrändern Brombeeren sammeln.

Das Leben könnte so schön sein, wenn nur nicht immer diese Bevormundung durch die Erzieher wäre, diese Zwänge, die Prügelstrafe.

„Ich werde diese schlimme Zeit schon überstehen", denkt Robert, "ich lasse mich nicht unterkriegen".

Er ist nun im 2. Lehrjahr und bekommt 25,- DM Lohn pro Monat. Das ist nicht viel für einen jungen Kerl, der raucht und gerne auch mal in eine Kneipe geht. Ein kleines Glas Bier kostet 50 Pfg. und eine Schachtel Zigaretten immerhin eine Mark, und die Musik aus der Juke–Box ist auch nicht umsonst. Was also tun? Seit einigen Wochen haben sie einen neuen "Stift" *(Lehrling)* in der Werkstatt – Hotte – er ist potthässlich, knochig und hat riesige Hände. Hotte ist ausgesprochen blöde, aber sehr gutmütig und besitzt unglaubliche kriminelle Energie. Sie werden bis zu Roberts Entlassung aus dem Heim die dicksten Freunde. So bringt Hotte ihm bei, wie man mit einem Markstück und einem speziellen Gegenstand am helllichten Tag einen Zigaretten-Automaten plündert, uvm. Von da an ging es ihnen ausgesprochen gut!

Im Frühjahr kam ganz überraschend Roberts Vater zu Besuch. Er hat inzwischen eine Arbeit in einer Schokoladen-Fabrik gefunden und scheint sich da auch wohl zu fühlen.

(Schon immer war Robert für viele Erwachsenen nur der "Strebel", ganz selten wurde er mit dem Vornamen angesprochen, er war halt nicht beliebt bei den Erziehern, was vielleicht auch mit seiner Herkunft zusammen hing. Das hat sehr weh getan. Oft hat er heimlich geweint, er wollte auch gestreichelt, wollte geliebt werden, aber nach außen hat er das nie gezeigt.)

Der Erzieher war ein großer, schwerer Mann, er hatte einen "Pferdefuß" *(Klumpfuß)*. Robert hasste ihn, er hatte sehr unter ihm zu leiden! Dieser Mensch duldete niemals Widerspruch, und wenn er züchtigte, dann so, als wären sie Erwachsene, also mit größter Gewalt. Niemals wird Robert einen besonders schweren Vorfall vergessen: der Erzieher hatte einen Sohn, etwa 10 oder 11.Jahre alt, und der hatte sich mit einem älteren, etwas einfältigen Zögling eingelassen. Sie haben sich die Schwänze gestreichelt. Als der Erzieher das herausbekam, hat er den Zögling so geprügelt, dass der wie ein Tier schrie. Niemals hat Robert einen Menschen vor Angst und Schmerz so schreien gehört. Der Junge wurde den ganzen Tag über eingesperrt, ohne Essen und Trinken. Seine Notdurft verrichtete er auf dem Boden, dafür gab es noch mal Prügel!

Am Samstag kam also sein Vater zu Besuch. An diesem Tag war der Erzieher scheißfreundlich zu ihm, "Robert!?!" sagte er, "du brauchst heute keine Hausarbeiten zu machen, *(Küchen-Abwasch, Zimmerputzen usw.)* du darfst den ganzen Tag mit deinem Papa verbringen". Und dann kam sein Vater: ungepflegt, mit schmutzigen, abgefressenen Fingernägeln, kaum noch Zähne im Maul, er stank nach Rauch und war natürlich angesoffen, seine Umgangsformen linkisch und primitiv, sein sprachliche Ausdrucksweise vulgär. Sein Dialekt war für Fremde kaum verständlich, Robert hat sich so geschämt für ihn.

Vor allem aber auch, weil er die falsche Freundlichkeit des Erziehers durchschaute, der machte sich lustig über Roberts Vater, er verscheißerte ihn, aber der merkte das nicht. Im Gegenteil, der kam sich ganz wichtig vor. Er hatte viele Süßigkeiten dabei, die er nun bei den Jugendlichen verteilte, Robert bekam nicht mehr davon ab als jeder andere. "Es wird alles gerecht verteilt", O-Ton seines Vaters. "Aber wo bleibe ich denn, ich bin doch sein Kind!?", dachte Robert. Die Jungen haben hinter seinem Rücken gelacht, oder sich an die Stirn getippt, als er die Süßigkeiten verschenkte. Robert weinte fast vor Wut, der Alte jedoch fühlte sich wie der Weihnachtsmann.

Dann hat er Fotos gezeigt, von zuhause. Seine kleinen Geschwister mit Rotznasen, ohne Lächeln, verängstigt und lumpig angezogen. Im Hintergrund der Hof mit den Klo`s und die Wäsche auf verbogenen Drahtseilen, daneben der Misthaufen. – Es war ihm so peinlich, er wäre am liebsten gestorben. Sie sind dann ins Dorf gegangen, in eine Kneipe. Da hat er Robert eine Wurst und eine Cola spendiert, er hat weitergesoffen und ihn voll gelabert. Nach ein paar Stunden sind sie dann ins Heim zurück.

Der Erzieher hatte als Hobby ein großes Aquarium mit sehr seltenen Fischen. Als er den Zustand von Roberts Vaters bemerkte, hat er ihm noch einige teure, junge Zierfische aufgeschwatzt, obwohl er wusste, wie arm ihre Familie war. Seine Mutter hat ihm später geschrieben, dass der Alte das Kindergeld für die Reise zu ihm verwendet hat. Bis er dann nach Hause kam, waren die Fische tot und vom Kindergeld nicht mehr viel übrig!

In diesem Sommer darf Robert zum ersten Mal nach über zwei Jahren heimfahren zu seiner Familie. Er ist schon ziemlich groß gewachsen, sehr gepflegt und modisch gekleidet. *(Ein Heimkind mit reichen Eltern hat ihm einige Kleidungsstücke geliehen).* Im Dorf ist er nun für ein paar Tage der "King". Mit Rosie läuft er überall herum, wo sie in der Kindheit waren. Sie ist stolz auf ihren Bruder, der so gut aussieht und nur noch Hochdeutsch spricht. Als sie durch die Felder gehen, erzählen sie sich von ihren Liebschaften und den neuesten Eroberungen. Als Robert ihr erzählt, dass er das "Knutschen" von einem Jungen gelernt hat, sagte Rosie, ihr habe Papa das Küssen beigebracht, er habe ihr die Zunge dabei ganz tief in den Mund geschoben und noch andere Sachen gemacht. Robert ist entsetzt, warum macht der Alte das, er ist doch ein Erwachsener und der Vater?!

Abends treibt Robert sich mit alten Kumpels im Dorf herum, sie rauchen und reden von ihren Schandtaten, die sie früher so verübt haben. Dabei nähern sie sich einem Bauernhof, an dem Hoftor steht ein großer Mann und wartet auf jemanden. Robert erkennt in ihm den Lehrer Sch., der ihn immer so schlimm verprügelt hat. Er stellt sich provozierend vor ihn hin und sagt, "na, Schulmeisterlein, mal wieder umsonst Milch und Wurst holen beim Bauern, damit dessen Kinder gute Zeugnisse bekommen?" Er spuckt vor ihm aus und hofft sehr, der Lehrer würde ihn angreifen, aber der hat Schiss und antwortet nicht und so gehen die Jungen davon. Robert wird diesen Menschen für immer hassen, ihm nie verzeihen!

Am nächsten Tag vermissen sie zu Hause die kleine Schwester Annie. Sie müsste schon längst aus der Schule zurück sein. Robert geht los, um sie zu suchen. Im Dorf trifft er andere Kinder, diese haben die Annie am Bach gesehen, sie wollte dort spielen. Nach einer Weile kommt sie ihm entgegen, sie weint und als Robert sie nach dem Grund fragt, deutet sie auf ihren Schoß und sagt nur, "er hat sein Ding da rein gesteckt". Robert hebt das Kleidchen an und sieht, dass sie kein Höschen anhat und die Schenkel blutig sind. Es war der Schorsch, der alte Taugenichts, der sich an ihr vergangen hat. Robert drängt die Eltern, eine Anzeige zu machen. Aber später vor Gericht schweigt Annie aus Scham und Schüchternheit, Zeugen gab es keine, auch eine Untersuchung beim Arzt fand aus irgendwelchen Gründen nicht statt. Der Mann wurde daraufhin freigesprochen!

Das Leben im Heim geht seinen gewohnten Gang. Dienstag- und Donnerstagmorgen ist nach dem Frühstück immer die Andacht mit dem Pfarrer oder einem Laienprediger und anschließend stehen die Jungen dann auf dem Hof in Reih und Glied, stramm wie die Soldaten. Der Heimleiter nimmt die "Parade" ab und die Meister bzw. Ausbilder erläutern den Tagesablauf. Heute ist Robert mal wieder der Grund für längere Diskussionen. Da er mit seinen "Eskapaden" einen schlechten Einfluss auf die anderen Jungen ausübt, soll er in einer anderen Gruppe untergebracht werden.

Also zieht er von Block A nach Block B. In diesem Haus sind die schwierigsten und ältesten Jungen untergebracht. Man lebt hier etwas lockerer, aber die Luft ist rauer, hier herrscht das Faustrecht. Die Erzieherin wird Tante Gundeley genannt. Sie ist klein und hässlich, dick und schon alt. *(Angeblich war sie früher selbst Heim-Zögling)*. Gefühle für die jungen Leute scheint sie nicht zu haben, ihre ganze Liebe bekommt ihr Hund, ein Grauhaardackel, der darf auch schon mal ins Treppenhaus pissen. Daneben hält sie sich noch einen "Sklaven", einen älteren, schmierigen Zögling, dem alles gestattet ist. Weiß der Teufel, was er dafür machen muss! Tante Gundeley ist ein richtiger Drache, bösartig bis zum Exzess. Wenn sie Wut hat, gibt es schon mal Ohrfeigen von ihr. Lustig ist es aber, wenn sie große Jungen schlagen will, die müssen sich dann bücken, damit sie die Wange trifft. Meistens aber überlässt sie die Bestrafung ihrem "Sklaven", da bricht schon mal ein Zahn ab, oder die Lippen platzen auf, oder man kriegt ein "Veilchen", aber man darf sich nicht wehren. Manchmal holte sie die jüngeren Kinder abends aus den Betten um zu kontrollieren, dass sie auch keine Unterwäsche unter dem Nachthemd trugen. Da standen wir denn stramm in einer Reihe und hoben das Hemd hoch, es war schon beschämend. Eigentlich wollte sie sich nur unsere Schwänze ansehen! "So weit bin nun schon gekommen", denkt Robert, "aber das werde ich auch noch überstehen".

In den Herbst-Ferien nimmt der Meister immer seinen Jahresurlaub, und da durfte der älteste Lehrling für drei Wochen den Betrieb leiten. Der Grund waren eigentlich die Dorfbewohner, die ihre Schuhe zur Reparatur brachten. Sie sollten nicht woanders hin müssen. Und da für Robert im Frühjahr seine Gesellen-Prüfung bevorstand und er ganz gute Arbeit leistete, durfte er nun den Chef spielen. Hotte hat ihn mal wieder auf die Idee gebracht, wie man nebenbei viel Geld verdienen kann. Die Dorfbewohner bezahlen für die Schuhreparaturen ja mit Bargeld und ein- oder zweimal am Tag wurde das Geld gegen eine Quittung oben im Büro abgegeben. Wenn man aus dem Büro zurückkam, warf der Meister nur einen flüchtigen Blick auf den Beleg, er wurde abgelegt und gut war es. Hotte hat vom letzten Jahr einen Stapel Quittungen gefunden und beiseite geschafft. Meistens wurde nur der Tag und Monat angegeben. Wenn also z.B. 90,- DM ins Büro gebracht werden sollten, suchte Hotte einen alten Beleg heraus, gleiche Summe, gleicher Tag, gleicher Monat und die Sache war gelaufen. Wir lebten in dieser Zeit, wie die Maden im Speck! Das ging einige Monate gut, aber nach Weihnachten platzte die Bombe. Der liebe Hotte wurde immer dreister und bekam den Hals nicht voll, außerdem prahlte er mit dem Geld, das musste ja auffallen! Dennoch haben sie Glück im Unglück. Die Heimleitung wollte schon die Polizei einschalten, aber der Meister setzte sich für Robert ein. Also blieb es bei der üblichen "Hausbestrafung", man will ihm nicht die Zukunft verbauen, auch im Hinblick auf seine bevorstehende Gesellen-Prüfung.

Im Frühjahr dann ist große Trauer im Kinderheim, Tante Gundeley ist gestorben!

Die Zöglinge müssen sich alle an ihrem offenen Sarg von ihr verabschieden. "Eigentlich hat sie noch nie so nett ausgesehen hat, wie jetzt in dem Sarg", dachte Robert. Sie war für viele der Jungen ein böser Mensch, kaum jemand weint ihr wirklich eine Träne nach.

Nun bekommen sie einen Mann als Erzieher, er ist klein, untersetzt und trägt orthopädische Schuhe, deshalb läuft er etwas komisch. Sein eigentlicher Beruf war auch Schuhmacher. Er ist ein komischer "Heiliger", auf der einen Seite freundlich und fromm *(eine Tochter von ihm ist Nonne im nahen Kloster)*, auf der anderen Seite aber sehr jähzornig und aggressiv. Einmal hat Robert über ihn gespöttelt, da hat er ihn gewürgt, fast bis zur Bewusstlosigkeit, sie mussten ihn von dem Jungen wegziehen!

Beinahe zeitgleich wurde ihm noch ein Praktikant *(Hilfserzieher)* zur Seite gestellt. Dieser war ein "ewiger" Medizinstudent, fast zwei Meter groß und ziemlich abartig. Die Heimkinder mussten ja immer Nachthemden tragen, ohne Unterhosen. Morgens kam er zum Wecken dann ganz leise in die Zimmer geschlichen und riss ihnen mit einem Ruck die Bettdecke weg. Oft hat sich im Schlaf das Nachthemd verschoben und dann lag man mit nacktem Unterleib vor ihm, oft hatte man auch erotische Träume und der Schwanz stand steif. Das mochte er, man konnte sehen, dass es ihn erregte. Robert versuchte so gut es ging, diesen Mann zu meiden. Aber manchmal bekam der ihn doch zu fassen und drückte ihn an sich, da er so groß war, spürte Robert seinen steifen Schwanz an seinem Rücken. Er zitterte auch immer, wenn er ihn so anfasste. Kleine Jungen mit großen Schwänzen mochte er am liebsten, zum Glück war Robert damals noch nicht so stark entwickelt, da unten. Aber Micha, ein hübscher Junge *(er kam aus seiner Heimat, der großen Stadt)* war sein Liebling, er hatte einen ganz "langen Dicken" und ein mädchenhaftes Gesicht mit grünen Augen. *(Viele Jahre später hat Robert ihn mal zufällig getroffen, da hatte er plötzlich noch kleine, stramme Brüste, wie ein junges Mädchen, und der ehemalige Medizinstudent war immer noch sein Freund!)*

Das Essen für die Zöglinge wird immer von den Jungen aus der Küche geholt, dazu musste man zu den alten Gebäuden am Bach gehen. Auf diesem Weg begegnete Robert öfter mal der Frau von seinem ehemaligen Erzieher aus dem Block A *(der mit dem Klumpfuß)*.Sie schaut ihn immer so komisch an und lächelt dabei, besonders häufig, seit er bei den Mädchen im Schlafsaal war.

Sie könnte ihm schon gefallen, ihr Körper ist noch sehr stramm und mit den kleinen, festen Brüsten und dem kurzen Kleidchen sieht sie wie ein Mädchen aus.

Als Robert noch im alten Block A wohnte, mussten sie jede Woche die Wäsche wechseln. Die schmutzige Wäsche wurde von der Frau des Erziehers entgegengenommen. Dabei kauerte sie mit den Hacken auf dem Boden und sortierte die Unterwäsche aus, oft beschimpfte sie die „Zöglinge" als Ferkel, wenn irgendwo Spermaspuren zu sehen waren. Aber eigenartig war, dass Robert sich immer als letzter in die Reihe stellen musste, und wenn es dann soweit war und er seine Wäsche vor sie hinlegte, spreizte sie die Beine weiter, als es nötig war, der Rock war sehr kurz, und Robert konnte sehen, dass sie keine Unterhosen trug. Dabei schaute sie ihn fest an und lächelte. Er hätte sie gerne mal darauf angesprochen, sie da unten angefasst und gefickt, vielleicht sogar im Ehebett, die Phantasie ging durch mit ihm. Also gewollt hätte er schon, aber die Angst vor ihrem Mann war größer, obwohl er dem Fiesling gerne die Hörner aufgesetzt hätte!

Einmal hatten sie für kurze Zeit eine junge Praktikantin im Block, und die hatte es Robert angetan, sie zeigte ihm auch Gefühle. Wegen jedem Wehwehchen ist er zu ihr aufs Zimmer gegangen, und einmal hatte er ein Furunkel am Oberschenkel, sie hat ihm „schwarze Zugsalbe" drauf geschmiert, und als sie sah, dass sein Schwänzchen hart wurde, hat sie ihn gedrückt. Mehr ist nicht passiert, aber als er von seinem ersten Heimaturlaub zurückkam, sagte der Erzieher beim Abendbrot mit einem Grinsen im Gesicht, „Deine Freundin ist nicht mehr da, sie ist weg für immer". Robert schoss das Wasser in die Augen, das hat ihm richtig wehgetan. Wie hat der Scheißkerl das erfahren?

Im April ist es dann so weit, die Heimleitung hat Robert zur Gesellen-Prüfung angemeldet. Die Prüfung findet in einer sehr großen Schuhmacherei statt, diese wiederum ist Teil einer Behinderten-Anstalt. Alle Schuhmacher-Prüflinge aus dem Landkreis treffen sich dort. Der Anblick dieser Bewohner hat ihn sehr mitgenommen. Bis dato hatte er kaum behinderte Menschen gesehen, und hier war er mitten unter ihnen. Manche waren kleinwüchsig mit großen Köpfen oder auch Mädchen ohne Arme, da wuchsen die Hände fast aus der Schulter. Es tat ihm sehr leid, das zu sehen. *(Später wusste er, dass die Behinderten zum Teil „Contergan-Kinder" waren.)*

Dann beginnt die Prüfung: Als praktische Übung muss Robert ein paar „rahmengenähte Herrenhalbschuhe" anfertigen. Dabei wird der eine Schuh komplett fertig gestellt, aber der andere bleibt offen, d.h. ohne Laufsohle, damit man den Abstand der Nägel und der Nähte sowie die korrekte Breite des Rahmens usw. sehen kann. Alles muss gleichmäßig sein. Vor allem ist es reine Handarbeit, die Nägel aus Holz, der Pechdraht zum Nähen aus Hanf, Pech und Wachs, und die Nadel ist eine Schweineborste. Er war ja so nervös, hatte schreckliche Angst zu patzen, dachte nur noch an seine Entlassung aus dem Heim, wenn er die Prüfung bestehen würde. In der letzten Nacht konnte er kaum schlafen, so groß war die Furcht zu versagen.

Also, Robert hat die Prüfung bestanden! In der Theorie war er nicht so besonders, konnte sich überhaupt nicht konzentrieren, war total von der Rolle, als hätte er eine Blockade im Kopf. Aber Ende gut, alles gut. Oh Gott war der Junge glücklich, er darf wieder nach Hause, nach vier Jahren und zwei Monaten.

Einige Wochen später ist es dann soweit. Der Pfarrer *(Heimleiter)* hält ihm zum Abschluss noch eine Moralpredigt, er hat Robert nie die Sache mit den Quittungen, den Unterschlagungen verziehen. Er ist auch sichtlich erleichtert, dass dieser Jugendliche nun entlassen wird. Alle sind sie lieb und nett zu ihm, auch die Erzieher, warum eigentlich erst jetzt?

Seine erste Freundin Uschi musste im Heim zurück bleiben. Natürlich war sie traurig, dass er ging. Sie hatten sich sehr lieb *(Robert wird sie auch nie vergessen)*. Um ihr zu imponieren, hatte er zu Beginn ihrer Liebelei ihre Initialen und „Ich liebe Uschi" auf den linken Unterarm tätowiert, er war damals 14 Jahre alt. Aber die Prügel, die er deswegen vom Meister bezog, waren nicht von schlechten Eltern.

Nun steht er auf der Straße, winkt noch mal zurück und denkt an den Tag, als sie ihn herbrachten. Was ist nicht alles hier geschehen, seit damals. Viel Schlimmes hat er erlebt, aber es gab auch Gutes, Wertvolles, das er mitnimmt in sein altes, neues zuhause. Und als die Tränen sich bemerkbar machen sagt er ganz leise zu sich, "Ich werde Euch allen vergeben und verzeihen. Ich fahre nun zu meiner Mutter und meinen Geschwistern, und ich freue mich, ja, ich freue mich auf mein neues Leben".

Die wilden Jahre

Das kleine Städtchen ist sehr schön anzuschauen, für Robert ist es aber auch ein Schritt in die Vergangenheit. Als Kind war er einige Male hier gewesen, mit Onkel Hans oder mit Rosie. Und auch seine "Flucht" fällt ihm wieder ein, damals, als er vor dem Vater weggelaufen war.

Nun ist er ein junger Mann und schlendert mit seiner Mama am Arm durch die Straßen, in Richtung Bahnhof. Sie waren guter Laune, denn Robert hat eine Arbeitsstelle in einer Orthopädie-Schuhmacherei bekommen. Es war eine Auflage vom Fürsorgeamt, möglichst schnell eine Arbeit zu finden, damit er gar nicht erst auf dumme Gedanken käme. Seine Mutter hatte schon frühzeitig mit dem Schuhmacher-Meister den Kontakt hergestellt, und der schaute zwar etwas skeptisch wegen Roberts Äußerem, war aber auch froh, einen jungen Gesellen zu bekommen. Man war sich schnell einig, 3,14 DM Stundenlohn soll er bekommen. Das macht ca. 95,- DM pro Woche. "Nicht schlecht für den Anfang", denkt Robert, im Heim hat er zuletzt 30,- DM pro Monat bekommen!

Am Montag beginnt sein erster Arbeitstag.

Die Werkstatt liegt im Erdgeschoß im hinteren Teil, vorne ist der Verkaufsraum. Ein Stockwerk höher ist die Wohnung vom Chef und seiner Familie, seine Frau ist eine zierliche, freundliche Person, ein kleiner Junge gehört auch dazu.

Robert hat noch einen Kollegen in der Schuhmacherei, Peter, schon etwas älter und linkisch, immer zweideutig im Gespräch, unsicher und altmodisch. Aber ein sehr fleißiger Mann.

Nach einigen Tagen hat Robert schon die Schnauze voll von der Arbeit, es ist halt doch ein Unterschied zum Tages-Ablauf im Kinderheim.

Hier wird kaum gesprochen, die Arbeit nur zu den zwei Pausen unterbrochen, zwischen den stinkenden Schuhen und dem Werkzeug. Der

Peter versucht ab und an, witzig zu sein, auf Roberts Kosten, er lästert wegen dessen langer Haare, nennt ihn schon mal Hippie oder Gammler, und im Radio darf nur Deutsche Musik spielen. Möchte Robert mal etwas nach seinem Geschmack hören, so wird das vom Alt-Gesellen als "neumodischer Kram" oder "Hottentottenmusik" abgetan. Der Meister gibt ihm Recht, indem er nichts sagt, sondern nur lacht. So hatte sich Robert seine Freiheit nicht vorgestellt, aber er will durchhalten, was soll er auch sonst machen?

Sein Vater ist immer noch in der Schokoladenfabrik beschäftigt, aber auch sehr oft krankgeschrieben, er hat halt selten Lust zu arbeiten. Roberts große Schwester Gaby ist seit einiger Zeit im gleichen Betrieb angestellt und hat dort einen jungen Mann kennengelernt, den Manfred. Er kommt – im Vergleich betrachtet - aus einer "besseren" Familie, und trotzdem möchte er die Gaby heiraten. Wenn die beiden zu Besuch kommen, bringt der Manfred oft Bier mit, um den Alten bei Laune zu halten, weil der meistens im Suff droht, "ohne seine Einwilligung, seine Unterschrift gibt es keine Hochzeit".

Wenn Robert Feierabend hat, muss er zum Bahnhof laufen, denn von hier fahren die Busse zu den verschiedenen Dörfern. Viel junges Volk trifft sich dort und man beobachtet ihn sehr genau. Er sieht sehr gepflegt aus, trotz seiner langen Haare, ist modisch gekleidet und spricht ein einwandfreies Hochdeutsch, das kommt an bei den Landeiern.

Einige der Jungen haben Mopeds und lungern dort herum, trinken aus Weinflaschen und machen die Mädchen an. Nach ein paar Wochen hat Robert sich mit ihnen angefreundet, dabei lernt er auch Mädchen kennen. Aber hier hat er so seine Probleme mit ihnen.

Im Heim war ja alles überschaubar, da sah man sich täglich, man kannte sich auch schon länger, für Freundschaft und Zärtlichkeit musste man nichts bezahlen. Aber hier in der Stadt war alles anders. Es gab mehr "Rivalen" und die Mädchen hatten Ansprüche, wollten "freigehalten" werden in der Disco oder beim Italiener.

Das gefiel Robert überhaupt nicht, das musste man irgendwie ändern.

Für den Anfang ist er mit seinem Lohn zwar zufrieden, aber die Buskarte kostet pro Woche auch noch mal 7,50 DM. Und oft hatten die Mutter und die Geschwister nichts zu essen, da wollte er mithelfen, dass alle satt werden und er gab schon, soviel er halt entbehren konnte. Neulich hat er sich ein kleines Koffer-Radio auf Ratenzahlung gekauft, sein erstes eigenes Radio! Er war sehr stolz darauf, Mama musste mitkommen und unterschreiben, weil er noch nicht volljährig war. Als der Alte das mitbekam, war er sehr neidisch und hat gedroht, er würde das Gerät zerhacken, weil er den "Mist", den die da spielen, in seiner Wohnung nicht hören will. Das Verhältnis zwischen Robert und seinem Vater wird immer schlechter. Zwar kann er ihn nicht mehr so schikanieren wie früher, aber Robert kann es nicht ertragen, wenn er ihn betrunken sieht und mitbekommt, wie er die Mutter und die Geschwister behandelt, und seine Schreierei geht ihm auf die Nerven. Trotzdem bleibt er meistens abends zu Hause, um die Geschwister vor dem Jähzorn des Vaters zu schützen.

Schade nur, dass Rosie nicht mehr da ist, da hätte er etwas Hilfe. Aber Rosie ist inzwischen verheiratet und selbst Mutter eines Sohnes. Sie hatte sich in einen älteren Jungen verliebt, der war nicht sehr intelligent, hatte auch keinen Beruf gelernt, aber er war fleißig und hilfsbereit. Und wenn abends der Freund, der Egon, mit dem Motorrad vor dem Haus wartete, dann gab es kein Halten mehr. Sie wehrte sich gegen den Alten, mochte er auch wüten und toben. Oft blieb sie nun auch über Nacht weg, schlief mit ihrem Freund manchmal im Wald, sie hatten keine andere Bleibe. Egon wohnte noch bei seinen Eltern und denen war die Verbindung zu Rosie gar nicht recht. Sie war noch minderjährig, *(16 Jahre alt)* hatte kein Geld, keine Arbeit, keinen Beruf und kam aus asozialen Verhältnissen

Zu allem Unglück wurde Rosie bald schwanger, und nun war guter Rat teuer. Wer sollte, wer konnte ihr helfen? Alles war so chaotisch, der schlimme Vater, die hilflose, schwache Mutter, die Schadenfreude und Häme der Dorfbewohner und im Hintergrund, als ständige Bedrohung, das Fürsorgeamt. Als einziger, halbwegs vernünftiger Ausweg kam nur eine Heirat der beiden in Frage. Und so leben sie nun mit ihrem Kind in einem kleinen Häuschen, das mehr einer Bruchbude ähnelt, etliche Dörfer weit weg. Finanzielle Hilfe gab und gibt es von niemandem, aber sie sind anfangs zufrieden, sie haben sich.

Freitags ist Zahltag für Robert, da bekommt er seinen Lohn ausbezahlt. Doch in die Freude über das Geld mischt sich immer öfter die Wut über seinen Vater. Der hat wieder seine Arbeit verloren *(aufgegeben)* und verlässt sich nun auf ihn, den Sohn! Auch ärgert es Robert, dass die Mama von dem Geld, das er für Brot und Kartoffeln abgibt, dem Alten immer was zusteckt, für Alkohol oder Tabak.

Oft warten schon auf dem Marktplatz, an der Bus-Haltestelle die kleinen Geschwister auf ihn. Sie haben Hunger und weinen, weil der Alte besoffen ist und randaliert. Neulich hat er sich vor Wut über die hohe Stromrechnung so in eine Raserei gesteigert, dass er die Stromleitung samt Steckdosen von der Wand riss. Es hat gefunkt und geschmort, aber mehr ist nicht passiert. Jetzt ist Schluss mit der Geldverschwendung, schrie er dabei.

„Wenn er doch bloß verrecken würde", denkt Robert, "dann wäre endlich Ruhe".

Gestern schien es, als wäre es soweit. Ihr Essig und Öl lassen sie sich im Lebensmittel-Laden immer in Bierflaschen abfüllen. Als er nun mal wieder schlaftrunken und noch nicht ausgenüchtert aus dem Schlafzimmer torkelte, sah er in der Küche die vermeintliche Bierpulle, ex und hopp und schon war die Flasche mit dem Essig leer. Er hat rumgebrüllt wie ein Schwein, das man abschlachtet, Mutter konnte sich das Lachen nicht verkneifen, da wollte er handgreiflich werden, aber Robert ging dazwischen.

Nach knapp fünf Monaten, kurz vor Weihnachten gibt Robert seine Arbeit auf. Es macht ihm keinen Spaß mehr. Zwar kam noch Freude auf, wenn er mal neue Schuhe machen durfte, aber das war äußerst selten. Meistens blieb es bei Reparatur-Arbeiten, und das gefiel ihm nicht mehr. Hinzu kamen die Stänkereien der Kumpels (*nur geistig und körperlich Behinderte werden Flickschuster*). Ein wenig hat er sich auch deswegen geschämt.

War es denn nicht so, dass er diesen Beruf von Anfang an nicht mochte? Dass es nur ein Mittel zum Zweck war, damit er aus dem Heim käme? Und der Verdienst ist zu gering, ein Hilfsarbeiter auf dem Bau bekommt ein Viertel mehr Lohn. Er versucht seinen Entschluss zu rechtfertigen, jeder Grund ist ihm Recht. "Schade, Robert", sagte der Meister, "ich hätte dich gerne behalten, trotzdem wünsche ich dir alles Gute, und sei vorsichtig mit deinen neuen Freunden, einige von denen taugen nichts". "Rede du mal", dachte Robert, drehte sich um und verließ den Laden. Draußen auf der Straße hätte er vor Freude schreien mögen. Endlich war er frei, keine Vorschriften mehr, niemand hatte ihm zu sagen, was er tun und lassen soll.

Er spaziert in die Stadt hinunter, da gibt es ein Eisenwarengeschäft. In diesem arbeitet ein wunderschönes Mädchen, sie lächeln sich immer an, wenn sie sich sehen, aber Robert hat sich bisher noch nicht getraut, sie anzusprechen. Sie kam sogar einmal in die Werkstatt und brachte Schuhe ihrer Mutter, nur um ihn zu sehen. Nun hat er viel Zeit um ihr näher zu kommen.

Der Alte treibt sich irgendwo herum und so nutzt Robert die Gunst der Stunde und stellt sein Radio - sein ganzer Stolz – auf den Kühlschrank, er möchte sich die "Hitparade" anhören. Da öffnet sich die Tür, der Alte kommt herein getorkelt und brüllt auch sofort los, "mach das Gejaule aus" und schon packt er das Gerät und will es zu Boden werfen. Robert fällt ihm in den Arm und schüttelt ihn kräftig, da wird er ganz kleinlaut, er weiß, dass er im Ernstfall den Kürzeren ziehen wird. Aber kaum dreht Robert ihm den Rücken zu, da ruft Rosie, "pass auf". Er bückt sich, und schon knallt eine volle Bierflasche, vom Alten geworfen, gegen die Wand. Er ist und bleibt ein hinterhältiges Schwein!

Als der Alte mitbekam, dass Robert nicht mehr zur Arbeit ging, hat er ein mächtiges Theater veranstaltet: "Du fauler Hund, dann sieh mal zu wo du etwas zu fressen findest, bei mir gibt es nichts und zum Schlafen musst du dir auch etwas suchen, ich unterstütze deine Faulheit nicht." Die nächsten Tage treibt Robert sich in der Stadt herum. Er hat sich arbeitslos gemeldet, aber große Hoffnung auf einen Job macht man ihm beim Arbeitsamt nicht. Der Herbst neigt sich dem Ende zu, und in ein paar Wochen wird schon Weihnachten sein. Unterstützung bekommt er erstmal auch nicht, weil er selbst gekündigt hat.

In seiner Stammkneipe "Zum Pfauen" ist er nun ständig präsent, die Wirtsleute mögen ihn. Viele junge Mädchen kommen zu ihm, bringen oft Geld und Essen mit, und auch zur schnellen Liebelei auf dem Klo sind einige gerne bereit. Seine besten Kumpels sind die Meier–Brüder. Sie kommen aus einer Familie, bei der Polizeibesuche nicht ungewöhnlich sind. Beide fahren "frisierte" Motorräder, sie sind wahre Akrobaten mit ihren Maschinen, freihändig fahren oder nur mit dem Hinterrad, alles kein Problem für sie. Zu Roberts Truppe gehört auch ein stiller, blonder Junge, Helmut, auch er ist ein toller Motorrad-Fahrer. *(Er wird später Roberts bester Freund, für kurze Zeit.)* Dann gibt es noch Heinrich, er ist ein ausgesprochen hübscher Junge, und er weiß, wie man ohne Arbeit zu Geld kommt. Mit ihm und dem älteren Meier-Bruder besuchen sie einen Musiklehrer, dieser wohnt mit seinen Schwestern in einer besseren Gegend in einem großen Haus. Dass er schwul ist, bemerkt Robert erst später. Der Mann öffnet die Tür und lässt sie ins Haus, dann bietet er ihnen Essen und Trinken an, und danach verschwindet er mit den beiden im Schlafzimmer. Neugierig schaute Robert durch das Schlüsselloch, es machte Spaß, den Voyeur zu spielen. Die beiden Jungen ziehen sich aus, und der Musiklehrer streichelt und küsst sie, dann lutscht er ihnen die Schwänze, und anschließend dürfen sie ihm in den Mund spritzen. Als sie das Haus verlassen lächelt Heinrich Robert an und sagt, "du kannst gerne einmal wiederkommen". *(Das hat er später auch ab und zu gemacht, er wusste ja aus seiner Zeit im Heim, dass ältere Männer gerne mal junge Schwänze mochten, und wenn es noch Geld dafür gab, warum nicht?)*

Damals wurde Liebe unter Männern als Unzucht bezeichnet und hart bestraft, der Musiklehrer war auch oft im Gefängnis deswegen. Robert fand das ungerecht, der Mann hat ihm sehr leid getan. Eigentlich hat er sich wegen seiner Neigung sein ganzes Leben verpfuscht.

Robert fühlte sich nicht mehr wohl in seiner Haut. Seit Weihnachten ist er wieder öfter bei seiner Familie. Einerseits macht es Spaß, mit den Schulfreunden herum zu stromern, sich bei den Mädchen wichtig zu machen und über die Kindheit zu reden. Aber ohne Geld ist das Rumlungern nur halb so schön. Er versucht nun, mit Gelegenheitsarbeit über die Runden zu kommen. Manchmal kann er auch mit Onkel Hans bei den Bauern einige Tage arbeiten. Inzwischen bekommt er Arbeitslosengeld, dazu muss er einmal pro Woche in der Stadt beim Arbeitsamt vorstellig werden. Der Sachbearbeiter notiert sein Erscheinen, schaut nach, ob ein Job vorhanden ist, dann bekommt er seine "Stütze", 67,-DM, und darf wieder gehen. Die obligatorischen Bemerkungen des Beamten, "früher, bei Adolf, hätten sie solche faulen und verkommenen Leute ins Arbeitslager gesteckt, damit die wieder Zucht und Ordnung lernen", überhörte er. Beamte haben sowieso immer Recht, oder sie nehmen es sich!

Rosie wohnte mit ihrem Mann und dem Kind *(für damalige Verhältnisse)* ziemlich weit weg von den Eltern. Mit der Bahn zu fahren war sehr umständlich und zeitraubend, teuer war es auch, und ein Auto hatte ja kaum jemand. Robert besuchte sie so oft es möglich war, er verstand sich ganz gut mit ihrem Mann Egon und blieb auch meistens für ein, zwei Tage dort.

Wenn Egon zur Arbeit ging *(er arbeitete damals beim Straßenbau)*, plauderten die Geschwister von ihrer Kindheit, sprachen von dem jetzigen, schweren Alltag, und dann brach Rosie schon mal in Tränen aus. Sie war inzwischen 17 Jahre alt, selbst noch ein Kind und doch schon Mutter. Sie lebten sehr arm, das Geld, das Egon verdiente, reichte gerade Mal so zum Nötigsten, und das Allerschlimmste, sie war wieder schwanger!

Sexualität war damals ein Tabu-Thema, in der Gesellschaft allgemein und in den Dörfern sowieso. Das war alles "Schweinkram" und für Jugendliche streng verboten. In der Schule wurde nicht über so was gesprochen, weil es ja nicht sein durfte vor der Ehe. Mädchen, die so früh schwanger wurden, waren halt "asozial" und "Flittchen", die Aufklärung fand eigentlich auf der Straße statt, die Kinder machten das nach, was sie daheim sahen und erlebten. Über Verhütung wurde nur geredet, wenn es zu spät war. Und wenn man "Pariser" *(Kondome)* gekauft hätte, wenn das Geld dafür vorhanden gewesen wäre, was für eine Schande für die Familie, wenn der Herr Pfarrer oder die Lehrer das erfahren hätten!

„Robert, du musst mir helfen, ich darf das Kind nicht bekommen", stammelte Rosie, "ich weiß mir keinen Rat mehr, die Schwiegereltern mögen mich nicht, sind streng katholisch, waren schon immer gegen mich. Und die eigenen Eltern sind ja auch keine Hilfe, machen mir nur Vorwürfe". Da saßen sie nun, wie Kinder, und hielten sich die Hände, weinten und wussten nicht mehr weiter. Man hatte ja manchmal Gespräche der Erwachsenen belauscht, die Ratschläge für solche Fälle austauschten: "Fußtritte oder Faustschläge in den Unterleib oder volle Wassereimer tragen und dann die Treppen hoch und runter laufen". Aber so richtig glauben konnten sie das nicht. Wieso hat denn die Mutter so viele Kinder bekommen, wo sie doch täglich schwer arbeitet und so oft vom Vater verprügelt wird?

„Ich habe die Schnauze voll", verärgert geht Robert die Stufen zum Wohnhaus der Eltern hoch. Er hilft seit einigen Tagen einem reichen Mann, auf dessen Grundstück eine Garage zu bauen. Aber heute hat er ihn versetzt, ist einfach nicht gekommen, um ihn abzuholen.

Als er in die Wohnung will, hört er den Alten brüllen. Er öffnet die Tür und da steht der Vater vor dem Dieter, dem älteren Bruder, hat ein großes Messer in der erhobenen Hand und will gerade damit zustechen. Mit einem gewaltigen Satz springt Robert auf ihn zu und schlägt ihm das Messer aus der Hand. Und dann bricht alles aus ihm heraus: Wut, Hass auf diesen Mann, der alle tyrannisiert, der sie quält und vor dem sie Angst haben. Er schlägt und tritt solange zu, bis der Alte sich nicht mehr rührt. "Wenn der Vater stirbt, sorge ich dafür, dass du ins Zuchthaus kommst", sagt die Mutter und kümmert sich um ihren Mann.

Robert ist wie gelähmt, sprachlos steht er da und versteht die Welt nicht mehr! Er dachte immer, dass die Mutter auf der Seite ihrer Kinder wäre, hatte sie nicht auch Angst vor dem Alten? Was wäre, wenn der den Dieter erstochen hätte?

Anfang des neuen Jahres ist Robert öfter mit dem stillen, blonden Jungen zusammen, auch Helmut kommt aus armen Verhältnissen. Er ist sehr klug, hat aber die Schule geschmissen, mitunter kann er richtig tobsüchtig und jähzornig werden. Robert hat nie erfahren, warum er so ist. Sein Vater säuft und wird von ihm verachtet, ebenso die Mutter, er schämt sich ihretwegen. Sie stammt aus Bayern, sieht so aus und spricht auch so und arbeitet überall wo sich Arbeit anbietet, von früh bis spät. Sie hat ein gutes Herz. Zu Robert sind beide Elternteile immer freundlich und er mag sie sehr. Damit Helmut nicht ständig den weiten Weg zu Robert fahren muss, bieten sie ihm eine Bleibe in ihrem Haus an. Es soll nur für die Zeit sein, bis er wieder Arbeit findet, Im Frühjahr will er sich beim Straßenbau verdingen, da kann man guten Lohn verdienen, wenn man fleißig ist. Und dann gibt es noch Hannelore, die Schwester von Helmut. Sie ist eine dralle, bildhübsche Person. Noch etwas sehr jung, aber ihre Erfahrung ist schon groß, was Männer anbelangt. Auch sie verachtet ihre Eltern, oft erzählt sie Robert von dem Wunsch, dass sie die armselige Hütte, in der sie leben, eines Tages in ein großes Haus umbauen wird. *(Viele Jahre später ist aus dem Traum Wirklichkeit geworden, sie hat auch sonst viel erreicht in ihrem relativ kurzen Leben. Aber das Schicksal ist unerbittlich. Ihr wurde ein Tumor im Kopf entfernt, sie war danach geistig behindert, wurde geschieden, das Kind nahm man ihr weg, sie verlor ihr Haus und dann brachte man sie in die Klappsmühle, wo sie wohl immer noch dahin vegetiert.)* Nachts liegen sie zusammen, Robert und Hannelore, sie kommen kaum zum Schlafen, so gierig sind sie auf sich. "Fickt leiser, ihr Säue", ruft Helmut aus dem Hintergrund des Raumes. Ob er neidisch ist?

Seit Robert mit Hannelore geht, sind die anderen Mädchen für ihn tabu. Aber nun fallen die kleinen Zuwendungen weg, was ist zu tun, um diesen Zustand zu ändern?

Ein älterer Bekannter der Meier-Brüder wurde kürzlich aus dem Gefängnis entlassen und bei den Treffs am Bahnhof, prahlte er mit seinen "Taten" , u.a. erzählte er auch, wie einfach es wäre, Automaten zu "knacken". Das war eine gute Idee, das wollten die Freunde auch mal probieren. Es sind aufregende Wochen für die beiden. Nachts sind sie oft mit dem Motorrad unterwegs und plündern Zigaretten-Automaten. Oder sie steigen in abgelegene Gasthöfe ein und klauen was nicht niet- und nagelfest ist. Und doch sind sie nicht wirklich zufrieden. Sie haben auch einige Male mächtig Glück gehabt, dass sie nicht geschnappt wurden.

Als die Spannungen zwischen Helmut und seinem Vater immer stärker wurden, erwägen die Freunde, die Heimat zu verlassen. In der Stadt hatten sie einen Raufbold kennengelernt, der ihnen von der Seefahrt vorschwärmte, und so beschlossen sie, zur See zu fahren!

Nach einer sehr langen Bahnfahrt kommen sie in Hamburg an. Meine Güte, ist diese Stadt groß. Da stehen sie nun und wissen nicht so genau, wie es weitergehen soll. Sie irren einige Stunden Durch die Stadt und befinden sich irgendwann auf einer Straße mit Cafés, Kneipen und Läden, Durch die sich viele Menschen schieben. Ziemlich genervt von dem Trubel, dem Lärm der Großstadt, hungrig und müde, beschließen sie, sich ein Zimmer für die Nacht zu suchen. In einer Seitenstraße, für den Verkehr gesperrt, finden sie eine Pension. Das kleine Zimmer ist für ihre Verhältnisse unverschämt teuer. Nachts musste Robert auf das Klo, das Badezimmer war aber auf dem Flur, und er wunderte sich doch sehr über die Leute, die da hin und her wuselten, wobei die jungen Frauen nur leicht bekleidet waren. *(Viel später erst haben sie erfahren, dass sie auf der Reeperbahn, in der Herbertstraße, in einem Puff übernachtet haben.)* Die nächsten Tage treiben sie sich im Hafen herum, nachts schlafen sie auf einem Bahnhofsgelände in abgestellten Zügen, bis sie von dem Reinigungs-Personal vertrieben werden. Sie fragen überall nach Arbeit, aber niemand braucht Jungen, die noch minderjährig sind, ohne Ausbildung und Erfahrung für die Schifffahrt. Ihnen wird schmerzlich bewusst, dass sie Träumer sind, Wunder gibt es nicht oder höchstens in den Märchen.

Guter Rat ist teuer, mit Helmut ist zeitweilig überhaupt nicht zu reden, er schweigt sich aus, wird immer wütender, weil er auch merkt, dass man mit dem Kopf schlecht durch die Wand kommt.

Resigniert und traurig beschließen sie, wieder nach Hause zu fahren.

Da sie völlig blank sind, versuchen sich die beiden als "Schwarzfahrer" im D-Zug. Das geht auch eine ganze Weile gut, aber kurz vor Frankfurt a. M. werden sie vom Schaffner erwischt. Dieser will sie zur Feststellung der Personalien im Bahnhof der Polizei übergeben. Kaum steht der Zug, springen sie schon hinaus und flüchten aus dem Bahnhof in die Stadt. Dort treiben sie sich bis abends herum, um dann abermals zum Bahngelände zurück zu gehen und dort in einem abgestellten Waggon zu übernachten. Damit haben sie ja schon Erfahrung.

Die Nacht verläuft nicht gut für die Jungen. Zum einen ist es schrecklich kalt im Waggon, und kaum sind sie eingeschlafen, wird rangiert. Dann springen sie schlaftrunken hinaus in die Dunkelheit und Kälte und verfluchen die Idee, zur See zu fahren.

Bis zum Morgen lungern sie dann im Bahnhof herum, um sich etwas aufzuwärmen. Oftmals werden sie von älteren Männern angesprochen, die ihnen Geld anbieten, für eine schnelle Nummer auf dem Klo. Vor allem Robert mit seinen langen Haaren und der zierlichen Figur hat es ihnen angetan. Aber das wäre das letzte, was sie wollen, sie sind doch nicht schwul!

Einige Stunden später, inzwischen war der neue Tag angebrochen, beschlossen sie, sich Geld zu besorgen. Sie waren sehr hungrig, total übermüdet und froren erbärmlich. Und als sie an einer Bank vorbeigingen, schauten sie sich an und das unselige Vorhaben nahm Gestalt an. Sie wollen abwarten, bis jemand Geld abhebt und es in eine Tasche packt. Wenn dann diese Person aus der Bank kommt, dann sollte einer von ihnen sich ranpirschen und versuchen, die Tasche zu entwenden.

Das Los fiel auf Robert, er trug eine, "Wendejacke", eine Seite uni, auf der anderen bunte Schottenmuster, außerdem war er der schnellere von beiden, und er hatte Mut.

So sah es zumindest aus, aber es gab im Moment keinen anderen Weg, um an Geld zu kommen. Sie wollten nach Hause, sie hatten Hunger und, wer die "Kohle" aus der Bank holt, der muss reich sein, arme Leute gehen nicht zur Bank. Und so nimmt das Unheil seinen Lauf.

Helmut steht einige Häuser weiter und wartet, während Robert am Eingang der Bank auf "Beute" lauert. Es dauert nicht lange, und im nächsten Moment kommt eine Frau aus der Tür, mit einer Tasche in der Hand. Robert geht auf sie zu und will ihr die Tasche wegnehmen, er hat aber nicht mit dem Widerstand der Frau gerechnet. Diese schreit sofort los, "Hilfe, Überfall", und hält dabei die Tasche fest. Robert fühlt sich regelrecht überrumpelt, und voller Panik läuft er los, schaut dabei nach Helmut, aber der ist schon verschwunden. Er läuft so lange kreuz und quer durch die fremden Straßen, bis er keine Luft mehr bekommt, dabei dreht er seine Jacke um, aber das hilft ihm auch nicht mehr. Schon hört er die Sirenen, und vor ihm hält ein Polizeiwagen an, aus dem zwei Beamte springen und auf ihn zukommen. Vor Angst kotzt Robert sich die Seele aus dem Hals und lässt sich festnehmen.

Sie bringen ihn auf die Wache und schließen ihn in eine Zelle, in der sich schon einige andere Menschen befinden. Später wird er von den Polizisten vernommen, sie wollen alles Mögliche von ihm wissen, aber, weil sie nicht gezielt nach Helmut fragen, beschließt er, darüber zu schweigen. Da Robert noch nicht volljährig ist und einen festen Wohnsitz bei seinen Eltern hat, muss er nicht ins Gefängnis. Seine Eltern sollen benachrichtigt werden und ihn abholen. Aber das war ja schlecht möglich, da es zu dieser Zeit in ihrem Wohnbereich niemanden gab, der über ein Telefon verfügte. Und wie hätten sie ihn abholen sollen, kein Geld, keine Fahrmöglichkeit. Also bittet er die Beamten, bei der Firma, wo sein Bruder Dieter arbeitet, anrufen zu dürfen. Das geschieht auch, und am nächsten Morgen holt ihn sein Bruder mit seinem uralten DKW auf dem Polizei-Revier ab.

Robert ist der Vorfall sehr peinlich und so bittet er den Bruder darum, nichts den Eltern zu sagen. Er erzählt auch nicht die ganze Wahrheit, denn was in Frankfurt geschah, war keine Heldentat, nichts, auf das er stolz sein könnte. Im Innersten fühlte er große Scham, aber das darf er nicht zeigen, das verbietet ihm sein Stolz.

Er lässt sich zu dem Dorf fahren, wo Helmut wohnt, und verabschiedet sich von Dieter.

Helmut hat das Auto vor dem Haus gehört und begrüßt Robert stumm, mit einer kräftigen Umarmung. Er hatte schon fest mit dem Erscheinen der Polizei gerechnet, wollte nicht glauben, dass Robert so eisern schweigen würde.

Die nächsten Tage sind die beiden ziemlich kleinlaut, Helmut muss sich Vorwürfe seiner Eltern gefallen lassen, und überhaupt ist die Stimmung mies. Als Hannelore mittags aus der Stadt zurück kam -sie hatte dort einen Termin beim Arbeitsamt- sagte sie zu Robert, "ich habe eine schlechte Nachricht für dich, aber eine gute für mich, ich werde am Wochenende nach Sylt fahren. Ich kann dort einen Arbeitsplatz als Hausmädchen in einem Hotel bekommen, endlich komme ich raus aus dieser Scheißgegend".

Das hat Robert ganz schön wehgetan, aber er konnte Hannelore verstehen. Sie wollte schon lange weg von dem "Kaff", wie sie immer sagte, weg von den Eltern, von der Armut. Vielleicht würde sie einen vornehmen, reichen Mann kennenlernen. Die Mutter mit ihrem bayerischen Humor meinte lachend, "auf solch ein Schweinchen wie dich werden sie bestimmt gewartet haben!" *(Weil sie etwas pummelig war.)* Das wiederum löste einen Tobsuchtsanfall der Tochter aus. Nun hielt Robert auch nichts mehr bei der Familie, und so ließ er sich von Helmut in sein Dorf fahren.

Robert ist wahnsinnig verliebt. Sie ist ein wunderschönes Mädchen, mit langen, blonden Haaren, ihr Name ist Corina und sie kommt aus "gutem Hause". Er hatte sie schon einige Male in der Disco gesehen, aber niemals gedacht, dass sie sich für ihn interessieren könnte.

Corina ist in einem großen Büro beschäftigt, sie macht dort eine Lehre. Während ihrer Mittagspause sind sie sich über den Weg gelaufen, er hat sie angegrinst, sie lächelte zurück, und da hat es gefunkt. Nun "gehen" sie schon einige Tage zusammen, und Robert ist sehr stolz auf seine Freundin. Inzwischen hat er auch Arbeit bei einer Baufirma gefunden, und es scheint so, als bekäme er sein Leben in den Griff.

Nach Feierabend treibt er sich in seiner Stamm-Kneipe herum, er hat dort ein kleines Zimmer gemietet. Die Wirtsleute mögen ihn, obwohl er sich ziemlich verrückt verhält. Er kann gut singen, kennt alle gängigen Schlager auswendig, und wenn er angetrunken ist, springt er schon mal auf den Tisch und macht den Schlagerstar. Sie lassen ihn gewähren, besser so, als wenn er sich prügeln würde.

Es gab damals in seiner Heimat eine Musikgruppe die einen guten Namen hatte, sie spielten auf den Weinfesten und suchten einen Sänger, der auch optisch etwas hermachte. Robert mit seinen langen Haaren, seiner Jeans-Kluft, die Finger voller silberner Ringe war so ein Typ. Vor ein paar Wochen wollten sie ihn zuhause abholen, er sollte mit ihnen üben, sollte vorsingen. Aber als einer von ihnen ganz plötzlich in der Küche stand, den Saustall sah, wo er hauste, seinen betrunkenen Vater, da schämte er sich so sehr, das er einfach weglief. Ihn hatte aller Mut verlassen.

„In Ordnung, Corina, wenn du mich so unter Druck setzt, dann trennen wir uns halt, niemand schreibt mir vor, mit wem ich verkehren soll". Robert ist wütend, sie möchte, dass er sich von seinen Freunden trennt. Sie ist der Meinung, dass die Kumpels ihn negativ beeinflussen, dass er durch sie immer tiefer sinkt. Auch die kriminellen Delikte häufen sich, die er mit seinen Kumpels begeht. Und vorhin am Bahnhof gab es eine Schlägerei und er mittendrin. Da wollte sie ihn mitnehmen, aber er war bockig und angetrunken, da hat sie geweint und ist weggelaufen. Sie mag Robert wirklich, und sie hat Angst um ihn, denn er hat sich sehr verändert, zu seinem Nachteil. Er wird immer brutaler, vor allem, wenn er getrunken hat, und viele haben Angst vor ihm, gehen ihm aus dem Weg.

Seine Truppe nennt sich neuerdings "THE Outlaws" Robert fand diese Bezeichnung für Gesetzlose in einem Wildwest-Roman, sie passte zu ihnen. Jeder Kumpel hatte nun diesen Namen auf der Jeansjacke, von Robert mehrfarbig aufgemalt.

Wenn sie sich zu ihren "Ausflügen" treffen, kommen schon mal zehn bis fünfzehn Jungen zusammen, sie verbreiten ziemlich viel Unruhe, prügeln sich auf den Kirmesplätzen mit anderen Gruppen, belästigen die Mädels und sind schon eine rechte Plage.

Neulich kam Robert zum Treff mit Corina, er hatte schöne, neue Klamotten an, und ihr brachte er einen tollen Damen-Pullover als Geschenk mit. Zuerst hat sie sich darüber gefreut, aber dann kamen ihr doch Bedenken. "Gekauft hat er die Sachen bestimmt nicht", dachte sie, und als sie dann nachhakte, kam er scheibchenweise mit der Wahrheit heraus: Also, ein großes

Bekleidungsgeschäft gestaltete die Fassade neu, und bei den Umbauten war ein Schaufenster nicht richtig verschlossen. Das hatte Robert bei seinem Herumstreunen bemerkt und stieg ein. Er hatte noch Glück, denn ein Polizeiwagen fuhr vorüber, und er konnte nur starr wie eine Puppe dastehen. Sie haben nichts bemerkt, aber er hat sich vor Angst beinahe in die Hose gemacht. Bei den Kumpels hat er aber geprahlt, wie kaltblütig er sich verhalten hat! Corina gefällt das überhaupt nicht, und nun ist erst mal Funkstille zwischen den beiden. "Wo kämen wir denn hin, wenn wir das täten, was die Weiber wollen", denkt Robert und nimmt einen Schluck aus der Weinflasche. Er kennt niemanden in seiner Familie, bzw. seinem Umfeld, wo die Frauen etwas zu sagen haben, immer bestimmt der Mann, und wenn das Weib aufmuckt, dann gibt es was auf die Fresse. Soweit würde Robert bei Corina nicht gehen, er kann immer noch nicht fassen, dass sie ihn mag, er ist froh darüber, aber wenn Streit ist, erwartet er, dass sie ihm nachläuft, nicht umgekehrt.

Es gibt da neuerdings einen Jungen, mit dem er sich gut versteht, er arbeitet in einer Bäckerei und hat dort auch ein Zimmer, sein Name ist Rainer, zu ihm macht er sich auf den Weg. Robert ist immer noch wegen des Vorfalls mit Corina verärgert und auch traurig, er möchte ihr unbedingt beweisen, was für ein toller Kerl er ist. Als er in der Bäckerei ankommt, hat er sich schon etwas Verrücktes ausgedacht, so was hat noch niemand aus seinen Bekanntschaften getan. Eigentlich sollte es ja nur eine Mutprobe sein., "Hallo Rainer, du musst mir helfen, ich möchte, dass du mich in dem Kaufhaus in einem Schrank einschließt, kurz vor dem Feierabend. Später, wenn alles ruhig ist, werde ich mich rausschleichen und dann komme ich bei dir vorbei, ich bringe für Corina auch einen Beweis mit". Rainer verschlägt es die Sprache. "Du bist doch verrückt, direkt neben dem Kaufhaus ist das Polizei-Revier, wenn die etwas merken, kommst du gleich in den Knast". Aber Robert lässt sich nicht von seinem Vorhaben abbringen und so ziehen sie los. Im Kaufhaus suchen sie sich einen Schrank aus, und in einem günstigen Moment setzt Robert sich hinein, Rainer drückt die Tür zu und geht weg. Da sitzt er nun, unser Held und das Herz schlägt ihm bis zum Hals. Am liebsten möchte er den Schrank und das Kaufhaus wieder verlassen, aber ein Mann, ein Wort. "Hoffentlich geht alles gut", denkt er, "ich mache es auch bestimmt nie wieder".

Robert muss dank des Alkoholkonsums kurz eingeschlafen sein. Als er zu sich kam, war kein Laut zu hören, vorsichtig öffnete er die Schranktür und kletterte heraus. Es hatte geklappt, er war ganz alleine im Kaufhaus. Vorsichtig schlich er umher, schaute nach einem "Beweisstück" für seine Freundin, aber dann dachte er an seine Familie, die so vieles entbehren musste und hier war alles im Überfluss. "Es trifft ja keine Armen, wenn ich etwas wegnehme", murmelte er vor sich hin, "die merken das gar nicht". Er muss wieder an den Schwur aus seiner Kindheit denken: "Den Reichen wegnehmen und den Armen schenken". Sind seine Familie und er denn nicht auch arm? Na ja, seine Arbeit hätte er nicht aufgeben müssen, aber dass sie ihn auf dem Arbeitsamt wie einen Aussätzigen behandeln, nur weil er lange Haare trägt, sich anders kleidet und aus dem Heim kommt, das versteht er nicht. Natürlich hat er sich um einen Job bemüht, nicht nur einmal, aber viele Arbeitgeber lehnen ab, wenn er sich vorstellt. "Gammler, langhaariger Penner, lass dir mal die Haare schneiden und wasche dich". Das sind noch die harmlosesten Worte, die man ihm an den Kopf wirft.

In der unteren Etage gibt es Genussmittel und Luxusartikel, schnell sind ein paar Koffer und Taschen gefüllt, er stopft wahllos hinein, was gerade so zu sehen ist. Elektrogeräte, Zigaretten, Schnaps usw. Er sucht nach einem Fluchtweg und findet eine Flügel-Tür, die nach hinten, zum Hof führt. Sie ist natürlich verschlossen, aber Robert kann die Verriegelung oben und unten lösen, und dann lässt sich die Tür ganz einfach aufdrücken.

Als er draußen ist, sucht und findet er ein Stück Holz, das klemmt er unter die Tür und schiebt sie nur so weit zu, dass er sie später problemlos wieder öffnen kann. Dann schleicht er sich durch den angrenzenden Garten und Hof davon. Bevor er wieder auf die kleine Straße tritt, schaut er sich noch mal um, und da sieht er, dass in einem Obergeschoß eines Wohnhauses ein Mann am Fenster steht und raucht. Er kennt diesen Mann, ist sich aber nicht sicher, ob dieser ihn gesehen hat. (*Später vor Gericht wird er sich daran erinnern.*).

Um in das Dachstübchen von Rainer zu gelangen, muss Robert in den Hof der Bäckerei gelangen, von dort führt eine überdachte, schrecklich knarrende Holztreppe nach oben, wo sein Kumpel schon voller Unruhe auf ihn wartet. Schnell klärt Robert ihn über den Sachverhalt auf, Rainer ist völlig aus dem Häuschen, die Gier hat ihn gepackt, und er möchte noch mehr aus dem Kaufhaus stehlen. Robert hat Mühe, ihn zu bremsen, und sie beratschlagen erstmal wie man die "Beute" abholen könnte. Rainer erinnert sich an einen Bekannten, der etwas außerhalb der Stadt wohnt und über ein altes Auto verfügt. Schnell fahren sie mit Rainers Motorrad zu diesem jungen Mann, der auch ständig unter finanziellen Nöten leidet und gerne bereit ist mitzumachen.

Also geht es wieder zurück in die Stadt, wo sie das Auto einige Straßen vom Kaufhaus entfernt abstellen. Dort ist äußerlich alles ruhig, auch bei der Polizeiwache tut sich nichts, und so schleichen sich die Jungen über den bekannten Weg in das Geschäft. Sie schleppen die schweren Koffer auf dem gleichen Weg zurück zum Auto. Der Kumpel von Rainer fährt sehr schnell, aber unsicher, wahrscheinlich vor Angst und einige Male schafft er es nur mit Mühe, nicht im Straßengraben zu landen. Es ist teilweise schon sehr herbstlich-neblig auf der Straße, die sich auf und ab durch kleine verschlafene Dörfer schlängelt.

Endlich kommen sie in Roberts Dorf an, den größten Teil der gestohlenen Sachen schleppen sie hinter das Haus in die Scheune, wo Robert alles unter dem Stroh versteckt, den Rest der Beute teilen sich Rainer und der Bekannte. Dann verabschieden sich die beiden und fahren wieder in die Stadt, es ist schon fast Morgen und Rainer muss ja in die Bäckerei zum Arbeiten.

Abends wollen sich alle in der Disco treffen und ihren erfolgreichen Beutezug feiern. Aber nun möchte Robert erstmal eine Mütze voll Schlaf nehmen, er ist zwar aufgekratzt wegen der Vorkommnisse, aber auch hundemüde. Doch dann kommt alles ganz anders: Bevor Robert sich ins Bett legte, übergab er der Mutter voller Stolz einige Lebensmittel, Schnaps und Zigaretten. Nachgefragt über die Herkunft der Sachen hat sie nicht, sie konnte sich denken, dass ihr Sohn es nicht auf ehrliche Art und Weise erworben hatte. Aber Not und Elend kennen keine Gewissensbisse, und so nahm sie und schwieg

Gerade noch träumte er von schönen Dingen -er saß mit seinen Geschwistern und Mama in einem großen Zimmer an einem Tisch, auf diesem türmten sich Wurst, Fleisch und Süßigkeiten - da wird er unsanft aus dem Schlaf gerissen. Sein kleiner Bruder Hans steht am Bett, "Robert, aufstehen, du musst schnell weg, draußen in der Küche ist die Polizei, sie suchen dich". "Verfluchte Scheiße", denkt Robert, "wie sind die Bullen nur so schnell dahinter gekommen"? Schnell schlüpft er in seine Klamotten und dann springt er aus dem Fenster und läuft davon

Einige Straßen weiter wohnt ein Schulfreund von ihm, der meist nicht arbeitet und zum Ärger seiner Mutter zu Hause rumlungert. Dort hat Robert ein altes Motorrad stehen –eine 174er DKW –das hat er mal beim Kartenspielen gewonnen. Die Maschine ist nicht angemeldet, einen Führerschein hat er auch nicht, aber er fährt trotzdem ab und an durch die Dörfer und verärgert die Leute. Die Polizei war schon einmal hinter ihm her, aber dann brauste er in die Weinberge, da kamen sie mit dem Auto nicht mehr weiter, und da lachte er sie aus. Also lief er zu diesem Freund, dem Klaus, und versteckte sich erstmal bei ihm.

Am späten Nachmittag fährt er dann in die Stadt und schleicht sich auf Umwegen zum „Pfauen". Die Wirtsleute wissen schon Bescheid über seine "Heldentat". "Du dummer Junge, was machst du nur für einen Blödsinn, die Bullen suchen dich überall", mit diesen, leicht vorwurfsvollen Worten, empfängt ihn Edith die Wirtsfrau. "Ich weiß, die waren schon bei mir daheim, ich konnte aber weglaufen, kannst du für mich Kontakt zu Corina aufnehmen"? Na klar, Edith wird ihm helfen, sie liebt ihn, als wäre er ihr Sohn, oder etwas mehr!

Gegen Abend kommt Corina, sie treffen sich oben, im kleinen Zimmer. "Robert, du blöder Kerl, wie konntest du nur so was machen, ist dir klar, was nun passiert? Sie werden dich einsperren, wenn nicht gleich, aber dann später und für mich wird es immer schwerer, dich zu treffen."

Corinas Mutter und deren Lebensgefährte sind sehr gegen ihn, sie mögen ihn nicht, er ist keine "gute Partie". Sie wissen inzwischen auch Bescheid über seine Familie, so ein Kerl passt nicht zu ihrer schönen, klugen Tochter. Nur die Oma mochte ihn, "Menschen können sich ändern," das hatte sie mal zu ihrem Enkelkind gesagt, als diese sich bei ihr Rat holen wollte.

Corina weint, auch Robert kullern die Tränen über die Wangen, bei ihr darf er Gefühle zeigen, muss nicht den starken Maxen spielen. "Corina, ich habe dich doch lieb", stammelt er, "es tut mir alles so Leid", und schon liegen sie sich in den Armen. Robert zieht sie zum Bett, sie entkleiden sich und dann fallen sie übereinander her. Corina ist ein ausgeprochen hübsches Mädchen, mit einer tollen Figur, einem sinnlichen Mund. Das Schönste an ihr aber sind die Augen. Selbst wenn sie traurig ist, verlieren sie nichts von

74

ihrer Wärme und Herzlichkeit, wenn sie weint und die Tränen rinnen, dann ist doch auch immer wieder ein Lächeln zu sehen, das ihm Hoffnung macht für die Zukunft. Er ist fasziniert von ihr und möchte sie nie mehr missen. "Es ist spät geworden, ich muss nach Hause, Oma wartet sicher schon auf mich", sagt Corina und beginnt sich anzuziehen.

Sie wohnt in einem Haus bei ihrer Großmutter, einer lieben, gutmütigen Frau. Diese betreibt einen kleinen Textil-Laden im Erdgeschoß. Unter dem Dach hat Corina ihr Zimmer. Wenn Robert zu später Stunde mit ihr schlafen wollte und sich die Treppe hoch schlich, dann ging das oftmals schief. Es gab da nämlich noch einen Mitbewohner im Haus, einen eifersüchtigen Dackel! Der knurrte schon, wenn er Robert nur von weitem sah, er mochte ihn halt nicht, ganz egal, wie sehr er sich auch um ihn bemühte. Sein Gekläffe hat viele geplante Schäferstündchen zunichte gemacht. Robert hätte ihm am liebsten das Genick umgedreht.

"Und nun, Robert, was wirst du jetzt machen? Am besten wäre es, wenn du dich stellen würdest. Geh zur Polizei und erkläre ihnen, dass es ursprünglich als Mutprobe, als ein Scherz gedacht war, die Sache mit dem Einschließen. Wenn du wegläufst, machst du alles nur noch schlimmer, und überhaupt, wo willst du denn hin, ohne Geld?" "Nein, nein", entgegnete er, "die Bullen sind sicher wütend auf mich, die fühlen sich verscheißert, weil das Kaufhaus neben der Polizeiwache liegt und sie nichts bemerkt haben. Außerdem bin ich ihnen heute Morgen auch durch die Lappen gegangen, die werden mich verprügeln und einsperren. Ich haue ab, im Ruhrgebiet wohnt eine Tante von mir, dort werde ich hinfahren." Es wird ein tränenreicher Abschied, dann begibt sich Corina nach Hause.

Robert wird vom Kneipenwirt nach Mainz zum Bahnhof gefahren, und von dort geht es dann mit der Eisenbahn ins Ruhrgebiet. Tante Waldtraut ist die jüngste Stiefschwester seiner Mutter, Robert hatte überhaupt keine Erinnerung an sie. Ihm war nur seine Oma bekannt, die mit der Familie der Tochter zusammen wohnt. Sie haben große Augen gemacht, als er so plötzlich vor ihnen stand. "Robert, mein Junge, du bist aber groß geworden", voller Herzlichkeit nimmt ihn die Großmutter in ihre Arme, "bist ja schon ein richtiger Mann.". Das letzte Mal hatten sie sich gesehen, bevor Robert ins Heim kam.

Er tischt ihnen eine Lügengeschichte auf, dass er eine tolle Arbeit hat und zurzeit. Urlaub macht usw. Dann erzählt er noch von Mama, von den Geschwistern, und dass der Alte immer noch säuft und nur selten arbeitet. Er schaut sich um und bemerkt, dass die Familie doch auch sehr beengt und ärmlich wohnt. Es ist ähnlich wie bei fast allen seiner Verwandtschaft, ein Spruch seines alten Paten fällt ihm ein: "Wer nichts erarbeitet oder erbt, bleibt ein armer Teufel, bis er stirbt". Auch hier arbeitet das "Oberhaupt" der Familie nicht mehr, trinkt auch gerne mal einen über den Durst. Aber das liegt wohl daran, dass er bei einem Unfall mehrere Finger verloren hat und schon auf Rente ist. Für Roberts Alten war der Onkel ein Faulenzer, der nur frisst, säuft und vögelt. Also, viele Kinder hatten die auch, aber niemand muss hungern und geprügelt wurde auch keiner!

Beim Abendbrot erwähnte der Onkel so nebenbei, dass Robert für die eine Nacht auf dem Sofa schlafen könnte. Sollte er jedoch den Wunsch verspüren, länger bleiben zu wollen, müsste man eine andere Lösung finden. Am Morgen, nach dem Frühstück, ging Tantchen mit ihm zu einer guten Bekannten, zu Bärbel. Diese Frau war verheiratet, hatte ein kleines Kind und wohnte nur ein paar Straßen weiter. Ihr Mann war als Bauschlosser auf Montage und kam nur alle vierzehn Tage, an den Wochenenden nach Hause. Sie war damit einverstanden, dass Robert für einen kleinen Obolus einige Nächte in ihrer Wohnung schlafen würde.

Den Tag verbringt er mit seiner Verwandtschaft, sie laufen in der Gegend herum, der Onkel erklärt lang und breit, in was für einer tollen Stadt sie leben, usw., usw. In einer Eisdiele spendiert Robert eine Runde Eiscreme, dann geht es nach Hause. Sie essen eine Kleinigkeit, trinken einige Flaschen Bier, und dann macht sich Robert auf den Weg zu Bärbel. Er ist bei fremden Leuten anfangs immer sehr gehemmt, so auch hier. Hinzu kommt, dass Bärbel eine verdammt hübsche Frau ist, und sie ist nur einige – sechs, sieben - Jahre älter. Er lässt sich seine Schlafstatt zeigen, bedankt sich für ihre Freundlichkeit und verschwindet im Bad.

Robert litt seit seiner Kindheit unter starken Kopfschmerzen, durch Alkohol und Nikotin wurde es meistens so schlimm, dass er ans Sterben dachte. Und heute war es wieder so weit. Bärbel hatte ihn geweckt. "Guten Morgen, ich bringe den Kleinen in den Kindergarten, du kannst dich schon fertigmachen, wenn ich zurückkomme frühstücken wir", sagte sie. Er hatte sich im Bad unter die Dusche gestellt, eiskaltes Wasser linderte manchmal die Beschwerden Aber heute ging es ihm extrem schlecht, und er legte sich wieder hin. Nach einer Weile kam Bärbel zurück und wunderte sich, dass Robert immer noch im Bett war. Als er ihr sein Leid klagte, setzte sie sich zu ihm, legte seinen Kopf in ihren Schoß und begann, seine Schläfen zu massieren.

Robert genießt diese Streicheleinheiten, er hebt seine Arme über den Kopf und streicht ihr vorsichtig über das Gesicht. Bärbel küsst seine Hände, saugt an seinen Fingern. Da dreht er sich um, zieht sie ganz zu sich herunter, drückt ihre Hand auf sein Geschlecht und greift ihr zwischen die Beine, er bemerkt, dass sie kein Höschen anhat, sie lässt ihn gewähren. Alles geschieht ohne Worte, sie wollen sich haben. Bärbel verschwindet mit dem Kopf unter der Bettdecke, dann nimmt sie seinen Schwanz zwischen die Lippen und leckt und saugt solange, bis er in ihrem Mund förmlich explodiert. Dann zieht sie sich aus, legt sich wieder auf das Bett und spreizt die Beine. Robert wird von großer Geilheit gepackt, so was hat er noch nicht erlebt, mit einer erwachsenen, älteren Frau hat er es noch nie gemacht. Er will sich auf sie legen, aber sie schiebt ihn nach unten und drückt seinen Kopf in ihren Schoß. Da beginnt er auch zu lecken und saugt an ihren Schamlippen, bis sie seinen Penis in sich spüren will. Dabei wimmert und stöhnt sie, möchte, dass er schmutzige, schlimme Worte zu ihr sagt. Robert macht, was sie sagt und dann streckt sie sich und schreit los, dass er schon denkt, er habe ihr wehgetan. Es war dies zum ersten Mal, dass er erlebte, wie eine Frau einen Orgasmus bekommt. *(im Heim haben die Erzieher und der Pfarrer immer gesagt, Mann und Frau machen solche Sachen nur um Kinder zu zeugen, wer Lust empfindet wäre ein sündiger, schlechter Mensch?!)* Auch egal, ihm hat es Spaß gemacht und er war sehr stolz auf sich!

Nach ein paar Tagen bekommt Robert Heimweh und möchte wieder nach Hause fahren. Er hat auch ein schlechtes Gewissen, wenn er an Corina denkt. Er hat sie wirklich sehr lieb, und er vermisst sie ganz schrecklich. Mit Bärbel, das ist halt so passiert, weil er immer Lust hat und sie wollte das ja auch. Sie haben darüber gesprochen, und da hat sie ihm gesagt, dass sie auch mit anderen ficken würde, wenn ihr Mann nicht da wäre. Das hat Robert aber sehr gekränkt, sie hat ihn nur benutzt und er dachte, sie hätte ihn lieb, also sind Frauen, die Spaß am Ficken haben, auch schlechte Menschen! Und was war mit seiner Mama, war die auch schlecht? Und tief in der Brust tat ihm alles weh, und er sah die Bilder der Nacht, als sie mit dem Onkel im Bett lag.

Bis zu seiner Abreise hatten sie noch einige Male Geschlechtsverkehr, aber es hat Robert nicht mehr so gefallen, er wusste ja, wie sie dachte. Es ging nur um die Befriedigung.

Wieder in seinem Revier, geht Robert schnurstracks in die Disco. Auf der Rückfahrt mit dem Zug hatte er in Mainz einen längeren Aufenthalt, den nutzte er, indem er sich die Haare in einem Friseur-Salon färben ließ, wasserstoff-blond, als wäre er jetzt weniger auffällig!?

In der Disco hofft er einen Kumpel zu treffen, um einen Kontakt zu Corina herzustellen. Dort trifft er erstmal auf Willy. Der ist ein Schlitzohr, wie es im Buche steht. Man sagt, dass er auch krumme Sachen macht, aber bisher konnte man ihm noch nichts beweisen. Dieser Willy hat einen Onkel, der bei der Kripo arbeitet, einen widerwärtigen, feigen Menschen. Wenn er Robert zufällig über den Weg lief, konnte er ihm nicht in die Augen sehen, wich ihm immer aus. Robert war mal zu einer Befragung auf der Wache, und da war dieser Mann auch anwesend und hat ihm Schläge angedroht. "Also Robert, es ist besser, wenn du aus der Stadt verschwindest. Mein Onkel sagt, wenn sie dich schnappen und du versuchst zu fliehen, werden sie dich abknallen. Sie sind sehr wütend, weil alle über sie lachen, wegen dem Kaufhaus." "O Gott", denkt Robert, "das dürfen die doch nicht, ich bin doch kein Schwerverbrecher" und er hatte wirklich Angst bekommen.

Inzwischen sind einige Freunde eingetroffen, darunter auch Rainer. Ihm geht es gar nicht gut. Er ist eigentlich ein ruhiger, anständiger Junge und nun hat er mächtig Ärger mit dem Bäckermeister. Dieser hat natürlich gemerkt, dass Robert vor einer Woche nachts in der Bäckerei war, das ganze hin und her, Treppe rauf, Treppe runter. Und als Rainer ein paar Stunden später mit großem Gepäck zurückkam, da wurde der Meister stutzig und schaute nach, und dann hat er die Polizei benachrichtigt. Die haben ihn richtig in die Mangel genommen, der Meister wollte ihn rausschmeißen, da hat er alles ausgeplaudert. Rainer schämt sich, weil er Robert verpfiffen hat, aber der ist nicht böse auf ihn, es kann nicht jeder ein Held sein!

Nun hat er noch etwas Zeit, um Corina zu treffen, aber dann muss er verschwinden, er hat Angst vor der Polizei. Rainer wird ihn in zwei Stunden am Sport-Stadion abholen und zu einem anderen Städtchen fahren, er hat dort Freunde, die ihm vielleicht helfen können. Von der Disco bis zum Geschäft der Oma sind es nur einige Minuten Fußweg. Er darf Corina kurz in ihrem Zimmer besuchen, um sich zu verabschieden. Sie umarmen sich, sie weinen und sind todunglücklich. Corina steckt ihm noch etwas Geld zu, und dann verschwindet Robert. *(Es wird ein Abschied für zwei Jahre.)*

In dem anderen Städtchen gibt es eine tolle Disco, dort verkehren auch amerikanische Soldaten. In der näheren Umgebung befinden sich viele U.S.-Kasernen. Rainer macht ihn mit zwei Brüdern bekannt, Klaus und Peter. Dann verabschiedet er sich von Robert, und fährt zur Bäckerei zurück. *(Sie werden sich nie wieder sehen, Rainer wird nur einige Wochen später mit dem Motorrad tödlich verunglücken!)* Klaus ist etwas älter, und er besitzt schon ein Auto, einen Riesen-Schlitten! Mit dem fahren die Brüder nachts auf Tour, Zigaretten–Automaten "abhängen". Dabei wickeln sie ein Seil um den Automaten, das andere Ende an die Stoßstange, ein kleiner Ruck und schon liegt der Automat auf der Straße. Dann werfen sie ihn in den Kofferraum, und weg sind sie, irgendwo in den Feldern werden das Geld und die Zigaretten entnommen und für einige Tage reicht es zum Leben.

Es hat sich unter den jungen Leuten natürlich herumgesprochen, dass Robert wieder da ist und von der Polizei gesucht wird. Aber niemand in der Disco würde ihn verraten. Der Jürgen aus dem Städtchen ist auch hier, er bewundert Robert sehr und sucht dessen Nähe, er hat Probleme zuhause und möchte sich Robert anschließen. Auch einige junge Mädchen setzen sich zu ihnen, es wird geknutscht und gefummelt, und Robert fühlt sich so richtig in seinem Element. Er wird begehrt, er ist wichtig, er ist ein Held! Zu später Stunde beratschlagen die Jungen, wie und wo Robert sich verstecken könnte, und zum Leben braucht man Geld. Sie beschließen also, irgendwo Beute zu machen, und bald wissen sie auch, wo das geschehen soll. Peter hat einige Zeit in einem Lebensmittelgeschäft gearbeitet und kennt einen Weg in den Laden, ohne die Alarmanlage zu betätigen. Es klappt auch ganz gut, und schnell werden Schnaps, Zigaretten und Esswaren eingepackt. Im Büro finden sie auch noch etwas Bargeld, und dann fahren sie mit dem Auto in den Wald, um die Beute zu teilen. Dort hat Jürgen ein Motorrad versteckt, das er zuvor am Bahnhof gestohlen hat.

Anschließend trennt man sich. Die Brüder leben noch bei den Eltern in einem kleinen Dorf, und zu diesem Ort begeben sie sich. Am Abend will man wieder in der Disco zusammen kommen. Robert und Jürgen fahren in den Wald, um in einem z. Zt. leerstehendem Wochenendhäuschen zu übernachten. In diesem machen die beiden Jungen es sich gemütlich, sie essen noch etwas und trinken eine Flasche Schnaps leer. Dann dauert es nicht mehr lange, bis sie einschlafen. Robert wird von einem starken Schmerz geweckt, so, als würde sein Schädel platzen. Er schreckt hoch und weiß im gleichen Moment, es ist aus, vorbei, nun haben sie ihn doch erwischt! Vor dem Bett kniet ein Polizist und hat seine Hand in Roberts Haare gekrallt, daher der Schmerz. "Du dreckiger Gammler, endlich haben wir dich", sagt der Polizist und schlägt ihm mit voller Wucht die Faust so ins Gesicht, dass ihm das Blut aus der Nase spritzt.

Jürgen ergeht es ähnlich. Dann schleppen die Beamten die Jungen aus der Hütte und stoßen sie ziemlich unsanft in den Polizeiwagen hinein. Den Tag verbringen sie auf dem Polizei-Revier in getrennten Zellen. Irgendwer hat den Bullen einen Tipp gegeben, sie wissen nämlich sehr genau über Robert Bescheid *(aber er hat nie erfahren, wer sie verraten hat)*. Gegen Abend werden die beiden in Roberts Städtchen zum Gericht gefahren. Weil Robert uneinsichtig ist und sich ständig über die Polizisten beschwert, die ihn so brutal behandelt haben, wird gegen ihn ein Haftbefehl ausgestellt. Jürgen hat es besser, er weint und jammert, und da er noch nicht volljährig ist, wird er seinen Eltern übergeben und darf nach Hause. Robert aber bringen sie zu einer anderen Polizei-Wache, etliche Dörfer weiter. Auf diesem Weg sollen die Beamten bei seinen Eltern vorbei fahren, um sie zu informieren. Insgeheim hofft er, vielleicht doch wieder flüchten zu können, aber sie geben ihm keine Gelegenheit dazu. Als sie dann vor dem Elternhaus anhalten, sitzt er im Auto auf der Rückbank, mit einer Handschelle an einen Polizisten gefesselt. Seine Mutter und die Geschwister kommen aus dem Haus, um sich zu verabschieden, einige aus der Verwandtschaft schauen aus den Fenstern. Da wird es Robert so elend zumute, dass er am liebsten heulen würde, auf einmal ist er wieder ganz klein, er wollte doch nur bewundert werden, wollte doch nur ein Held sein. "Mama, hilf mir, lass nicht zu, dass sie mich wieder von dir und meinen Geschwistern trennen, ich bin doch noch nicht erwachsen!" Das geht ihm durch den Kopf, aber nicht über die Lippen. "Al Capone würde auch nicht weinen", und so schluckt er nur trotzig und sagt, "ich bin bald wieder da."

Die Nacht verbringt er auf der Polizeiwache in der Nähe seines Dorfes. Die Vorderseite der Zelle hat durchgehend Gitterstäbe. Im Raum selbst befinden sich ein Klobecken sowie ein Betonklotz mit Lattenrost als Bett und eine Wolldecke. Als Lektüre dient die Bibel. In dieser Nacht geht es ihm sehr schlecht. Sein bisheriges Leben läuft wie ein Film vor seinem geistigen Auge ab. Wut und Hass auf alles und jeden, *(Schuld haben der Vater, die Lehrer, die Pfarrer, die Erzieher, das Jugendamt usw.)* wechseln sich ab mit Trauer, Angst und Selbstmitleid. Er weint leise vor sich hin, damit die Polizisten es nicht hören. Wie gerne möchte er getröstet, gestreichelt werden, etwas Hilfe, Verständnis von einem Erwachsenen bekommen. Er reimt sich einige Worte zusammen, die für immer in seinem Kopf bleiben werden:

> ihr habt mich erzogen,
> ihr habt mich betrogen,
> ich bin noch ein Kind, mit all meinen Schwächen,
> wollt ihr mich nun wirklich zerbrechen?

Am nächsten Morgen bringen sie ihn in das Untersuchungs-Gefängnis nach Mainz.

„Nun bin ich also im Knast", denkt Robert, "der Alte hat Recht gehabt, er hatte vor etlichen Jahren schon vorausgesagt, dass ich hier landen werde. Aber ich bin doch kein Verbrecher!?"

In der U-Haft geht es ihm sehr schlecht. Täglich darf er für eine halbe Stunde zum Hofgang aus seiner Zelle, mit anderen Häftlingen sprechen ist verboten. Er hat keine Wäsche zum Wechseln, also wäscht er wenigstens seine Unterwäsche und die Socken einmal in der Woche im Waschbecken mit Kernseife. Besser riechen tut sie dadurch allerdings nicht. Über eigenes Geld verfügt er auch nicht *(die Polizisten die ihn im Wald gefangen hatten, haben ihm doch alles weggenommen, auch das Geld von Corina, etliche hundert Mark)*, die Frage danach wurde ihm nie beantwortet. Aber Polizisten stehlen doch nicht, oder?

Nach einer Weile bot man ihm eine Beschäftigung an, Wäscheklammern zusammenbauen. Ein großer Sack, voll bis zum Rand wurde in seine Zelle gebracht. Das musste er in einer Woche schaffen und bekam ein halbes Päckchen Tabak dafür. Und dann die Einsamkeit! Ein einziges Mal kam der Dieter mit der Mama zu Besuch, mehr war nicht möglich. Sie lebten halt auf dem Dorf, und die Fahrt mit Bus und Bahn war sehr umständlich, zeitraubend und für ihre Verhältnisse sehr teuer. Aber Robert wollte nicht klagen, ab und zu begriff er auch, dass er seinen Teil dazu beigetragen hatte, weshalb er im Gefängnis saß. Nur traurig war er und verzweifelt. Er bekam auch mal Post von einem Cousin, oder von seiner Schwester Gabi oder von Rosie oder von Mama. Pro Monat darf er aber nur einen Brief schreiben, also wem soll er antworten? Das war schon ein Problem.

Gerne hätte er Corina geschrieben, aber wohin soll er den Brief schicken? Sie darf doch keinen Kontakt zu ihm haben. Einen Anwalt hat er natürlich nicht, wer sollte ihn auch bezahlen? Der alte Kalfaktor, der das Essen ausgibt, hatte ihm gesagt, dass jeder Häftling Anspruch auf einen Pflichtverteidiger hätte, "der wird sich schon melden" meinte er. "Du musst eben Geduld haben, die lassen sich Zeit, wenn du Geld hättest, wäre das natürlich anders."

Nach einigen Wochen kam ein älterer Sozialarbeiter zu ihm und wollte sich mit ihm über seine "Verbrechen" unterhalten. Als Robert etwas von seinen Erlebnissen daheim und aus dem Kinderheim erzählte, da legte dieser den Kopf schief – mal nach links, mal nach rechts – und sagte, "davon steht aber nichts in der Akte, das hätte man ja sonst gewusst." Er glaubte Robert nicht, von diesem Tag an schaltete der auf stur und reagierte meist bockig.

Gelegentlich besuchte ihn ein Theologie–Student, ehrenamtlich. Bei dem konnte er sich ausweinen und über alles reden. Dieser Student war sehr gut zu ihm, brachte ihm auch Rauchwaren mit, obwohl er selbst nur über wenig Geld verfügte. Einmal hat Robert ihn überreden können, einen Brief an Corina aus dem Gefängnis zu schmuggeln. Das hat er auch getan, aber danach besuchte er ihn nie wieder, vielleicht hat er Skrupel bekommen.

U-Haft bedeutet natürlich Einzelhaft, also offiziell keinen Kontakt zu anderen Gefangenen. Aber mit der Zeit ergab sich schon die Möglichkeit, mit anderen zu sprechen. Bei der Essenausgabe, oder beim Arztbesuch, oder sonntags beim Gottesdienst, da waren fast alle anwesend. (*Nirgendwo gibt es mehr "Scheinheilige" als da, wo Menschen eingesperrt sind. Sei es im Heim oder im Knast.*) Beim Gottesdienst konnte man auch Frauen sehen, überwiegend junge, hübsche, diese lockten mit Blicken oder Gesten, es war nicht viel, reichte aber, um sich aufzugeilen. Der Kalfaktor sagte, dass es überwiegend Straßenmädchen wären. Für Robert war die Sexualität überhaupt ein großes Problem. Es gab Tage, da dachte er nur noch an Mädchen und musste sich mehrmals erleichtern. Oftmals hatte er einen wunden Penis und musste deshalb zum Arzt. Dieser stellte das Onanieren als ein "abartiges, krankes Verhalten" dar. *(Man kann sich`s doch nicht aus den Rippen schwitzen, oder?)* Danach schämte sich Robert eine Weile, bis alles wieder von vorne begann, es war schon zum Verzweifeln.

An Weihnachten ging es ihm besonders schlecht, kein Besuch von daheim. Nichts Feierliches im Raum, keine Kerze, kein Tannengrün, nichts zum Rauchen. Nur aus dem Lautsprecher, der über der Türe hing, klangen Weihnachtslieder. Da gingen ihm so schlimme Gedanken durch den Kopf, dass er dachte, vor Wut und Hass ersticken zu müssen.

In unregelmäßigen Abständen gab der Gefängnis–Seelsorger für junge U–Häftlinge Bibelstunden. Einmal stellte er die Frage: „Wer war Jesus, was bedeutet Glaube?"

Robert, der gerne im Mittelpunkt steht und dann auch die große Schnauze hat, antwortete, "Jesus war der erste langhaarige Gammler, und ich glaube, dass aus einem Stück Fleisch eine gute Suppe wird". Es wurde sehr still im Raum, und dann regte sich der Pfarrer so auf, dass man dachte, er bekäme einen Herzanfall. Für Robert aber gab es fortan weder Gottesdienst noch Bibelstunden. Er hatte halt eine Begabung, immerzu in Fettnäpfchen zu treten, auch wenn er es im Nachhinein bedauerte.

Einmal pro Woche dürfen die Häftlinge duschen, immer in einer Gruppe mit fünf oder sechs Personen. Im Vorraum müssen sich alle nackt ausziehen, die alte Unterwäsche wird gegen frische, saubere getauscht, und dann geht es für einige Minuten unter die Dusche. Für Robert ist dies der schönste Tag der Woche, die beste Gelegenheit, um Tabak zu schnorren, Bücher zu tauschen oder einfach ein wenig zu plaudern.

An solch einem Badetag hatte er eine Begegnung aus der Vergangenheit. Sie standen im Vorraum zur Dusche und da fiel ihm ein hübscher Junge auf, der sich nur zögerlich entkleidete. "Den kennst du doch irgendwoher", ging es Robert durch den Sinn, und dann, als bei dem Jungen die Hose und das Hemd fiel, kam auch die Erinnerung wieder. Das war doch der Micha aus dem Kinderheim, der mit dem großen Schwanz. „Hallo Micha, wie geht es dir, kennst du mich noch?" Etwas unsicher schaute der den Robert mit seinen grünen Augen an, dann hatte auch er ihn erkannt. Sie konnten aber nicht so viel sprechen, weil der Wärter aufmerksam wurde und sich näherte. Er nahm an, dass Robert den Jungen anfassen wollte, denn jeder im Duschraum konnte sehen, dass Micha nicht nur gut bestückt war, nein, er hatte auch wunderschöne feste Brüste, wie ein junges Mädchen!

Natürlich hatten sich die Gefangenen bei dem Anblick von Micha erregt, deshalb durfte er in der Zukunft auch immer alleine duschen! In den folgenden Wochen ergab es sich manchmal, dass Robert mit Micha reden konnte. Dieser war nicht sehr gesprächig. Robert erfährt von ihm nur, dass er draußen „anschaffen" ging und mit dem ehemaligen Medizinstudenten *(Hilfserzieher im Heim)* wäre er immer noch befreundet. Wieso und warum er Brüste hat, wollte er ihm aber nicht erzählen.

Robert ist nun genau sechs Monate in Untersuchungshaft. Knastbrüder, die schon öfter im Gefängnis waren, haben ihm erzählt, dass man entlassen werden muss, wenn in dieser Zeit keine Anklageschrift zugestellt wurde. Vor einiger Zeit hat sich zwar ein Rechtsanwalt schriftlich bei ihm gemeldet und ihn darüber informiert, dass er in seiner Sache vom Gericht als Pflichtverteidiger bestellt worden sei. Aber seither hat sich nichts getan, und nun sitzt er in seiner Zelle und wartet und glaubt fest an seine unmittelbar bevorstehende Entlassung.

Es wird ein schlimmer Tag für Robert. Vor lauter Aufregung kann er nichts essen, in seinem Kopf schwirrt alles Durcheinander, er stellt sich vor, was er in seiner Freiheit alles machen wird. Er wird sich Arbeit suchen, keinen Alkohol mehr trinken. Wenn Corina nur zu ihm hält, dann kann er alles schaffen. Aber niemand meldet sich bei ihm, sie werden ihn doch nicht vergessen haben?

Einige Male klopft er an die Zellentür und ruft nach dem Wärter, erklärt sein Problem, bittet um Nachfrage, da offensichtlich etwas schief gelaufen ist. Aber es wird Abend und er begreift und erkennt, dass er das kleinste Rädchen im Getriebe ist. Sie können mit ihm machen, was sie wollen. Wäre er aus gutem Hause, hätte er Geld und einen guten Anwalt, dann würde er nicht hier in der Zelle sitzen. Was hat er eigentlich verbrochen? Waren das nicht dumme Jungenstreiche? Er ist doch nicht vorbestraft!

Wieder ist er klein, alleine und schrecklich hilflos, und die Wut auf diese Gesellschaft, die ihm dies alles antut, steigert sich so, dass er keinen Ausweg sieht. Er schreit, er weint, „Mama, hilf mir", schießt es ihm durch

84

seinen Kopf, Erlebnisse aus seiner Kindheit fallen ihm wieder ein, und er glaubt, dass sie ihn nur bestrafen wollen, weil er arm ist, asozial! Und er beschließt, wenn er aus dem Knast kommt wird er sich rächen an dieser Gesellschaft, die ihn so hart straft, die anscheinend kein Mitleid und keine Gnade kennt.

Am nächsten Tag bekommt er Besuch von seinem Pflichtverteidiger, einem alten, griesgrämigen Mann, der am Stock geht. Er übergibt Robert die Anklageschrift. Auf seine Vorwürfe und Klagen geht er nicht ein. Drei Wochen später soll die Gerichtsverhandlung sein, und zwar in seinem Revier, im kleinen Städtchen. „Ich komme sicher mit einer Bewährungsstrafe davon", denkt Robert, „ganz bestimmt." Auch der alte Kalfaktor und einige andere Häftlinge bestärken ihn in seiner Hoffnung. "Das waren doch Kindereien, was du da gemacht hast, außerdem bist du nicht vorbestraft."

Und so kann Robert es kaum erwarten, dass die Verhandlung beginnt. "Bald werde ich frei sein, und niemals wieder komme ich in ein Gefängnis, ich bleibe anständig", das nimmt er sich ganz fest vor.

Ein U-Häftling, der in einem Dorf in der Nähe des Städtchens wohnte, bemerkte wie sehr Robert litt. Er steckte ihm beim Hofgang einen Zettel mit einem Spruch zu: "Auch wenn sie dich nicht lieben oder hassen, einmal müssen sie dich doch entlassen". "Dieses wird mein letztes Essen im Knast", denkt Robert, als er den Kaffee in seinen Blechnapf bekommt. Zwei Scheiben Brot, ein Klecks Marmelade und ein kleines Stück Margarine, das ist sein Frühstück.

Er ist ganz aufgeregt, bestimmt werden alle Kumpels da sein und Corina. Er hat sich so nach ihr gesehnt, nach ihrer Zärtlichkeit und Wärme, nach ihrem lieben Gesicht. Nun sind sie beinahe sieben Monate getrennt, das ist eine verdammt lange Zeit. Ob sie ihn auch vermisst hat, ihn immer noch liebt? Einmal bekam er ein Bild von ihr, gesendet im Brief seiner Mutter, das war ihm etwas Trost in der schlimmen Zeit.

Um 9 Uhr in der Frühe fahren sie mit dem Gefangenen-Transporter in die Stadt in der Nähe von Adorf. Das Gericht befindet sich in einem alten Schloss. Früher nutzte man einen Teil davon auch als Gefängnis für Klein-Kriminelle oder für säumige Unterhalts-Zahlungspflichtige.

Robert erinnerte sich daran zurück, dass er als Kind gemeinsam mit der Mutter, den Onkel Hans besuchte, der hier schon einmal einsaß.

Sie sperren ihn ganz oben in den Turm, die Tür ist massiv, das Fenster vergittert, eine Flucht ist nicht möglich. Eigentlich müsste doch irgendeiner der Kumpels versuchen ihn zu befreien? Aber niemand lässt sich sehen. Bis zum Mittag sitzt er in dem Raum und sinniert vor sich hin, oder er schaut aus dem Fenster auf die Stadt, die er so liebt. Er kann sogar einen Teil der kleinen Straße sehen, in der die Bäckerei liegt, wo sein Freund Rainer arbeitet.

Dabei fällt ihm wieder die Nacht ein, als sie die Koffer mit den gestohlenen Sachen abgeholt haben, seine Flucht und alles, was damit zusammen hängt.

Dann ist es soweit. Sein Begleiter aus Mainz, der Gefängniswärter ist es, der ihn zur Verhandlung abholt. Diese findet unter Ausschluss der Öffentlichkeit statt, da es nach dem Jugendstrafrecht geht. Und da sind sie alle, fast alle, seine Kumpels, seine Eltern und Rosie mit ihrem Mann Egon. Aber die Brüder Klaus und Peter aus dem anderen Städtchen fehlen, *(Robert hatte bisher nicht gesagt, wer damals bei dem Einstieg ins Lebensmittel-Geschäft noch dabei war)*. Auch Rainer ist nicht anwesend. Als dann die Namen der Angeklagten verlesen wurden, kam der erste Schlag für Robert: Sein Freund Rainer lebte nicht mehr! Er war mit seinem Motorrad tödlich verunglückt. *(Erst nach seiner Entlassung aus dem Gefängnis hat Robert Einzelheiten von dem Unglück erfahren. Er soll nachts im Nebel auf ein Fahrzeug aufgefahren sein.)* Robert ist total geschockt, was soll er nun machen? Er kann doch nicht einen Toten belasten, nichts auf ihn abwälzen. Rainer war anständig, der hätte bestimmt die Wahrheit gesagt, zu seinen Taten gestanden.

Und so nimmt das Unglück seinen Lauf: Robert wird als erster vernommen, in Anwesenheit seiner Kumpels. Er gibt manches Vergehen zu, und als sein Vater vor gespielter Enttäuschung, vor Scham und Unverständnis über seinen missratenen Sohn des Öfteren ungläubig den Kopf schüttelt, da bittet er den Richter, den Vater aus dem Saal zu entfernen. *(Robert ist sehr böse über das Verhalten des Vaters. Hat er nicht auch ein wenig Schuld an allem? Wie viele Stunden ist er im Dorf von einem Bauern zum anderen gelaufen und hat gebettelt, hat sich erniedrigen müssen?! Wie oft hat der Alte ihn früher weggeschickt, "sieh zu, dass du was zum Fressen findest, wage es nicht ohne Wein, wage es nicht ohne*

Kartoffeln zurück zu kommen, wenn du nichts umsonst bekommst, dann klaust du es eben".)

Nachdem der Vater den Gerichtssaal verlassen hat, setzt der Richter sein Verhör fort.

Robert gesteht seine Taten, gibt zu, was er auch früher bei der Polizei schon ausgesagt hat. Fragen zu unaufgeklärten Fällen beantwortet er nicht, und auch dem Gericht unbekannte Mittäter nennt er nicht mit Namen. Nicht im Traum würde er seine Kumpels verraten.

Dann fragt ihn der Richter nach dem Verbleib der Beute aus dem Kaufhaus. Robert ist perplex, die Bullen haben doch alles mitgenommen, als sie ihn zuhause festnehmen wollten. Der Rest war bei Rainer und dessen Bekanntem, auch das wurde beschlagnahmt. Er grübelt vor sich hin, und auf einmal erinnerte er sich an die Tatnacht, an den Mann, der rauchend am Fenster stand und auf die Straße schaute. Der musste sich seinen Teil geholt haben, auf ihre Kosten. Aber Robert sprach nicht darüber, wer würde ihm das glauben? Und als der Richter mit Strafe droht, macht Robert ganz zu. Er sagt nicht weiter aus, sondern er provoziert das Gericht, er wirft seine langen, zweifarbigen Haare *(aus denen langsam die blonde Farbe heraus gewachsen ist)* mit einer lässigen Geste erst links, dann rechts über die Schulter und lacht über die Drohungen des Richters.

Für ihn ist das immer noch ein Spiel, und er besetzt die Hauptrolle darin. Außerdem will er sowieso nach der Verhandlung flüchten, falls er eine Gefängnis-Strafe bekommt. Sein Pflichtverteidiger sagt auch einige Worte, "Hohes Gericht, verurteilt werden muss der Angeklagte, und das wird er auch. Aber ich bitte um etwas Nachsicht, er ist nicht vorbestraft und dann die Erlebnisse im Elternhaus, das Heim, und blah, blah, blah." Das Gericht zieht sich zur Beratung zurück, und Robert hat die Gelegenheit, ein paar Worte mit den Kumpels zu wechseln. Sie sind froh, dass Robert vieles verschwiegen, sie nicht verraten hat. Helmut flüstert ihm zu, dass Hannelore im Schlosshof wartet und ihn sehen möchte. "Da hat sie es ja nicht lange ausgehalten, auf der Insel", denkt Robert.

Dann steht er vor dem Richter und vernimmt das Urteil: „Robert Strebel, ich verurteile sie nach dem Jugendstrafgesetz als Heranwachsenden zu einer Strafe von mindestens 1 ½ Jahren und höchstens 3 ½ Jahren. Die Strafe ist in einem Jugendgefängnis zu verbüßen. Die Untersuchungshaft wird angerechnet". "Wumm, das hat gesessen", damit hat unser Held nicht gerechnet. Die anderen Jungen bekommen Bewährungsstrafen.

Anschließend wird die Urteilsbegründung vorgelesen: Er sei uneinsichtig, man vermisse bei ihm Reue über die Taten. Es fehle die geistige Reife, nun habe er im Gefängnis Zeit, sich zu läutern, er bestimme durch sein Verhalten die Länge der Haftzeit selbst usw. usw.

Robert nimmt das alles gar nicht richtig wahr, es ist ihm, als träume er, als sei er in einem schlechten Film. "Ich lasse mich nicht wieder einsperren, das ist alles so ungerecht", denkt er, und als der Wärter ihn am Arm ergreift und mit ihm den Gerichtssaal verlassen will, reißt er sich los und rennt davon. Unten im Gerichtshof sitzt Hannelore auf einem Motorrad, er denkt, dass sie auf ihn wartet, dass sie ihm zur Flucht verhelfen wird. *(In den Romanen war es doch immer so!)* Er springt hinter ihr auf die Maschine und schreit, "fahr los, gib Gas", da sagt sie ganz ruhig, "nein Robert, nein!" Für einen Moment ist er wie gelähmt, sprachlos, kann nicht mehr denken. Da kommen auch schon der Wärter und einige andere Leute, und noch mal läuft er davon, springt in die Büsche, will sich verstecken, aber es ist sinnlos. Sie entdecken ihn und widerstandslos lässt er sich festnehmen.

In Mainz, im Gefängnis wieder angekommen, muss er sich erstmal nackt ausziehen. Sie untersuchen seine Kleidung, damit er ja nichts in den Knast reinschmuggelt, auch im After schauen die Wärter nach. Dabei wird er auf übelste Weise beschimpft, sie sind böse auf ihn wegen des Fluchtversuchs. Dann verprügeln sie ihn und werfen ihn nackt in die Zelle.

Robert weiß von anderen Gefangenen, dass eine Beschwerde keinen Sinn macht. Sie würden irgendwelche Märchen erzählen, er hätte sie angegriffen oder bespuckt oder, oder. Er ist nur ein Ganove, niemand würde ihm glauben.

Die Nacht ist sehr schlimm für Robert. Es sind nicht nur die körperlichen Schmerzen, die ihm die Wärter zugefügt haben. Nein, ständig laufen die Geschehnisse des Tages vor seinem geistigen Auge ab. Wie ein Film, ständige Wiederholungen. Er hört den Anwalt sprechen, "bestraft werden muss er", er sieht seinen Vater den Kopf schütteln, hört die Stimme des Richters, sieht Hannelore auf dem Motorrad, "nein Robert, nein". Er schreit, er weint, möchte nicht mehr leben, alles ist so sinnlos. Wie soll er diese lange Haftzeit überstehen? Gegen Morgen hat er sich wieder etwas beruhigt. Inzwischen ist ihm klar, dass er durch sein Verhalten auch Mitschuld an dem Urteil hat. *(Trotzdem, etliche Jahre später wird Corina ihm sagen, dass der Richter ein Schulfreund ihres Vaters war, der ist in Mainz am Gericht tätig. Für Robert steht es nun fest, man wollte ihn für längere Zeit aus dem Verkehr ziehen, auch wegen der Beziehung zu Corina!)*

Er soll an diesem Tag in die Jugendstrafanstalt nach Wittlich in der Eifel gebracht werden.

(Einige Jahre später wird hier im Männervollzug ein prominenter Häftling nach einem langen Hungerstreik sterben: 1974 Holger Meins von der RAF.)

„Nun bin ich also im richtigen Knast", denkt Robert voller Bitterkeit, als sie durch das Gefängnistor fahren. "Für wie lange werde ich hier wohl bleiben müssen?" Er kann, er will einfach nicht begreifen, dass man für alles im Leben bezahlen muss. Er ist nur noch ein Häufchen Elend. Wieder muss er sich ausziehen, seine Kleidung und Habseligkeiten abgeben, und dann bekommt er die Anstaltskleidung. Hose, Jacke und Kopfbedeckung sind aus derbem, blauem Stoff, das Hemd ist kariert wie die Bettwäsche, blau-weiß. Anschließend bringen sie ihn in seine Zelle, ca. 3x2 m groß?! Das Inventar besteht aus einem Bett, einem kleinen Tisch, einem Stuhl, an der Wand hängen ein kleines Schränkchen und ein Regalbrett, und dann gibt es noch Klo- und Waschbecken. "Toll, das ist also mein neues Heim", denkt er ironisch, "hier lässt es sich aushalten!"

Er hatte insgeheim gehofft, dass er vielleicht in eine Gemeinschaftszelle gebracht wird, das wäre natürlich etwas angenehmer, man könnte sich unterhalten, wäre nicht so alleine mit seinen Gedanken. Später meldet sich der Friseur bei ihm (auch ein Knacki) und dann bekommt er eine Glatze geschoren, beinahe die schlimmste Demütigung für ihn. Dabei bemerkt der Friseur die vielen Narben auf dem Kopf. "Die meisten sind Andenken vom Vater, die verblassen ja mit der Zeit, aber die inneren Narben sind schlimmer, die behalte ich fürs ganze Leben", denkt Robert, und gleich schießt ihm vor Selbstmitleid das Wasser aus den Augen. Der Friseur aber sagt, "ja, ja, so sind die Burschen, können vor Kraft kaum laufen, aber wenn die Haare runter sollen, fangen sie an zu flennen!?"

Als Robert fertig gestylt ist mit seiner Knast-Kluft, dem kahlen Schädel und frisch rasiert, bringen sie ihn zum Gefängnis-Direktor. Dieser hält ihm einen Vortrag über Rechte und Pflichten im Gefängnis, wobei die Pflichten natürlich überwiegen. Um es kurz zu machen: Wenn Robert die Schnauze hält, nicht verrücktspielt und alles macht was man von ihm verlangt, dann könnte er vielleicht nach einem Jahr *(sieben Monate U-Haft wurden ihm angerechnet)* mit seiner Entlassung rechnen. Dann gibt ihm der Direktor die Hand, "machen Sie das Beste aus dem Aufenthalt im Gefängnis. Zu mir kommen Insassen sonst nur, wenn sie was ausgefressen haben oder wenn die Haftzeit um ist. Ich wünsche Sie auch erst wieder zu sehen, wenn Sie entlassen werden." Mit dem letzten Satz sprach er Robert aus dem Herzen, denn ihm war dieser Mann vom ersten Moment an unsympathisch.

Sein Tag beginnt immer mit der Morgenandacht im Radio bzw. Lautsprecher, dann hört er auch schon das laute Geräusch, wenn der Wärter die Zellen aufschließt und das Frühstück ausgegeben wird. Anschließend kommt ein Aufseher zu ihm in die Zelle, stellt sich mit Rang und Namen vor und fragt ihn ein wenig aus. Was haben Sie angestellt, wie lange sollen Sie hierbleiben, was haben Sie gelernt, wollen Sie arbeiten usw. usw. Als er hört, dass Robert Schuhmacher-Geselle ist, strahlt er über das ganze Gesicht und sagt, "auf Sie habe ich gewartet, ich brauche mal wieder ein paar neue Halbschuhe. Ab morgen arbeiten Sie in der Schuhmacherei."

„Komme ich denn nie mehr von diesem Scheißberuf los?", denkt Robert. Am nächsten Tag beginnt er seine Arbeit in der Schuhmacherei. Die anderen Häftlinge dort haben unterschiedliche Berufe bzw. sind ungelernt. Er ist der einzige gelernte Schuhmacher. *(Der eine Aufseher war auch Schuhmacher-Meister.)* Hauptsächlich werden hier nur Pantoffeln hergestellt, es ist ein stupider Ablauf, aber man ist nicht mehr so alleine, man kann über seine Probleme reden. Natürlich ist alles mit Vorsicht zu tun, weil ja immer ein Wärter anwesend ist. Gelegentlich stellt Robert auch Maßschuhe für die Aufseher her, das ist dann eine angenehme Abwechslung, und da gibt es in der Regel ein Päckchen Tabak extra.

Die ersten Wochen war Robert schockiert wenn er hörte, was die anderen Jungen so alles angestellt haben. Da gab es Mörder, Totschläger, Vergewaltiger, alles Verbrechen, zu denen er niemals fähig gewesen wäre, die er verabscheute. Das Schlimmste für ihn aber war, dass man niemandem ansah, welche Scheußlichkeiten er verübt hatte. Die meisten waren freundlich, sie konnten lachen oder beim Sport herumtoben wie Kinder, und doch hatten sie schwere Schuld auf sich geladen. Anfangs mied er diese Leute, aber im Laufe der Zeit erkannte er, dass niemand als

Verbrecher geboren wird. Manche hatten einfach Pech gehabt in ihrem noch jungen Leben. Im Innern war bei vielen doch noch ein guter Kern zu spüren.

Robert lebt weiterhin in seiner Einzelzelle, das soll auch erstmal so bleiben. Jugendstrafe ist härter als der normale Knast, hier wollen sie versuchen, aus den jungen Leuten anständige Menschen zu machen oder sie zu brechen. Deshalb sind die Wärter in der Regel auch sehr streng. Zum Lesen hat man die Möglichkeit, über Listen sich Bücher auszuleihen, pro Monat bis zu tausend Seiten. Auf der Liste steht nur der Name des Schriftstellers und die Seitenzahl, aber wer kennt im jugendlichen Alter schon Schriftsteller? Da gab es ganz andere Interessen. Also hatte man oft ein dickes Buch über irgendwelche Themen, die niemanden interessierten, Umtausch war nicht möglich. Blieb nur der verbotene Tausch mit dem Zellennachbarn bei der Essenausgabe, wenn der Wärter mal wegguckte. Das war schon ein Problem. Die erfahrenen Knackies schmuggeln Zeitschriften aus dem Männervollzug zu den Jugendlichen, die sind zwar teuer, aber auch sehr begehrt wegen der Frauenfotos. Die Freude darüber ist meist nur kurz, bei der nächsten Zellenkontrolle wird man sie finden und wegnehmen.

Nach der Arbeit wurde man wieder in der Zelle eingeschlossen. Dann gab es Abendbrot und man war alleine mit seinen Gedanken, starrte die Wand an und haderte mit seinem Schicksal. Zwar konnte man über einen Lautsprecher das Radio einschalten, allerdings nur stundenweise und zentral gesteuert. Was sie hören durften, hing also vom jeweiligen diensthabenden Beamten ab. Aber was junge Leute gerne mochten, z.B. moderne Musik, das war sehr selten. Einmal in der Woche vielleicht, "Hits a gogo, oder Schlager der Woche", für ungefähr eine Stunde lang. Dann waren die Gedanken wieder in der Heimat, in der Disco, bei Corina, und die Tränen liefen.

Robert ist oft starken Stimmungsschwankungen unterworfen. Mal schaute er nach vorne, machte Pläne für die Zukunft, "anständig bleiben, arbeiten und Geld verdienen". Vielleicht doch seinen Traum aus der Kindheit verwirklichen, nämlich ein Haus zu bauen, in dem er mit seinen Geschwistern und der Mutter leben wollte.

Dann wiederum, wenn er die Gängelei und Schikane im Knast satt hatte, kam diese fürchterliche Wut in ihm hoch. Hass auf die Gesellschaft, die er für sein Schicksal verantwortlich machte. Es fehlte ihm halt eine Bezugsperson, ein Mensch der ihm etwas Wärme und Aufmerksamkeit schenkte. Er fühlte sich zu Unrecht eingesperrt, vor allem die Länge der Haftdauer fand er unmäßig, es gab Sexualstraftäter oder Totschläger, da war die Haftzeit auch nicht länger. Manchmal dachte er an seine Kumpels, ob die wohl abschätzen konnten, was er für sie getan hat, indem er sie nicht verriet?

Er hätte sich gefreut, wenn der eine oder andere mal einen Brief geschrieben hätte, aber es kam leider nichts. Das war eine große Enttäuschung für ihn, das hat sehr wehgetan.

Ein Gefangener auf seiner Etage imponiert Robert über alle Maßen Er hat nie mit ihm sprechen können und sah ihn lediglich ein-, zweimal durch den Spion in der Zellentür. Dieser Junge lehnt sich seit Jahren gegen die Zwänge im Gefängnis auf. So weigert er sich beharrlich zu arbeiten und lässt sich auch die Haare nicht schneiden. Die Quittung dafür ist vollkommene Isolierung, volle Verbüßung seiner sechsjährigen Haftstrafe, keinerlei Vergünstigungen. Auch der tägliche Hofgang immer alleine. Was muss dieser Mensch gelitten haben, wie sehr muss er diesen Staat, bzw. die Justiz hassen? Robert hätte nicht die Kraft sich so aufzulehnen, er bewundert diesen Jungen sehr und empfindet großes Mitleid für ihn!

Das Leben im Gefängnis verläuft die ersten Monate sehr eintönig. Der tägliche Ablauf wird zur Routine: Schlafen, arbeiten, lesen, grübeln. Am schlimmsten sind die Wochenenden, dann sind ja die Besuchszeiten, und da fühlt Robert sich schrecklich einsam und verlassen. Einmal war auch seine Mutter mit dem großen Bruder gekommen, für eine Stunde. Das nahm ihn emotional sehr mit und da hat er sie gebeten, nicht mehr zu kommen. Trotzdem wartet er jedes Wochenende auf irgendein Ereignis - dass er vielleicht spontan entlassen wird oder dass plötzlich Corina ihn besuchen würde. Alles solch eine schwachsinnige, realitätsferne Träumerei, aber doch so plastisch, so schlimm, dass er sich nach stundenlanger Warterei, am liebsten das Leben genommen hätte. Selbst das wäre nicht so einfach gewesen, nicht mal ein Rasierklinge besaß er, zum Rasieren kam immer der Friseur.

Oft denkt Robert auch an seinen Vater. Dieser hatte ihm seine "Knast-Karriere" vorhergesagt. "Aber warum hat er mich nicht davor bewahrt, er muss mich aus irgendeinem Grund gehasst haben," denkt Robert, "irgendwas ist passiert, dass er so brutal zu mir war, er hätte mich leicht töten können. Wenn er besoffen war, benahm er sich oft wie ein Tier, aber ich war doch sein Kind, sein erster Sohn!" Die Mutter war eine hübsche, zierliche Frau. Gegen Kriegsende arbeitete sie in einem Haushalt in Marburg. Sie hatte eine schöne Stimme und trat in ihrer Freizeit als Sängerin vor Soldaten auf. Dabei lernte sie natürlich auch Männer kennen und lieben, und da blieb es nicht aus, dass sie schwanger wurde. Vieles muss dann schief gelaufen sein in den nächsten Jahren. Jedenfalls hatte sie schon zwei Kinder, von zwei verschiedenen Männern, als sie Roberts Vater kennen lernte. Es wurde zu Hause zwar nie darüber gesprochen, von wem die beiden herstammten. Aber wenn der Alte besoffen war, hat er für die Kinder nur die jeweiligen Schimpfnamen der Nationen benutzt, aus denen ihre Erzeuger stammten, z.B. "Scheiß -Itaker oder Unger-Hure"! Vielleicht waren ihm die beiden Kinder auch genug, vielleicht kam Robert ungewollt, vielleicht, vielleicht. *(Er wird sein Leben lang der Mutter diesbezüglich Fragen stellen, aber niemals ein Antwort bekommen.)*

Eines Tages wurde Robert gefragt, ob er Lust habe, für einige Stunden in der Woche an einem Nachhilfe Unterricht teilzunehmen. Alles war gut, wenn man nur aus der Zelle raus durfte, und so sagte er zu. Es kamen einige Jungen zusammen, sie wurden in einen Raum gebracht und dann stellte sich ihnen ein kleiner, schmaler Mann als Lehrer vor. Sein Name war Geis und sofort fing Robert an wie eine Ziege zu meckern. Der Lehrer bekam einen roten Kopf, aber er schimpfte nicht, schickte Robert auch nicht in die Zelle zurück, sondern lobte diesen für die schnelle "Auffassungsgabe, nun wissen alle, was mein Name bedeutet und wie er geschrieben wird". Alle lachten und nun bekam Robert einen roten Kopf und ein wenig schämte er sich. *(Dieser Mensch verstand Spaß und konnte auch über Dinge lachen, wo andere nur strafen würden. Er erinnerte Robert ein wenig an den Lehrer, der aus der Ostzone gekommen war und der ihn damals in der Dorfschule die Rohrstöcke zerbrechen ließ, mit denen er sooft verprügelt worden war. Noch im hohen Alter wird Robert von seinen Gefühlen übermannt, sobald er an diesen feinen Menschen denkt.)*

Die Arbeit mit dem Lehrer macht Robert nur am Anfang Freude. Aber wenn sich nicht alles um ihn drehte, verlor er sehr schnell das Interesse an der Sache, so auch dieses Mal. Er konnte oder wollte nicht begreifen, dass seine Bildung nicht so berauschend war, wie er es sich selbst einredete. Hinzu kam seine Angst, in Gegenwart anderer zu versagen. Also wurde er verstockt und zog sich immer mehr in sein Schneckenhaus zurück. Man könnte sagen, dass er oft mittendrin war und trotzdem weit draußen. Dabei sehnte er sich nach Menschen und wurde doch immer mehr ein Einzelgänger. Das war auch in der Vergangenheit schon so. Dann war er wieder alleine und traurig, von allen verlassen, er hatte das Gefühl, alle wären gegen ihn, und schon hatte ihn das Selbstmitleid gepackt. Wenn

Robert sich dann - nach stundenlangem Sinnieren - kurz vor dem Selbstmord befand, *(Erhängen wäre möglich gewesen)* bewahrten ihn die Erinnerung an die Kindheit, an seine Geschwister, an die Mutter und seine Schwüre von damals *(den Reichen nehmen und den Armen geben, nie mehr arm sein)* davor, sich etwas anzutun. Er hatte ja noch eine Aufgabe vor sich, wenn er erstmal aus dem Knast raus käme. Und überhaupt, der "Schinderhannes"– ein Räuberhauptmann aus dem Hunsrück, ein Vorbild aus Kindertagen – hatte auch keine besondere Schulbildung?!

Aber der Lehrer Geis gab ihn nicht so schnell verloren. Wenn Robert Bücher las und Wörter oder Begriffe nicht verstand, schrieb er diese auf ein Blatt Papier, und kam der Lehrer mal zu ihm in die Zelle, dann sprachen sie darüber, der Lehrer brachte ihm auch privaten Lesestoff mit, und so lernte Robert mit der Zeit, sich gepflegter auszudrücken

Eines Tages machte der Herr Geis ihm ein Geschenk, das ihn so anrührte, dass er in Tränen ausbrach. Viele Mitarbeiter aus dem Gefängnis wohnten in kleinen Reihenhäusern, zwar auf dem Knastgelände, aber natürlich auf der anderen Seite der Mauern. Waren in diesen Häusern Reparaturen notwendig oder musste renoviert werden oder waren Gartenarbeiten fällig, so konnten sich die Mieter für diese Arbeiten auch Häftlinge ausleihen. Natürlich war für diese Tätigkeiten der Gefangenen an die Anstalt ein bestimmter Betrag zu entrichten. Also hat ihn der Lehrer ab und an zu sich ins Haus geholt, aber eine große Hilfe war Robert nicht, er hielt es lieber mit dem Grübeln und der Träumerei, was wäre, wenn und aber ...! Es ging dem Lehrer Geis und seiner Frau eigentlich auch nur darum, ihn für einige Stunden aus seiner Einsamkeit zu befreien, sie spürten halt wie sehr er litt. Für Robert waren das Momente höchster Glückseligkeit, er wusste, da waren Menschen, die ihn mochten, die freundlich zu ihm waren, das waren Erlebnisse, die nicht so häufig vorkamen in seinem bisherigen Leben. Und dann wurde er wankelmütig und überlegte immer öfter, ob es nicht doch besser wäre, anständig und ehrlich durchs Leben zu gehen.

Robert ist nun schon seit einem Jahr im Jugendgefängnis und wartet täglich auf einen Prüfungstermin vom Gericht. Es wäre ja in seinem Fall durchaus möglich, nach achtzehn Monaten, also nach der Mindeststrafe, frühzeitig entlassen zu werden. An einem schönen Tag im Frühjahr war es dann soweit. Er bekam Besuch von einem Sachbearbeiter des Jugendgerichts aus der kleinen Stadt. Es ging um sein Verhalten im Gefängnis und ob eine Haftentlassung auf Bewährung in Frage käme. Man war zwar allgemein zufrieden mit seiner Entwicklung, er war fleißig, höflich, aber sie vermissten eine gewisse Reue über seine Straftaten. Und da gab es auch vor einigen Wochen eine Rangelei während des Hofgangs, bei der ein Beamter zu Boden ging. *(Der Tölpel war gestolpert.)* Nur durch Fürsprache des Lehrers und eines Sozialarbeiters konnte eine Anzeige gegen Robert abgewendet werden. Die Herren, die mit ernsten und wichtigen Gesichtern vor Robert saßen, waren der Meinung, dass es für eine Entlassung aus dem Gefängnis noch zu früh wäre.

Das bedeutet nun für ihn weitere sechs Monate Knast. Wieder zerbrechen Träume und Hoffnungen. Zurück in seiner Zelle lässt Robert seinen Gefühlen freien Lauf. Was machen diese Menschen nur mit ihm? Wie klein soll er sich noch machen, er möchte den einen oder anderen der Verantwortlichen in seiner Sache vernichten, totschlagen!

Er ist unglücklich, er weint und schreit sich wieder mal den Frust von der Seele.

Nachdem er sich etwas beruhigt hat, beginnt er sein Bett glatt zu ziehen und dann wischt er den Fußboden. Als er so in der Ecke kauert, fällt ihm ein, dass er diese Szene vor vielen Jahren schon einmal erlebt hatte, im Kinderheim, während eines Albtraums. "Wenn alles so kommt, wie ich es als Kind geträumt habe, wird mein Leben schrecklich werden", murmelt Robert vor sich hin, "man könnte den Verstand verlieren." Nachmittags kommt der Lehrer Geis zu ihm. Er ahnt, wie schlecht es Robert geht, er spricht ihm Mut zu, macht ihm Hoffnung. Und er bringt Neuigkeiten mit. Die Gefängnisleitung will in den nächsten Tagen entscheiden, ob Robert für den gelockerten Strafvollzug in Frage kommt. Das würde bedeuten, dass er tagsüber außerhalb des Gefängnisses arbeiten darf und erst abends zurück muss. Er würde zu diesem Zweck in ein kleines Haus verlegt, in dem nur Freigänger wohnen. Für einen Moment verschlägt es Robert die Sprache, nie im Traum hätte er geglaubt, dass sie ihn rauslassen, zum Arbeiten. Am liebsten wäre er dem Lehrer um den Hals gefallen, er weiß, wem er zu danken hat. Dieser Mann behandelt ihn überaus anständig, er kümmert und sorgt sich viel mehr, als es seine Aufgabe ist. Robert wird ihm immer dankbar sein. Nach einigen Tagen ist es doch tatsächlich so weit, er wird Freigänger.

Der "Pavillon" ist ein Flachbau innerhalb des Gefängnisgeländes, aber etwas abseits auf der grünen Wiese. Sie schlafen in Mehrbett-Zimmern, es gibt sogar eine kleine Küche, in der sich die Jungen selbst gelegentlich ein Stück Fleisch braten oder Kaffee kochen. Und das Allerwichtigste: es gibt keine Gitter, nichts ist verschlossen. Natürlich ist tagsüber ein Aufseher zugegen, aber der verhält sich mehr als ein Erzieher, mit gegenseitigem Respekt.

Man erklärt Robert die Regeln im Haus, Pflichten und Rechte. Kein Sex mit anderen Häftlingen, keine Drogen, kein Alkohol, keine Prügeleien usw. usw. Sie erwarten von ihm, dass er auf seiner Arbeitsstelle gepflegt erscheint, dass er fleißig ist, freundlich und hilfsbereit auch zu etwaigen Angehörigen des Arbeitgebers. Er bekommt noch einmal gesagt, dass eine vorzeitige Entlassung aus dem Gefängnis von seinem Verhalten abhängt. Nun liegt alles in seiner Hand.

Als Robert das erste Mal zur Arbeit sollte, brachte man ihn frühmorgens zum Gefängnisausgang. Dort wurde er von dem Pförtner-Wärter noch mal ermahnt, am Abend pünktlich zu sein, nichts Verbotenes mitzubringen. Und dann stand er draußen, vor dem Knast. Unbeschreiblich das Gefühl, sich frei bewegen zu können nach solch einer langen Zeit, er war so gerührt, dass er am liebsten losgeheult hätte. Dazu kam es aber nicht, denn vor der Tür stand ein Mann neben einem Traktor, gekleidet wie ein Jäger, als wären sie in Bayern. Robert musste grinsen, als der Mann sich vorstellte. Er sah nicht nur lustig aus, auch sein Name war lustig. Er hieß Schnitzius!

„Also mein Junge, wenn du mir keinen Ärger bereitest und deine Arbeit machst, wirst du es gut bei mir haben. Was du angestellt hast, ist mir egal, ich will das auch nicht wissen. Wenn du aber Scheiße baust, schicke ich dich in den Knast zurück." Mit diesen Worten gab er ihm die Hand, klopfte ihm auf die Schulter, und dann stiegen sie auf den Traktor und fuhren davon.

Robert gefiel der Mann, auch wenn seine Ausdrucksweise etwas prollig war. Sein Arbeitgeber ist ein Winzer und Jäger, wobei die Jagd seine Berufung ist, während die Arbeit im Weinberg nur eine notwendige, lästige Nebenbeschäftigung darstellt. Er ist mit einer sehr gepflegten, hübschen Frau verheiratet. Diese arbeitet als Dolmetscherin bei der Französischen Armee. In ihrer Mittagspause besorgt sie warmes Essen aus einem Restaurant. Es sind immer komplette Menüs, so richtig vornehm, allerdings nur kleine Portionen, er wird schwer satt davon. Das Mittagessen nehmen sie gemeinsam im Bauernhof zu sich. Robert ist nicht gerne mit der Frau zusammen, in ihrer Gegenwart fühlt er sich klein und unbedeutend, wenn sie sich mit ihrem Mann unterhält, ist es, als sei er Luft. Erlaubt sich Robert einmal, eine Meinung zu haben, bekommt er selten eine Antwort. Die Frau ist aufgesetzt freundlich zu ihm, aber sehr distanziert, da war keine Herzlichkeit, keine Wärme, und das blieb auch so bis zum Schluss.

Die Arbeit in den Weinbergen macht Robert großen Spaß, es ist ja auch nicht neu für ihn, musste er doch in der Kindheit ständig bei den Bauern arbeiten. Mit seinem Chef kommt er sehr gut aus, dieser vertritt die Ansicht: "leben und leben lassen", und da bezieht er Robert mit ein. Manchmal, wenn der Herr Schnitzius wenig Lust zur Arbeit hat, fahren sie zu einem Hotel, das mitten in den Weinbergen liegt, der Inhaber ist ein Freund von ihm. Dort trinken sie ein Glas Wein, Robert darf nur nippen, und dann plaudern sie über Gott und die Welt, oder sie zerreißen sich das Maul über diesen oder jenen Bekannten. Wenn es Robert zu viel wird mit dem Zuhören, setzt er sich schon mal zum Sonnen auf die Terrasse.

Und dabei begegnete er einem hübschen, jungen Mädchen, Iris, die im Hotel beschäftigt ist. Sie gefallen sich beide, und schnell wird geklärt, dass sie sich treffen wollen, wenn Robert mal wieder alleine im Weinberg ist. *(Der Chef lässt in oft auch alleine arbeiten, derweil er "Besseres" zu tun hat.)* Einige Tage später ist es dann soweit. Sie sind in dem Weinberg, in der Nähe des Hotels, und den Chef treibt es zu seinem Kumpel, zur Plauderstunde. Als Iris das bemerkt, läuft sie schnell den kurzen Weg zu Robert. Mein Gott, was sind sie hungrig, sie küssen und fummeln sich ab, und als Iris den Schwanz aus Robert Hose nehmen will, hören sie den Hotelier mit lauter Stimme nach ihr rufen. Und dann kommt er auch schon mit dem Schnitzius den Weg runtergelaufen. "So eine Scheiße", denkt Robert, "so nahe war ich dran und da machen die alten Säcke alles kaputt." Die beiden jungen Leute bekommen ihre Standpauke gehalten, und dann gehen alle ihres Weges. Der Chef aber erklärte Robert später, dass er ihn schon verstehen kann, er hätte an Roberts Stelle auch versucht, mit dem Mädchen zu vögeln. Das eifersüchtige Verhalten des Hoteliers kann er sich nicht so richtig erklären. "Vielleicht will er ja selbst an ihre Wäsche ran, mit seiner Frau hat er nicht mehr viel Spaß", murmelt er vor sich hin. Dann fahren sie zur Mittagspause zum Bauernhof. Robert aber war sehr traurig, der Schnitzius nahm ihn nie wieder mit zum Hotel und deshalb sah er Iris nie wieder

Herr Schnitzius redete gern viel und hatte die Begabung, dabei laut und heftig zu lachen, auch wenn andere das nicht so gut fanden. Als sie nun beim Essen sitzen, fängt er ganz plötzlich an, über den Vorfall zu reden. Dabei lacht er polternd und klopft Robert auf die Schulter. Der sitzt da, wie auf heißen Kohlen, spürt, wie die Röte in sein Gesicht steigt und der Schweiß über die Stirne rinnt. Frau Schnitzius aber schaut ihn nur kurz an, legt wortlos die Serviette auf den Tisch und verlässt das Haus. Robert denkt, "was habe ich denn Schlimmes gemacht, ist es denn nicht normal, dass ein junger Kerl Hunger auf ein Mädchen hat?". Trotzdem schämte er sich so sehr, dass er am liebsten weggelaufen wäre und sich versteckt hätte.

Es wurde in der Zukunft nicht mehr darüber gesprochen. Wenn sie morgens durch das Städtchen in die Weinberge fahren, sieht der Herr Schnitzius ständig Leute, die er kennt. Da fallen oft auch anzügliche Bemerkungen, z.B. er sieht das Auto eines Jagdfreundes (verheiratet) in einer Seitenstraße vor dem Haus einer Witwe stehen, da sagt er, "das Schwein ist schon wieder am Vögeln, und ich muss arbeiten"; oder er sieht ein junges Weib mit einem prallen Hintern, dann kommt prompt der Spruch, "die ist hochsitzreif". Anscheinend vögelte er gerne im Sitzen, von hinten. Natürlich bemerkt er auch die Blicke von Robert, wenn dieser sich den Hals verrenkt, beim Anblick junger Mädchen. Er sprach ihn wegen seines sexuellen Notstands schon an und machte ihm Hoffnung, dass man einen Treff mit Corina organisieren könnte.

Robert hat im viel über sich erzählt, auch von zuhause und da stellt sich heraus, dass der Chef einen Jagdfreund aus Roberts Dorf kennt. Es ist ein Schulfreund von seiner Mutter. Das war ja eine Überraschung, nun hatten sie für lange Zeit Gesprächsstoff, jeder wusste etwas über diesen und jenen, und so konnten sie sich ergänzen.

Der Schnitzius hatte auch bald die Idee, den Freund zu besuchen, und Robert sollte ihn begleiten. Also morgens hin und abends zurück, .mit dem Auto kein Problem. Er sprach bei Tisch darüber, aber an der Miene seiner Frau war abzulesen, dass sie es missbilligte. Der Chef war manchmal wie ein großer Junge, er wollte Robert gerne etwas Gutes tun, war sich aber oft nicht über die Folgen im Klaren. Seine Frau hatte den besseren Überblick, die Reise in Roberts Dorf fand nicht statt.

Seit Robert Freigänger ist, blüht er förmlich auf. Das Leben ist schön, ist wieder lebenswert. Mit den anderen Mitbewohnern im "Pavillon" versteht er sich sehr gut. Und auch für die Arbeit des Wachpersonals kann er mittlerweile Verständnis aufbringen. Ja, es gibt sogar den einen oder anderen Beamten, für den er Sympathie empfindet.

Wenn sich die Jungen zum Feierabend einfinden, gibt es viel zu erzählen. Der eine wurde von einem tollen Mädchen zu einem Treff eingeladen, *(was einzuhalten ja bekanntlich fast unmöglich war),* der andere bekam von seinem Arbeitgeber das letzte Album der Beatles "Let it Be" geschenkt, *(danach löste sich die Gruppe auf.),* und so hatte jeder etwas erlebt am Tag. Abends spielten sie Karten, einige zogen sich zurück und lasen Bücher oder gingen raus über die Wiese, eine leichte Anhöhe hinauf zur Gefängnismauer. Von dort hatte man einen weiten Blick über das gesamte Gefängnisareal.

Robert saß gerne hier oben, oft dachte er an seine Lieben daheim, träumte von seiner Entlassung, dachte an Corina, was sie wohl machte, ob es ihr gut ging, ob sie ihm treu war? Sie waren nun schon ca. zwanzig Monate getrennt, eine verdammt lange Zeit für eine schöne, lebenslustige junge Frau.

Ein Häftling aus Worms, mit einer sehr hohen Gefängnisstrafe wegen Vergewaltigung eines Mädchens, lachte ihn immer aus, wenn er von seiner Corina schwärmte. "Die Weiber sind alle gleich, alles Säue, die eine mehr und die andere weniger. Treu sind sie nur, wenn sie Angst vor dir haben oder wenn du gut ficken kannst, oder wenn du Kohle hast. Und selbst dann musst du aufpassen, dass sie sich nicht hinter deinem Rücken von anderen Kerlen flachlegen lassen." Er war sehr verbittert und beteuerte immer wieder, solange Robert ihn kannte, seine Unschuld und dass die junge Frau ihn hereingelegt habe. Sie wurden vom Vater des Mädchens im Bett beim Geschlechtsverkehr ertappt, da schrie sie um Hilfe, weinte und spielte dem Vater ein wenig Theater vor. Dass man sie in ihrer Clique "die Matratze" nannte, interessierte niemanden. Das Gericht glaubte ihr und verurteilte den Jungen sehr hart. "Nein, nein", dachte Robert," so ist meine Corina nicht, sie ist ein anständiges Mädchen, für mich ist sie etwas ganz Besonderes."

An den Wochenenden spielen sie oft Fußball auf einem nahegelegenen Sportplatz. Ein Sozialbetreuer engagiert sich sehr für sie. Einige Wochen lang hatten sie so gute Akteure als Stammspieler beisammen, dass sie sogar gegen richtige Dorfvereine spielten und auch manche Spiele gewannen. Das war schon eine tolle Sache, es sprach sich in den Dörfern herum, und da kamen schon etliche Zuschauer, um die "Knackis" spielen zu sehen. Vor allem junge Mädchen waren es, auch Robert hatte seine Verehrerinnen. Er hat nie begriffen, warum die sich ausgerechnet für junge Ganoven interessierten?

Herr Schnitzius nimmt ihn gelegentlich auch mit zur Jagd, dann schießt er Rebhühner und Hasen. Der Jagdhund muss die Beute bringen und bei dem Herrchen ablegen. Der junge Hund ist noch verspielt, er pariert nicht so, wie es sein soll. Das ärgert den Chef schon mal, wegen der anderen Jäger, die über ihn spötteln. Und dann fahren sie ein oder zweimal in der Woche in die Felder und üben Spurensuche mit dem Hund und dressieren ihn. Robert ist es recht so, er mag Tiere, ist in der Natur und muss nicht arbeiten. Er ist sehr zufrieden mit seinem Chef. Täglich bekommt er zwei Päckchen Gauloises oder Gitanes, das sind sehr starke Zigaretten ohne Filter, die bringt Frau Schnitzius von den Franzosen mit. Als er sie zum ersten Mal rauchte, kam die Erinnerung an die Anfangszeit in der U-Haft. Da war er süchtig nach Tabak, und in seiner Not rauchte er das Gras aus seiner Matratze. Danach ging es ihm aber so schlecht *(er war sterbenskrank)*, dass es bei einem Versuch blieb.

Neulich hat sich der Jagdverein im Wald getroffen, um gemeinsam einen neuen Hochsitz zu bauen, Robert durfte auch mit. Es lag ihm ja schon auf der Zunge zu fragen, ob der alte Hochsitz so wacklig war, wegen ihrer jahrelangen Vögelei da oben. Aber dann ließ er es bleiben, er war sich nicht sicher, ob sie diesbezüglich Humor besaßen.

100

Einige der Jäger kennt er schon, es sind auch Damen anwesend, und dieses Mal ist auch der Leiter der Jugendstrafanstalt dabei. Sein Name ist Heckenbach, er wirkt im Gefängnis immer so streng und unnahbar, trägt dort auch ständig Uniform, wie ein Offizier bei der Wehrmacht. Aber hier im Wald, unter diesen fröhlichen, ausgelassenen Menschen ist er schon beinahe kumpelhaft, freundlich. Niemand von diesen Leuten lässt Robert spüren, dass er aus dem Knast kommt, sie behandeln ihn als ihresgleichen. Das tut ihm sehr gut.

Am späten Nachmittag waren sie dann beinahe fertig mit dem Bau vom Hochsitz. Der Hotelier richtete ein deftiges Essen aus, mit allem was so dazu gehört, auch Alkohol, und alle langten kräftig zu. Wenn der Chef ein Gläschen über den Durst trinkt, lässt er schon mal einen Spruch los, über den aber nicht alle lachen können:

> „Gott erschuf mit Ach und Krach den verdammten Heckenbach, und zum allerletzten Schluss den verfluchten Schnitzius"!

An einem sehr warmen Tag beschließt sein Chef, nicht im Freien zu arbeiten. Er geht mit Robert in den Weinkeller. Es sind Weinflaschen mit Etiketten zu bekleben und Schrumpfkapseln *(Hülsen)* über dem Korkverschluss anzubringen. In seinem kleinen Betrieb ist vieles noch Handarbeit, so auch in diesem Fall. Herr Schnitzius erklärt ihm alles ganz genau, dann zeigt er ihm voller Stolz seinen selbst gebrannten, hochprozentigen Schnaps, aus Trestern hergestellt. *(Trester sind die Reste von ausgepressten Weintrauben.)* Er schenkt zwei Gläschen davon ein und prostet Robert zu. Der findet den Schnaps ekelhaft, schluckt ihn aber tapfer runter, das Zeug brennt wie Feuer, und er schüttelt sich. Sein Chef findet das lustig und laut lachend schenkt er noch mal ein. "Auf einem Bein kann man schlecht stehen, also runter mit dem Zeug", sagt er und schon läuft der Schnaps die Kehle runter. "Du verhältst dich ja wie ein Mädchen", stichelte der Chef, "für Weiber habe ich was anderes, was Süßes". Er stellt ihm eine Flasche Wein hin. „Davon kannst du gerne trinken, wenn du möchtest." Bis zum Mittagessen hat Robert sich wieder im Griff, er war doch keinen Alkohol gewöhnt, hatte gelegentlich nur mal ein Schlückchen Wein probiert. Als sie mit dem Essen fertig sind und die Frau das Haus verlassen hat, lässt ihn Herr Schnitzius alleine zurück, derweil er "etwas Wichtiges" zu erledigen hatte. Robert ging wieder in den Keller und setzte sein Arbeit fort. Gelegentlich kostete er von dem "Weibergesöff", das schmeckte wirklich gut, er wurde lustig und irgendwann hatte er die ganze Flasche *(einen Liter)* leer getrunken. Als ihn später die Blase drückte, ging er nach oben in den Hof, um sich zu erleichtern und da traf ihn die Hitze wie ein Schlag. Es wurde ihm speiübel, er schwankte und schleppte sich über den Hof zum Garten, wo er sich zwischen den Gemüse Beeten ganz fürchterlich erbrach. Dort fand ihn Herr Schnitzius, als er nach Hause kam. Er hat sich sehr erschrocken und schimpfte über den "Saujungen, der ihm nur Ärger und Sorgen machte"?! Dann schleppte er ihn zu einem Wasserbottich und tauchte ihn einige Male so heftig mit dem Kopf unter, dass Robert schon dachte, er wolle ihn ertränken. Bis zum Feierabend hatte er sich so im Griff, dass er einigermaßen gerade gehen konnte, aber es ging ihm sehr schlecht. Und er hatte große Angst, dass die Pförtner im Gefängnis etwas merken könnten, doch diese winkten ihn einfach durch das Tor, und hurtig machte er sich davon. Auch beim Betreten des "Pavillons" hatte er Glück. Der Betreuer war gerade anderweitig beschäftigt, und schnell schlüpfte Robert aus seinen Kleidern und legte sich ins Bett, ein Kumpel entschuldigte ihn später und gab als Grund starke Kopfschmerzen an. Und somit ging diese Geschichte glimpflich zu Ende.

Robert dachte ständig über eine Möglichkeit nach, wie er sich mit Corina treffen könnte. Sein Chef hatte ihn einmal mit der Mutter telefonieren lassen, das war allerdings auch nur über deren Nachbarin möglich, weil die Eltern kein eigenes Telefon besaßen. Sein Bruder Dieter arbeitete inzwischen als Fernfahrer, und da hatte Robert ihm geschrieben und sie hatten auch einen Treff bzw. Termin vereinbart.

Aber das ganze Hin und Her, die Kommunikation über mehrere Personen war doch sehr umständlich. Und als dann die Chefin das mitbekam, war sowieso Schluss mit lustig! Jedenfalls hat Herr Schnitzius sein Versprechen eingehalten, Robert durfte am vorgesehenen Tag auf dem Bauernhof bleiben, um den Besuch aus der Heimat zu empfangen. Den ganzen Vormittag über wartete er, plante schon im Voraus, wo er mit Dieter und Corina hingehen würde, wo er mit Corina Zärtlichkeiten austauschen würde, er rannte alle paar Minuten auf die Straße, aber es kam niemand.

(Und dann geschah das, was sich im späteren Leben sehr oft wiederholen sollte,) er geriet in Panik. Weinkrämpfe, Verlustängste, Wutanfälle, er wusste nicht mehr, was mit ihm geschah, die Brust war wie eingeschnürt, er bekam kaum noch Luft. Dann sah er Bilder vor seinem geistigen Auge, sah, wie

Corina sich anderen Jungen hingab, hörte ihr Lachen, hörte, wie sie auch über ihn lachte, der alle Hoffnung in sie gesetzt hatte und nun voller Verzweiflung war. Keine Vorstellung, wie das Leben ohne Corina weitergehen sollte. Dann beherrschte ihn nur noch der Gedanke an Flucht, er musste zu ihr, wollte die Wahrheit hören, und sie sollte sehen, wie er litt.

In dieser Verfassung fand ihn sein Chef am Mittag, er wollte wissen, warum Robert nicht zum Essen nach oben kam. Er fing an zu lachen, als er das verheulte Gesicht des Jungen sah und dessen Gejammer hörte. Aber dann drückte er ihn etwas linkisch und versuchte zu trösten, das Übliche halt. "Keine Frau wäre es wert, dass man so leidet, und er wäre doch so jung, da kämen noch sehr viele andere Frauen und bla, bla". Es gelang ihm aber wenigstens, Robert davor zu bewahren, Dummheiten zu begehen. Abends hat der Bruder dann beim Chef angerufen und sein Nichterscheinen mit einem überraschenden Tourenwechsel entschuldigt.

Einige Tage später, an einem Freitag nach dem Mittagessen, nachdem die Frau das Haus verlassen hat, bekommt Robert von dem Herrn Schnitzius einige Päckchen Zigaretten mehr als sonst. Er druckst auch etwas herum, bevor er mit der Sprache herausrückt. Er möchte mit seiner Frau in den Urlaub fahren, und damit wäre die Zusammenarbeit erstmal beendet. "Vielleicht kannst du nach dem Urlaub wieder zu uns kommen", meinte er. Robert ist etwas geknickt, als er das hört, der Chef hatte vorher nichts von einem Urlaub zu dieser Zeit angedeutet. "Vielleicht wollen sie mich nicht mehr haben", denkt er, "weil die Chefin mich nicht mag." Aber er ist immer geneigt, zu glauben, was man ihm sagt. Also bedankt er sich auch artig für die schöne Zeit, und als er dem Herrn Schnitzius die Hand gibt, glaubt er, Tränen in dessen Augen zu sehen.

Die Woche danach muss Robert in einem großen Betrieb für Bauzubehör arbeiten. Es ist nicht mit der Winzerei zu vergleichen. Er wird hin und her geschoben, alles ist sehr unpersönlich, und spendabel sind die auch nicht! Wiederum einige Tage später stecken sie ihn in einen Arbeitstrupp mit mehreren anderen Jungen. Sie müssen für verschiedene Winzer in den Weinbergen die Böden durchharken, also die Erde lockern und dabei das Unkraut entfernen. Die Arbeit ist sehr anstrengend und in flottem Tempo zu verrichten, die Verpflegung ist mäßig, kein Vergleich zur Tätigkeit bei Herrn Schnitzius.

Freundlichkeit oder ein nettes Wort seitens der Arbeitgeber kommt sehr selten vor. Robert hatte es fast schon vergessen. Sie sind junge Verbrecher, und das lässt man sie auch spüren.

Wieder einige Wochen später wird er mit anderen Häftlingen zum Roden abkommandiert. Sie werden Waldarbeitern zugewiesen, die kleine Schonungen im Wald von Unterholz und kranken, alten Bäumen befreien. Diese Tätigkeit ist noch eine Steigerung gegenüber den vorherigen Arbeiten im Weinberg. Es ist Spät-Sommer, und die Tage sind immer noch sehr warm, wenig zum Trinken, vom Essen wird man nicht satt, und Pausen gibt es nur, wenn der Vorarbeiter das bestimmt; ständig werden sie angetrieben. "Wie Sklaven", denkt Robert, selbst zum Pinkeln müssen sie sich abmelden. Robert und die anderen Jungen fühlen sich ausgebeutet, sie werden aufmüpfig und beschließen, etwas langsamer zu arbeiten. Als ein Vorarbeiter damit droht, sich bei der Gefängnisleitung zu beschweren, platzt Robert der Kragen.

„Wir haben die Schnauze voll von der Schufterei", sagt er. Dann zitiert er noch den "Götz von Berlichingen" und setzt sich mit einigen der Jungen in den Schatten auf einen umgestürzten Baum, sie rauchen und warten auf den Feierabend.

Am nächsten Morgen wird er nicht zur Außenarbeit eingeteilt, er bleibt zurück und rechnet mit einem Verweis wegen seiner Meckerei im Wald. Aber es wird noch schlimmer als erwartet. Robert muss seine Sachen packen und den Pavillon verlassen, sie bringen ihn wieder in das Jugendgefängnis zurück. Dort wird er vom Leiter der Abteilung, dem Herrn Heckenbach in Empfang genommen. Der schaut ihn streng an, wie es seine Art ist, und sagt, "Hättest du nicht die Klappe halten können? das hast du nun davon, wer nicht hören will muss fühlen." Dann bringen sie ihn in eine Zelle. Da sitzt er nun und begreift wieder einmal die Welt nicht mehr. Er hat doch nichts Schlimmes getan, darf man sich denn nicht gegen Ungerechtigkeit wehren? Nachmittags bekommt er Besuch vom Sozialarbeiter, dieser befreit ihn von der größten Angst, die ihn ergriffen hatte. Er bekommt keine Strafe wegen des Vorfalls, außer, dass er als "Erzieherische Maßnahme" noch eine Weile in der Einzelzelle bleiben muss, bis er entlassen wird! Aber wann wird das sein? In seiner ersten Panik befürchtet er, dass die Entlassung nochmals um sechs Monate verschoben wird.

Am nächsten Tag kommt der Lehrer Geis zu ihm, und sie unterhalten sich über die "Arbeitsverweigerung" einige Tage zuvor. Dieser findet das nicht so schlimm, aber es gibt halt Vorschriften, und die muss man einhalten. Dann überbringt er Robert noch eine Botschaft. Er grinst etwas verlegen und schüchtern, wie es seine Art ist und sagt, "Herr Strebel, sie werden in ca. zwei Wochen entlassen, den genauen Termin wird man Ihnen noch mitteilen. Also halten Sie sich bitte mit jeglicher Kritik bzw. Handlungen etwas zurück. Wir möchten doch nicht, dass noch etwas dazwischen kommt, oder?" Das ist ja ein Hammer, damit hat er nicht gerechnet. Es trifft ihn völlig unvorbereitet. Das Wasser schießt ihm nur so aus den Augen *(wie peinlich, ein Mann sollte doch nicht weinen)*.

Wortlos drückt er dem Lehrer die Hände, der nickt nur und verlässt die Zelle.

Roberts Entlassung war eigentlich schon vor einigen Monaten beschlossene Sache, man hat ihm das nur nicht mitgeteilt, wollte ihn noch etwas "erziehen". Nicht auszudenken, was passiert wäre, hätte er aus Verzweiflung eine Kurzschlusshandlung begangen?!

Er wird nach insgesamt 23 Monaten aus dem Gefängnis entlassen. Die Reststrafe von 19 Monaten wird für einige Jahre zur Bewährung ausgesetzt.

Es ist so weit, Robert wird entlassen. Die Nacht war noch einmal schlimm, an Schlafen war nicht zu denken, ständig gingen ihm die Bilder der Vorkommnisse vor seiner Festnahme durch den Kopf, die erste Nacht auf der Polizeiwache, die Gerichtsverhandlung, die Schläge in der U-Haft in Mainz, er erlebt alles noch einmal. Und Fragen über Fragen schwirren ihm durch den Kopf, wie werden ihn die Kumpels empfangen, wie seine Geschwister, die Mutter, ob der Alte endlich friedlich geworden ist, die Corina. Alles geht durcheinander, er kann überhaupt nicht mehr denken, er will nur noch weg, raus aus der Zelle, raus aus dem Knast, und der Stadt.

Sie bringen ihn zum Gefängnis-Direktor *(den mochte er ja schon vom ersten Augenblick an nicht)*. Robert gibt ihm die Schuld daran, dass er nicht schon eher entlassen wurde. Der Direktor richtet ein paar Worte an ihn zum Abschied, dann hält er ihm die Hand hin und sagt, "ich wünsche Ihnen alles Gute und kommen Sie nicht wieder." Robert aber kann nicht über seinen Schatten springen, er übersieht die ausgestreckte Hand, und da verfärbt sich das Gesicht des Direktors, er zieht die Hand zurück und sagt, etwas um

Fassung ringend, "in diesem Fall sage ich auf Wiedersehen, Herr Strebel, denn sie kommen ganz bestimmt irgendwann wieder hierher zurück". Robert aber nimmt sich in diesem Moment ganz fest vor, sollte er in der Freiheit nicht klar kommen, dann wird er sich das Leben nehmen. Dieses Gefängnis will er nie wieder von innen sehen!

Dann geht's zur Asservatenkammer. Er bekommt seine private Kleidung wieder, seine Sonnenbrille, sein Taschenmesser und seine Stahlrute?! Des Weiteren seinen Personalausweis, Entlassungspapiere und seinen zurück behaltenen "Lohn" für die Arbeit während der Knastzeit. Beim Pförtner liegt sein Fahrschein parat, einfache Fahrt mit dem Zug, 2 Klasse. Endstation ist sein Geburtsort, der Wohnsitz bei den Eltern. Als sich die Gefängnistür hinter ihm schließt, atmet Robert ganz tief durch und geht mit schnellen Schritten zum Bahnhof, er schaut nicht mehr zurück.

Eigentlich hätte er in Mainz umsteigen müssen, um in sein Dorf zu gelangen, aber er hat es sich anders überlegt. Zuerst muss er in das Städtchen in "sein Revier", in die Disco, die Freunde sehen, endlich wieder Musik hören, vielleicht ist auch Corina da?!Aber die Ernüchterung folgt schon auf dem Weg zur Disco. Er wird von zwei Jugendlichen angerempelt, sie machen sich über sein Äußeres lustig, seine unmoderne Kleidung, die alte Sonnenbrille. Das hätte sich früher keiner gewagt, na ja, sie kennen ihn noch nicht. Auch in der Disco hat sich viel geändert, das Innere wurde umgebaut, die Musik ist auch nicht mehr so wie früher. Zu seiner Zeit gab es nur eine Handvoll Jungen mit langen Haaren, sie waren etwas Besonderes, jetzt lief hier beinahe jeder so rum. Und von den Anwesenden kennt er im Moment niemanden. Also kein Empfangskomitee für den "Helden", Robert ist mehr als enttäuscht. Er befindet sich schon im Aufbruch, will die Disco verlassen, da tut sich doch noch etwas.

Zwei junge Frauen kommen ihm an der Tür entgegen, und er kennt beide sehr gut, Ursula und Moni. *(Sie waren schon vor einigen Jahren Freundinnen und oft am Bahnhof, da haben sie die "tollen Jungen" beobachtet und bewundert. Für Ursula war Robert damals der erste Mann. Es geschah im Bahnhof, in der Toilette gab sie sich ihm hin, sie war noch Jungfrau und Robert hatte sich geärgert, dass sie mit dem Blut seine Hose beschmutzte. Dann hatte er seine kriminelle Phase und da verloren sie sich aus den Augen).* Der Dieter, Roberts Bruder, war ein guter Bekannter von Moni, und daher wussten sie von seiner Entlassung aus dem Gefängnis. Sie dachten sich, dass sein erster Weg in die Disco führen könnte. Sie trinken etwas und plaudern von früher, dann lässt Moni die beiden allein. Robert bemerkt, dass Ursula ihn immer noch mag, und sie lässt es zu, dass er sie im schummrigen Licht befummelt. Sie küssen sich und als er sie drängt mit ihr ins Freie zu gehen, da stimmt sie zu. Bald sind sie in einem Gartengelände, es ist schon dunkel, und so verschwinden sie zwischen den Sträuchern und geben sich ihren Trieben hin.

Es war für Robert schon ein bewegender Moment, als er zu später Stunde, nach fast zwei Jahren heimkommt. Die Mutter saß in der Küche und wartete auf ihn, sie weinten beide vor Freude und Glück, dann kam der Vater aus dem Schlafzimmer und hieß ihn Willkommen. Robert konnte den Geruch von Alkohol bei ihm wahrnehmen, sah das ungepflegte Äußere, und alles Negative der vergangenen Jahre kam ihm wieder zu Bewusstsein. "Der wird sich nicht mehr ändern", dachte er, "aber so will ich niemals werden."

Die nächsten Tage bleibt er daheim bei seinen Geschwistern, sie sind auch froh, dass er endlich wieder da ist. Der Onkel Hans ist z.Zt. mit dem Vater zerstritten, er haust mit zwei anderen Männern oben im Speicher unter menschenunwürdigen Verhältnissen. Sie haben kein Klo, kein Wasser, keine Heizung, keine Betten. Sie schlafen da, ob Sommer oder Winter, auf alten Matratzen, mit Lumpen zugedeckt, und ihre Exkremente werden schon mal mit Schwung aus dem Fenster auf den Hof entsorgt. Der eine Mann war ihnen nie ganz geheuer, man kam nicht so recht ins Gespräch mit ihm. Als seine Mutter noch lebte, haben sie beide in einem Raum zusammen gehaust und in einem Bett zusammen geschlafen. Als Kind hörte Robert manchmal, wie die Erwachsenen über ihn redeten, er soll seine Mutter regelmäßig gevögelt haben, sie habe oft geweint, konnte sich aber gegen den starken Jungen nicht wehren. Er arbeitete sein ganzes Leben lang bei den Bauern, und nie war eine Frau bei ihm zu sehen. Der andere Mann war der Schorsch, der alte Gauner lebte immer noch. Robert konnte ihn nicht ausstehen. Er hatte vor einigen Jahren seine kleine Schwester Annie sexuell missbraucht, sie war gerade neun Jahre alt.

Und doch kam er immer wieder zu Besuch. Robert konnte seine Eltern nicht verstehen, dass sie ihn trotz allem noch in die Wohnung ließen, wer weiß, was der noch alles für Schweinereien gemacht hat. Aber der Alte schickte keinen weg, wenn der nur etwas zu saufen mitbrachte.

Am Freitag musste Robert nach Mainz zu seinem Bewährungshelfer. Das war der gleiche Mann, der auch Onkel Hans einige Jahre betreut hatte, und war ihm vom Angesicht her bekannt. Der machte keinen Hehl aus seiner Abneigung Robert gegenüber und seine Sprüche machten ihn auch nicht sympathischer. *(Der Apfel fällt nicht weit vom Stamm, das war ja voraus zu sehen, usw. usw., weil der Onkel und auch der Vater schon mal im Gefängnis waren.)* Er drohte auch ziemlich schnell mit Widerruf der Bewährung, sollte Robert sich nicht an die Auflagen des Gerichts halten. Dann bot er ihm einen Arbeitsplatz in einer Bauschlosserei an, als Helfer. Gleich am Montag sollte er sich dort vorstellen.

„Aber das Wochenende will ich noch genießen", dachte Robert. Er verabschiedet sich vom Bewährungshelfer und fährt mit dem Zug in die Stadt. Dort angekommen führt ihn sein Weg in die frühere Stammkneipe "Zum Pfauen". Edith und ihr Mann freuen sich sehr, als er so unerwartet vor ihnen steht. Und es sind auch einige junge Leute im Lokal, die ihn noch von früher kennen. Sie bieten ihm etwas zum Essen an und auch sein Lieblingsgetränk, einen Cola-Schoppen *(Wein mit Cola)*. Natürlich sind sie neugierig, und es gibt ja auch so viel zu erzählen, u. a. hört er von Edith, dass Corina seit damals im Herbst nie wieder in ihrem Lokal gewesen wäre. Und man hat sie auch oft in der Stadt mit einem langhaarigen jungen Mann gesehen, Roberts Nachfolger!?

Das hatte er auch vermutet, dass sie einen Freund hat, aber es zu hören, dass tat schon verdammt weh. Na, ja, er wird das schon akzeptieren müssen, aber andere Mütter haben auch schöne Töchter, sagt man.

So gegen Abend ist er dann in Hochstimmung, er hat reichlich Cola-Schoppen intus, und so geht er mit alten und neuen "Freunden" in die Disco. Er hofft, dort Corina zu finden, er möchte sie nur einmal sehen und vielleicht mit ihr reden, über seine Gedanken, seine Gefühle und über die Träume während der Knastzeit, wo sie doch für ihn so wichtig war. Aber an diesem Abend trifft er sie nicht, dafür sieht er einige alte Kumpels, für die er vor Gericht den Kopf hingehalten hat. Sie gehen ihm aus dem Weg, meiden ihn. Das war die nächste Enttäuschung, aber was hat er denn erwartet? Sie haben sich fast zwei Jahre nicht gemeldet, warum sollten sie sich nun um ihn kümmern? Aus den Augen, aus dem Sinn!

Ein neuer Bekannter wohnt in der Nähe seines Dorfes, und er nimmt ihn mit seinem Auto dahin mit.

Am Montag fährt er zu der Bauschlosserei und stellt sich vor. Der Chef ist eine hübsche, junge Frau, die sehr freundlich zu ihm ist. Sie weiß, wer er ist, woher er kommt, lässt ihn das aber nicht spüren. Gemeinsam gehen sie durch den Betrieb, und sie zeigt ihm, was da so alles hergestellt wird, sowie den Pausen- bzw. Aufenthaltsraum. Und auch der Lohn, den er bekommen soll, ist sehr anständig. Sie verabreden, dass er am nächsten Tag seine Arbeit beginnt. Das Dorf, in dem sich die Schlosserei befindet, liegt kurz vor Mainz, ist mit Bus und Bahn *(zweimal umsteigen)* allerdings nur sehr umständlich zu erreichen. Aber Robert will sich dadurch nicht entmutigen lassen. Pünktlich steht er am Morgen vor der Chefin, sie stellt ihn der Belegschaft vor, dann wird er seinem Kollegen zugeteilt, und los geht es. Sie fahren in ein Neubaugebiet, dort werden Türen eingebaut, und das ist dann auch ihre Aufgabe für die nächsten Wochen. Der Horst, sein Kollege, ist nicht sehr gesprächig, aber sonst ein netter Mensch. Als er hört, dass Robert so einen langen Weg zur Arbeitsstelle hat, nimmt er ihn nach ein paar Tagen morgens und nach Feierabend mit seinem Auto mit, obwohl er einen Umweg fahren muss. Er ist ein anständiger Kerl. Die erste Woche ging schnell vorüber, war aber auch sehr anstrengend, und Robert freut sich auf das Wochenende.

Am Samstag fährt Robert mit dem Bus in die Stadt. Er kauft sich einen Levis-Anzug, ein schickes Hemd und ein paar schöne Stiefeletten. Er zieht gleich alles an und fühlt sich danach viel wohler. Seine Haare sind auch wieder beachtlich *gewachsen (als Freigänger im Knast wurde er nicht mehr genötigt, sich die Haare schneiden zu lassen),* und er bemerkt, dass die Mädels schon nach ihm schauen, er ist halt ein flotter Bursche!

Er will nur ganz kurz "Zum Pfauen" reinschauen, bleibt aber wieder hängen, weil einige Jungen von früher da sind, und die freuen sich wirklich, ihn wieder zu sehen. Sie trinken, spielen Tischfussball oder am Flipperautomaten, und gegen Abend zieht er mit seinem Anhang in die Disco. Und dort findet er auch wieder das Gefühl, daheim zu sein, es sind viele Bekannte von früher zu sehen, auch sein Freund Helmut, mit dem er in Hamburg war. Der fällt ihm zwar nicht um den *Hals (das hat er noch nie getan),* aber man spürt, dass er sich darüber freut, dass er wieder frei ist. Er verspricht Robert, ihn in den nächsten Tagen abzuholen und zu seinen Eltern zu bringen.

Es war ein angenehmer Abend für Robert, er ist schon ganz schön besoffen und wartet nur noch auf einen Kumpel, der ihn heimfahren wollte, da kamen neue Gäste in die Disco. Er schaut auf diese Gruppe, und dann wird ihm ganz flau im Magen, da steht Corina, noch schöner als er sie in Erinnerung hat und neben ihr ein langhaariger, ausgesprochen hübscher, extrem modisch gekleideter Mann. Im ersten Impuls will er aufspringen und zu ihr hingehen, aber einer seiner Kumpels hält ihn am Arm fest, und da hat sie ihn auch schon erkannt, schaut ihn ein paar Sekunden an, dreht sich um und verlässt den Raum, der Typ hinterher.

Am folgenden Tag muss Robert erst einmal seinen Rausch auskurieren, hinzu kommt die Trauer um Corina. Er leidet wie ein Hund, immerzu sieht er ihr Gesicht vor sich, wie sie ihn angeschaut hat an dem Abend. Er verbringt den ganzen Tag im Bett und ist froh, dass er am nächsten Tag wieder zur Arbeit muss.

Ende der Woche kam Helmut, wie versprochen, vorbei, und sie fahren in sein Dorf zu seinen Eltern. Sie freuen sich sehr, den Robert wieder zu sehen, aber es hat sich vieles verändert in der Familie. Sein Vater trinkt noch mehr als früher, die Mutter ist psychisch krank, und Hannelore ist nicht mehr da. Sie hat einen ehemaligen, gemeinsamen Freund geheiratet.

Helmut geht mit Robert ein paar Häuser weiter zu einem Bauernhof. Dort befand sich früher im Keller eine kleine, private Disco, da haben sie oftmals mit Mädchen geknutscht und gefummelt. "Meine Güte", ,denkt Robert, als ihm Details einfallen, "ist das wirklich schon so lange her?" Ihm kommt es vor, als wäre es gestern gewesen. Helmut zeigt ihm die Scheune, dort hat er sich mit anderen Jungen einen "Kraftraum" gebaut, in dem sie sich täglich quälen. Es ist die Zeit, wo junge Männer dem Österreicher Schwarzenegger nacheifern, der als Bodybuilder in Amerika lebt. *(Helmut wird später Deutscher Meister im Bodybuilding, er wird auch mal in Amerika bei seinem Idol trainieren und später in der Heimat ein eigenes Sportstudio besitzen.)* Er bietet Robert an, auch regelmäßig zu trainieren, aber der lehnt ab, er sieht keinen Sinn darin, extra Muskeln aufzubauen, er findet sich auch so stark genug.

Seine Bedürfnisse sind von anderer Art. Er mag die Atmosphäre in den Kneipen und Discos, die Musik, die Mädchen, den Alkohol, das ist es, was ihm gefällt. Er hat doch so viel nachzuholen, die Jahre im Heim, die fürchterliche Zeit im Gefängnis. Er möchte einfach nur leben, ohne Vorschriften, ohne Gängeleien.

Es gibt auch Tage, da hat er Lust wieder Fußball zu spielen, und den Führerschein will er auch machen, damit er endlich legal und ohne Angst mit dem Motorrad durch die Gegend brausen kann. Wenn Robert an sein schönes, altes Motorrad denkt, wird er richtig sauer. Er hatte es damals seinem Schwager Egon - Rosies Ehemann – anvertraut, bevor die Bullen ihn schnappten. Der sollte es aufbewahren, aber angeblich wurde es gestohlen. Na, ja, wer`s glaubt wird selig!

Die Arbeit in der Schlosserei beginnt ihm zu gefallen. Mit dem Horst kommt er sehr gut klar.

Der ist schon verheiratet, und manchmal laden sie Robert zum Essen ein, oder sie besuchen ihn in "seiner" Kneipe. Auch die Chefin ist mit ihm zufrieden. Es wurde sogar angedacht, dass er einen Schweißerlehrgang absolvieren sollte. Dann könnte er selbstständiger arbeiten, noch mehr Geld verdienen und sich schneller seine Träume verwirklichen.

In der Disco war er nun schon einige Wochen nicht mehr, aber das Verlangen, die Corina zu sehen, wurde nicht schwächer. Diesen Sonnabend will er noch mal einen Versuch starten, sie zu sprechen. Ein Kumpel holt ihn von zu Hause ab, und bald sitzen sie in der Disco. Dort sieht er nun endlich den jungen Mann, von dem er sicher ist, dass der sich damals nachts in dem Kaufhaus auch "bedient" hat. Er geht zu ihm hin und sagt ihm seine Vermutungen auf den Kopf zu. Der grinst nur und erwidert, "na klar war ich das, aber hast du Zeugen dafür? Außerdem ist die Sache schon längst verjährt". Da denkt Robert an die Gerichtsverhandlung und hört, wie der Richter nach der fehlenden Beute fragt, und erinnert sich an die Zeit im Knast. Und da steht dieser Kerl vor ihm und lacht ihn aus. Da packt ihn blinde Wut und schon schlägt er ihm so in die Fresse, dass er zu Boden fällt. Robert stürzt sich auf ihn und schlägt immer weiter auf ihn ein, bis seine Kumpels hin wegziehen. Der Gegner war nicht irgendwer, sondern hatte auch einen Namen als Raufbold und Ganove. Nach dieser Prügelei stieg Robert noch mehr in der Achtung seiner Kumpels und allgemein hatte man Respekt vor ihm. Aber nachdem sein Zorn verraucht war, erinnerte er sich wieder an die Bewährungsauflagen, und er nahm sich fest vor, solche Prügeleien in der Zukunft zu vermeiden.

Einen der neueren Freunde, Lorenz, kannte er aus dem Knast, der war körperlich sehr stark aber gutmütig, er ließ sich leicht beeinflussen und war so auch auf die schiefe Bahn geraten. Bei diesem jungen Mann wollte er übernachten. Er wohnte noch bei seiner Mutter in dem Städtchen, wo sie Robert und Jürgen vor zwei Jahren verhaftet hatten. Dort gab es immer noch die tolle Disco, und da wollten sie kurz reinschauen und einen "Scheidebecher" nehmen. Wie der Zufall es wollte, ausgerechnet hier traf er Corina und ihren Freund. Der stammte aus dieser Gegend und hatte eine Menge Freunde dabei. Aber als Robert sah, wie er "seine" Corina an sich drückte und sie küsste, da war es mit seiner Beherrschung vorbei. Sie waren überrascht, als er so plötzlich vor ihnen stand und den Jungen wegschubste.

Aber seine Freunde, die Robert nicht kannten, stellten sich vor die beiden, und weil Robert keine Ruhe gab, schlug einer aus der Gruppe zu. Sofort schoss ihm das Blut aus der Nase, und als Lorenz ihm zuraunte, er solle aufgeben, weil der andere ein ausgebildeter Boxer wäre, da klickte etwas aus in seinem Kopf, er zerschlug eine Bierflasche und ging mit dem Flaschenhals auf den Gegner los. Corina schrie auf, und auch Lorenz schrie ihn an, "tu es nicht, denke an deine Bewährung", und da begriff er, schon etwas schwerfällig durch den Alkoholgenuss, welche Folgen der Blödsinn haben könnte und so ließ er den Arm mit dem abgebrochenen Flaschenhals sinken. Sein Gegner aber schlug noch zweimal zu *(die Narben behielt Robert sein Leben lang)*, bevor Lorenz sich vor ihn stellen konnte. Später bezeichnete man ihn als mutig und lobte seine Beherrschung. Aber Robert selbst war innerlich wie zerrissen, er kam sich feige und ängstlich vor und weinte heimlich bittere Tränen.

In der Firma mussten sie grinsen und stichelten, als er mit dem verschwollenen Gesicht zur Arbeit kam. Aber Horst nahm ihn in Schutz und schwindelte ihnen etwas vor, dass man Robert angegriffen hätte, in einer Disco. Die anderen Mitarbeiter waren schon etwas älter und sehr spießig, einer von ihnen meinte, "selbst schuld, wenn man so aussieht, mit der "Texas Kleidung und den langen Haaren und dann noch in solche Schuppen geht, darf man sich nicht wundern, wenn was passiert. Anständige Leute gehen da nicht hin!"

Da war es wieder, dieses kleingeistige, dumme Gerede der "ehrbaren Bürger" vom Lande, die nur an der Vergangenheit hingen *(bei Adolf hätte es so was nicht gegeben)* und alles Neue ablehnten. Am liebsten hätte Robert den Krempel hingeworfen und wäre nach Hause gefahren, aber er hatte keine andere Wahl. Er dachte an seine Bewährung, biss die Zähne zusammen und schwieg.

Es war ihm aber auch klar, dass er in seinem Leben etwas verändern musste, damit solche Dinge wie in der Disco nicht mehr vorkamen. Am Wichtigsten wäre es vielleicht, mit dem Saufen aufzuhören und etwas Vernünftiges zu machen.

Abends ging er zu einem ehemaligen Schulfreund, der im Nachbardorf Fußball spielte und fragte diesen, ob er ihn zum Training mitnehmen würde.

Bald war er spielberechtigt, und dann kickte er auch in der Mannschaft mit. Er war ein guter Fußballer, schnell, ausdauernd, aber auch sehr ehrgeizig, eigensinnig und Ball verliebt.

Für die Zuschauer wurde er sogleich zur Reizfigur, niemand hatte solche langen Haare *(ein richtiger Mann lief doch nicht so herum!)*. Spielte er gut, dann wurde er gelobt, und lief es mal nicht so gut, dann war er die "langhaarige Schwuchtel", der man die "Zotteln abschneiden müsste". Auch ein Trainer aus der Landesliga bescheinigte ihm Talent, aber die Haare müssten schon weg?! "Diese Scheiß-Landeier", dachte er: Nach einigen Spielen hatte Robert die Schnauze voll und beendete das Abenteuer Fußball.

An einem Abend in der Woche, er war gerade von der Arbeit gekommen, klopfte es an der Küchentür, Robert öffnete und da stand sie vor ihm, Corina!

Mit allem hätte er gerechnet, aber nicht damit. Wortlos, mit weichen Knien, den Tränen nahe, so standen sie sich gegenüber, und dann fielen sich die beiden in die Arme, stammelten irgendwelche dummen Worte, und nun liefen die Tränen doch noch. Die Mutter schob sie dann in die Küche und ging mit den Kindern hinaus.

Corina erklärte sich, erbat etwas Verständnis von ihm für ihr Verhältnis mit dem Anderen. Und dass sie ihn nicht vergessen habe während der langen Haftzeit, die auch für sie nicht so einfach gewesen sei. Außerdem habe sie diese Beziehung nach der Prügelei in der Disco beendet, weil sie immer noch tiefe Gefühle für ihn habe. Und sie bittet ihn um einen Neuanfang, wenn er denn noch möchte.

„Ja Corina, ich verzeihe dir, ich habe im Knast viel nachgedacht", sagte Robert, "auch ich habe Fehler gemacht, mehr als du. Lass es uns noch mal probieren, ich habe dich wirklich sehr lieb". Und wieder Küsse, Tränen, und in diese Idylle der Verliebtheit platzt der Vater hinein. Wie so oft ist er angetrunken und bemerkt gar nicht, dass Robert Besuch hat. "Warum steht das Essen noch nicht auf dem Tisch?", brüllt er herum und ruft nach der Mutter

Robert verabschiedet sich draußen von Corina, sie wird von einer Freundin erwartet, die sie aus der Stadt zu ihm ins Dorf gefahren hatte. Sie wollen sich am Wochenende wiedersehen, und glücklich, wie schon lange nicht mehr, geht Robert in die Wohnung zurück.

Die nächsten Wochen verlaufen sehr schön, allerdings können sie sich nur an den Wochenenden sehen. Corina arbeitet in Mainz, fährt mit der Eisenbahn und kommt erst abends nach Hause. Das behagt beiden nicht so richtig, da kommt ihnen der Zufall zu Hilfe. Ein Bekannter von Corina hat einen Wagen zu verkaufen, einen alten VW-Käfer. Da entscheidet sich Robert spontan, das Auto zu kaufen. Er ist zwar etwas klapprig, hat auch nur für ein paar Monate TÜV, aber er ist im Preis erschwinglich und hat sogar ein Radio. Es ist geplant, dass der Wagen von Corina gefahren wird, da sie einen Führerschein besitzt. Nun können sie sich öfter sehen, und auch für Zärtlichkeiten ist er bestens geeignet. Es wird schon empfindlich kalt und da ist das Vögeln im Freien nicht so angenehm. Einige Tage geht auch alles gut, aber Robert ist nun auf Corina angewiesen. Wenn sie Lust und Zeit hat, kommt sie natürlich, aber oft sitzt er auch daheim in seinem Dorf und wartet vergeblich.

Er wird nun des Öfteren von Eifersucht geplagt. Corina hat einen großen Bekanntenkreis, darunter auch viele Jungen, die noch studieren und Roberts Lebenswandel und Herkunft nicht so berauschend finden. Sie akzeptieren ihn nur Corinas wegen, und weil sie seine Faust fürchten. Er merkt das sehr wohl, es kränkt ihn und so fühlt er sich immer häufiger minderwertig. Und das macht ihn böse.

An einem Freitag haben sie ihn in der Firma wieder geärgert. Robert ist so vertrauensselig, er erzählt zu viele private Sachen. Wenn die Kollegen dann sticheln und lästern, kommt er damit nicht klar. So auch diesmal. Er hat von dem Auto erzählt, erstmal von seiner schönen Corina Fotos gezeigt, und da sagte das größte "Lästermaul", "eine schöne Frau hat man nie für sich alleine, und wenn du ihr Dein Auto noch lässt, dann ist das doch für das Mädchen die beste Voraussetzung zum Fremdgehen, während du Blödmann in deinem Dorf auf sie wartest". Der Stachel saß tief!

Robert hatte auch einen Schlüssel für den "Käfer". Wenn sie sich treffen wollten und er schon vor Corina in der Stadt weilte, setzte er sich zum Warten in das Auto und hörte sich Musik an oder machte ein Nickerchen. An diesem Freitagnachmittag trank er schon zu Hause Wein. Als dann sein Verlangen nach Corina immer stärker wurde, ließ er sich von einem Bekannten in das Städtchen fahren. Am Bahnhof stieg er aus und lief einige Schritte hinunter zu der Straße, in der das Auto in der Regel stand. Auf dem Weg dahin ging er an einem Lebensmittel-Geschäft vorbei, und da kam ihm der Gedanke, etwas zum Trinken mit zunehmen, das machten sie gelegentlich so. Aber diesmal kaufte Robert außer der Flasche Wein auch noch eine Flasche Korn, die ließ sich gut mit Cola mischen. Und da saß er nun im Auto und wartete Stunde um Stunde, und Corina kam nicht. Die Flasche Wein war inzwischen leer, und von dem Korn hatte er auch schon etwas genascht, und im Kopf ging alles durcheinander. Er sah vor seinem geistigen Auge Corina in einer Gruppe von Leuten stehen, sah ihr Lächeln, das er so liebte und das sie auch anderen schenkte, die es aber missverstehen könnten, um sie herum andere Jungen, sie lachen und lästern über ihn, und auf einmal kommt wieder die Panik in ihm hoch. Herzrasen, Schweißausbrüche, die Angst, sie wieder zu verlieren, und er weiß, er muss sie suchen, muss sofort zu ihr, bevor ein anderer sie ihm wegnimmt. Also dreht er den Zündschlüssel herum und fährt los. *(Er hat schon des Öfteren bei den Bauern auf dem Feld den Traktor gefahren und auch mit dem Käfer schon heimlich geübt, damit er später nicht so viele Fahrstunden braucht.)*

Es ist ein kalter und feuchter Novemberabend. Das Städtchen ist sehr alt und im Zentrum sind die Straßen schmal, mit Kopfsteinpflaster und überwiegend Einbahnstraßen. Zuerst fährt er zur Disco, aber da ist Corina nicht. Also fährt er eine Runde weiter bis zu einem Café, in dem die "Intellektuellen" verkehren, aber auch da ist sie nicht. Je länger er sucht, desto verrückter wird Robert. Er hat ja keine Fahrpraxis, fährt viel zu schnell, und so übersieht er ein Stoppschild und wäre beinahe mit einem anderen Auto zusammen gestoßen. Dann sieht er ein Polizeiauto und rastet vollkommen aus, er fährt in verkehrter Richtung in eine Einbahnstraße, stößt links und rechts gegen die Häusermauern und bleibt schließlich mit zerbeulten Kotflügeln, die in die Vorderreifen drücken, an einer Kirche stehen. Aber Helden geben ja selten auf, und so springt er aus dem Wagen, zieht und zerrt an den Kotflügeln, bis die Räder wieder einigermaßen frei sind, und setzt seine Fahrt weiter fort. Dann will er den Marktplatz überqueren, und da steht durch Zufall der Jürgen *(mit dem er damals verhaftet wurde)*, mit dem neuen Auto seines Vaters auf einem Parkstreifen, und Robert kriegt die Kurve nicht, das Kopfsteinpflaster ist nass, er fährt zu schnell, vielleicht sind auch die Reifen und die Lenkung nicht mehr in Ordnung. Auf jeden Fall kracht er in das Auto von Jürgens Vater und bleibt erstmal stehen. Als Jürgen dann herumjammert und flennt, und andere Fußgänger nach der Polizei rufen, da greift er nach der Pulle Schnaps und trinkt den Inhalt in einem Zug leer *(damit keiner sagen kann, er habe schon vorher Alkohol im Blut gehabt)*. Anschließend steigt er wieder in die ramponierte Karre *(nun waren auch noch die vordere Stoßstange und die Motorhaube zerbeult)* und fährt langsam davon.

Außerhalb der Stadt fährt er dann in die Weinberge, wo er am nächsten Tag wieder zu sich findet, mit fürchterlichen Kopfschmerzen und Gedächtnislücken. Und wie sieht nur das schöne Auto aus?! Und dann kommt die Angst, wird die Bewährung aufgehoben, muss er wieder in das Gefängnis zurück? Was wird Corina sagen, was seine Mutter?

Am liebsten möchte er vor Scham im Boden versinken.

Und doch hat er in der Vergangenheit eines gelernt: Weglaufen bringt nichts. Also reißt er sich zusammen und geht in die Stadt zurück. Zum Polizei-Revier braucht er ca. eine Stunde. Er meldet sich an und die Polizisten sind erstaunt, dass er freiwillig den Weg zu ihnen gefunden hat. Robert schildert die Sachlage vom Abend, sie machen ein Protokoll, dann muss er zur Blutprobe und danach darf er wieder gehen.

(Etliche Monate später bekommt er das Urteil vom Gericht zugesandt. Er war inzwischen nach Berlin-West umgezogen und brauchte deshalb zur Verhandlung nicht vor dem Gericht erscheinen. Das Urteil traf ihn empfindlich, war aber

116

angemessen, das musste er so anerkennen. Drei Jahre Führerscheinverbot, die Verfahrenskosten sowie eine satte Geldbuße und Regressforderungen der Autoversicherung von Jürgens Vater. Das Gericht wollte ihm noch mal eine Brücke bauen, die Hauptsache war, dass er nicht ins Gefängnis musste.)

Am Abend kam sein Arbeitskollege Horst und wollte wissen, weshalb er "Blau" gemacht hatte. Robert erzählte ihm aber nur einen Teil der Vorkommnisse und erklärte seine Bereitschaft, am nächsten Tag wieder zur Arbeit zu kommen.

Mit einer Entschuldigung bei der Chefin, war die Sache erledigt, und alles ging seinen gewohnten Gang.

Nach einigen Tagen meldet sich der Bewährungshelfer bei ihm und macht ihm Vorwürfe wegen seiner Eskapaden. Was da alles noch hätte passieren können. Zum großen Glück kamen keine Menschen zu Schaden, usw. usw. Und das Wichtigste wäre halt der Arbeitsplatz, aber da scheint er sich ja wohl zu fühlen, wie die Chefin ihm berichtete. Und am Schluss meinte er noch, "Herr Strebel, verbannen Sie den Alkohol aus Ihrem Leben, Sie merken ja selbst, dass Ihnen das nicht gut bekommt." *(Bei diesen Worten muss Robert grinsen, er denkt an den alten Taugenichts, den Schorsch. Der stand vor einigen Jahren wegen fehlender Unterhaltszahlungen vor dem Richter. Als dieser ihn fragte, warum er denn so viel Wermut-Wein trinke, antwortete er: "Herr Richter, Wermut macht mehr Mut"! Er bekam nämlich nicht selten Prügel von seiner Ex-Frau, wenn sie ihm begegnete. Und dieser Spruch machte über das Dorf hinaus seine Runde.)* An dem Unglückstag war mit Corina nichts Besonderes vorgefallen, nichts, was die Eifersucht und das Verhalten Roberts gerechtfertigt hätte. Da sie immer noch bei der Oma wohnte und die Mutter und deren Lebensgefährte von der wieder entfachten Liebe zu Robert Kenntnis hatten, wurde sie zum Rapport bestellt. Und er hatte so ein Theater daraus gemacht! Am Käfer sind nur Blechschäden, d.h. die Kotflügel, eine Tür und die Motorhaube müssen erneuert werden. Roberts Bruder Peter ist im 1. Lehrjahr als Autoschlosser, und er bastelt und baut die Teile wieder an. Besorgt hatten sie sich die Ersatzteile von einem "Autofriedhof".

Nach einigen Tagen ist das Auto wieder in Ordnung, aber nun mehrfarbig und so bleibt es auch. Aber damit fahren wird Robert nicht mehr, das überlässt er gerne Corina.

Die Zeit zwischen Weihnachten und Neujahr verbringt Robert beinahe täglich im Städtchen bei Corina. Es sind schöne Tage, mal sind sie bei Roberts Familie oder bei Rosie, die inzwischen schon zwei Kinder hat. *(Alle Abtreibungsversuche damals hatten keinen Erfolg gehabt.)* Auch zu Corinas Großmutter darf er gelegentlich mitkommen, aber ihre Mutter verweigert sich, sie möchte ihn nicht sehen. Das schmerzt sehr.

Des Abends sind sie meist mit Freundschaften von Corina zusammen. Sie bemerkt natürlich Roberts Unsicherheit in Gegenwart der anderen und hilft ihm sehr, seine Komplexe abzubauen. Am schönsten aber ist es, wenn sie die Möglichkeit finden, richtig miteinander zu schlafen. Für einige Stunden im Bett liegen, eng umschlungen, kuscheln, träumen, lachen und manchmal auch weinen.

Robert glaubt nicht an Gott, aber wenn er mit diesem Mädchen zusammen ist, dann möchte er schon jemandem danken, für das Glück, das er mit ihr erleben darf.

Im Januar unterhielten sich die Kollegen im Umkleideraum über Autos, und dann fragte einer von ihnen, warum denn Robert noch keinen Führerschein habe, ob er zu blöde wäre, den zu machen? Bevor er eine Antwort geben konnte sagte ein anderer, "der kriegt doch keine Pappe mehr, der ist im Herbst in der Stadt schwarz gefahren und nach einem Unfall abgehauen. Besoffen war er auch noch". "Woher weiß der das nur so genau?", denkt Robert.

Es ist ganz still im Umkleideraum, Robert merkt, dass ihm das Blut in den Kopf steigt. Er kann nicht sprechen, möchte nur zuschlagen, in die Fresse hauen, das Schandmaul zum Schweigen bringen. Er ballt die Fäuste, aber dann sieht er wieder das Gefängnis vor sich, da dreht er sich um, verlässt den Raum und wartet auf Horst, der ihn nach Hause fährt.

Am nächsten Tag geht er zum Arzt und lässt sich krankschreiben.

Der Vorfall hat ihn sehr getroffen und wieder mal gezeigt, dass Männer keine Freunde sein können, sondern nur Rivalen. Das war ja auch mit den anderen Kumpels so, im Heim oder später im Gefängnis und nun halt in dem normalen Leben. Immer wenn Robert dachte, er könnte evtl. Freundschaften schließen, dann passierte etwas Gravierendes und man ließ ihn alleine. Auch diesmal war es so, der Horst hat ihm nicht beigestanden.

118

Eine Woche bleibt er daheim und versucht, die Kränkungen beiseite zu schieben. Aber obwohl Corina auf ihn einredet und ihm Mut macht, die Schmerzen bleiben.

Als er dann wieder zur Arbeit kam, ging es einige Tage gut. Sie wussten natürlich, warum er die Woche gefehlt hatte, aber es wurde nicht darüber gesprochen. Dann kam der Freitag, es wurde mittags Lohn ausbezahlt und einige der Arbeiter mussten noch in der Firma aufräumen und saubermachen. Zu ihnen gehörte auch Robert.

Zum Feierabend ziehen sie sich um und da vermisst einer ganz plötzlich sein Portemonnaie.

Alle reden durcheinander und dann sagt einer von ihnen, "hier wurde noch nie etwas gestohlen", und ein anderer meinte, "ja, aber das war bevor der Knackie angefangen hat, hier zu arbeiten". Alle schauen zu ihm hin und Robert ist klar, dass sie ihn nicht mehr wollen. Es wäre egal, was er sagt oder tut. Das Wasser schießt ihm in die Augen, er nimmt seine schmutzige Wäsche, die schon eingepackt ist, und verlässt wortlos die Firma. Dann läuft er zum Bahnhof und fährt mit dem Zug nach Hause.

Das Wochenende verbringt Robert tagsüber mit seiner Freundin, abends fahren sie mit dem Käfer in die Felder, wo es dann zu Zärtlichkeiten kommt. Zum richtigen Schlafen muss er aber zusehen, dass er irgendwie in sein Dorf kommt, oder er pennt bei einem Kumpel. Bei Corina geht es ja nicht, weil die den eifersüchtigen Dackel hat. Das ist weniger schön.

Natürlich versucht Corina alles, um Robert von seinem Entschluss abzuhalten, aber er hat sich entschieden. Er wird nicht mehr zu seiner Arbeitsstelle zurückgehen. Sollen sie ihn doch rauswerfen, dann bekommt er wenigstens Stütze vom Arbeitsamt.

Er könnte die Sticheleien und falsche Anschuldigungen nicht auf Dauer ertragen. Er hat die Geldbörse nicht gestohlen, aber wer wird ihm glauben? Und wenn es ihm zu viel wird, und er prügelt sich herum, wird ihm das helfen? Gegen alle kann er nicht kämpfen, es würde ihm auch nichts nützen. Wie er es auch dreht und wendet, er kann dort nicht mehr bleiben.

Nach drei Tagen kommt Horst vorbei und bringt ihm seinen restlichen Lohn und die fristlose Kündigung. Die Chefin hat noch nicht mal das Gespräch mit ihm gesucht, also glaubt sie den anderen. Das schmerzt ihn sehr, niemand steht ihm bei, und schon baut sich die Wut in Robert auf. Eine Woche später kommt der Bewährungshelfer vorbei, er wurde natürlich von der Chefin informiert. Er teilt die Meinung von Robert, dass eine Fortsetzung des Arbeitsverhältnisses unter diesen Umständen keinen Sinn macht. Gleichwohl spürt Robert, dass er ihm auch nicht glaubt. "Einmal Dieb, immer Dieb", denkt er verbittert.

Sie vereinbaren, dass Robert sich beim Arbeitsamt meldet und um Arbeit bemüht. Und solange er keine neue Tätigkeit ausübt, soll er alle 14 Tage bei dem Bewährungshelfer in Mainz vorstellig werden.

Der Sachbearbeiter beim Arbeitsamt ist nicht gerade erfreut, als Robert wieder vor ihm steht.

Es ist immer noch der gleiche, wohlgenährte, übelgelaunte Mann, der ihn schon vor seiner Haftzeit betreut hatte. Auch die Sprüche sind ähnlich wie damals. "Ich bin erstaunt, dass Sie es überhaupt solange in der Schlosserei ausgehalten haben", sagte er, nachdem er sich die Papiere angeschaut hatte, "und so wie Sie rumlaufen, stellt Sie auch niemand ein". Er spielte damit auf Roberts lange Haare und seine Jeans-Bekleidung an. Der ist innerlich schon wieder am Kochen vor Wut und denkt, "Warum hat dir noch niemand die Schnauze poliert, du widerlicher Fettsack?"

Dann wird der Beamte wieder sachlich, notiert sich die Daten und meint zu Robert, "wir haben jetzt Anfang Februar, da ist es z.Zt. schlecht mit Arbeit, kommen Sie in etwa 3-4 Wochen wieder vorbei". Dann darf er gehen, und irgendwie erleichtert verlässt er das Arbeitsamt.

Er will nur mal kurz in die Stammkneipe "Zum Pfauen" einkehren, bleibt aber doch wieder bis abends da hängen. Es sind einige nette Mädchen und Jungen da, sie bewundern ihn, weil er so ein verrückter Typ ist. Sie lungern auch nur so rum, die meisten ohne Arbeit, und als Robert erzählte, warum er seinen Job geschmissen hat, da waren sie ganz auf seiner Seite.

Später ging er mit seinem "Anhang" in die Disco, wo er auf Corina wartete. Die war natürlich nicht glücklich darüber, dass Robert wieder ohne Arbeit war. Und seine Kumpels mochte sie auch nicht, vor allem hatte sie die Befürchtung, dass er sich wieder auf krumme Sachen einlassen würde.

An diesem Abend war sie in Begleitung eines jungen Mannes, großgewachsen, mit blonden, lockigen Haaren. Sie stellte ihn als einen ehemaligen Schulfreund vor. Benny lebte mit seinem Bruder Christian bei der Oma in West-Berlin. Ihre Mutter war Inhaberin einer Kneipe in der Stadt. Robert war einmal dort gewesen, aber das war mehr ein Lokal für Spießer, für ältere Leute. Der Benny kam öfter aus Berlin zu Besuch, und dann schwärmte er den jungen Leuten vor, wie toll diese Stadt wäre. Er war ein lustiger Typ, nahm nichts ernst, vor allem die Arbeit nicht, und nach einigen Begegnungen freute sich Robert schon, wenn er ihn sah. Auch Corina hatte einen Bezug zu West-Berlin, eine Oma wohnte ebenfalls dort, deshalb tauschte sie sich so gerne mit Benny aus. Als Robert noch im Knast war, hatte sie diese Oma in Berlin besucht und war von der eingemauerten Stadt und den kulturellen Angeboten für junge Menschen fasziniert. Sie hatte ihm auch Fotos gezeigt, auf denen sie zu sehen war, am Europa-Center, an der Gedächtniskirche, auf dem Kurfürstendamm, usw. usw. Es wurde ein schöner Abend, Corina fuhr ihn sogar nach Hause und als er sie kurz vor dem Dorf sanft drängte, in einen Feldweg einzubiegen, weil er Lust verspürte *(wie immer),* da meinte sie nur, „du nun wieder, mit deinem komischen Trieb!?" Aber gefallen hat es ihr doch.

An einem Wochenende hatte er richtig Ärger mit seiner Freundin. Sie war immer öfter mit einer, ebenfalls blonden, jungen Frau zusammen. Robert mochte diese Ulla nicht, was aber auf Gegenseitigkeit beruhte. Vor allem störte es ihn, dass sie sich mit amerikanischen Soldaten herumtrieb und mit einem Schwarzen liiert war. *(O-Ton: der ist gut bestückt!)* Sie mochte große, schwarze Schwänze, wie sie unverblümt zugab, und da sie arbeitslos war, ließ sich auch von ihm aushalten. *(Ein anständiges Mädchen vom Lande tut so was nicht.)* Und es war auch oft Rauschgift im Spiel, darüber wurde ganz offen gesprochen. Jedenfalls hatte Robert sie bei einem Streit als Ami-Nutte" beschimpft worauf sie ihn als "Scheißtyp und Kleinstadt-Ganoven bezeichnete". Nun saßen sie in der Disco, und da kam diese Blonde mit ihrem Schwarzen herein, winkte Corina zu und bedeutete mit einer Handbewegung, sie möge zu ihr kommen. Corina ging vor die Tür und wollte nur ganz kurz mit ihr reden. Nach einer halben Stunde wurde es Robert zu viel des Wartens und er ging los, um nach ihr zu sehen. Ein Mädchen vor der Disco hatte gesehen, dass sie mit anderen Personen in ein Auto eingestiegen und weggefahren ist. Da machte er sich schon Sorgen um sie, und als sie dann nach einer Ewigkeit wieder auftauchte, die Ulla untergehakt, und mit leuchtenden Augen ihn anschaute, wollte sein Zorn schon verrauchen.

Aber dann sagte Corina, "wir waren doch nur im Wald, ein "Pfeifchen" rauchen" *(einen Joint)*. Da gab ihr Robert eine schallende Ohrfeige, so erschrocken war er über dieses Eingeständnis. Davor hatte er immer Angst gehabt, dass sie auch Rauschgift nehmen könnte. Er hatte schon von Kumpels gehört, dass Mädchen sich nach dem Genuss von Haschisch und Alkohol ziemlich hemmungslos zu sexuellen Spielchen hingaben, die Amis nutzten das aus. Ihre Freundinnen wurden immer jünger und waren dann nach einigen Monaten total versaut.

Corina reagierte nach der Ohrfeige überhaupt nicht, sie war weiterhin lustig. Aber ihre Freundin fing an zu keifen und drohte Robert Prügel an, sie würde es beim nächsten Treff den US-Soldaten erzählen und dafür sorgen, dass die ihm die Fresse polierten. Er brachte Corina nach Hause und übernachtete in dieser Nacht in dem Auto. Er war so aufgewühlt von dem Vorfall, dass er kaum schlief. Er hatte seine Freundin noch nie geschlagen, und die Angst war groß, dass sie ihm die Ohrfeige übelnehmen würde. Aber die Aussprache verlief ganz anders als erwartet. Er erzählte von seinen Ängsten, von den Sorgen, die er sich um sie machte, wenn sie Drogen nahm, und bat sie den Kontakt mit der Freundin und den Amis zu beenden. Corina war nicht böse, im Gegenteil, sie hatte Verständnis für Roberts Reaktion und schämte sich auch für ihr Verhalten am Abend. *(Sehr viel später, als sie schon in Berlin lebten, vertraute sie ihm an, dass diese Ohrfeige sie vielleicht vor Schlimmeren bewahrt habe.)*

Die Amis kamen immer an bestimmten Tagen in die Disco, der nächste Treff wäre also der Dienstag. Robert war an diesem Tag bei den Wirtsleuten und überlegte, was zu tun wäre. Auf keinen Fall wollte er kneifen, dann würde ihn keiner mehr ernst nehmen. Der Mann von Edith gab ihm eine lange, dünne Eisenkette, an dem Ende war eine kleine Stahlkugel angeschweißt, die sollte er sich einstecken, zur Selbstverteidigung. Als es Abend wurde ging er los, ein paar Kumpels hatten ihm versprochen, ihm beizustehen. Aber als er zur Disco kam, war von ihnen niemand zu sehen. "Diese verdammten Feiglinge", dachte Robert und verfluchte für einen Moment seinen Mut und Stolz, "was mache ich bloß?" Es war ihm klar, dass er gegen mehrere Männer keine Chance hatte, und ihm wurde ganz schön mulmig in der Magengegend. Er hatte Angst, sich in die Hosen zu machen und wäre am liebsten weggelaufen. Aber trotzig ging er die Treppen zur Disco hoch und öffnete die Tür. Es waren auch einige Soldaten anwesend mit ihren Mädchen, auch die blonde Ulla, sie schauten zwar zu ihm hin, aber niemand belästigte ihn. Robert atmete tief durch, bestellte einen Cola-Schoppen, und nach einer Weile verließ er die Disco wieder und ging zurück zum "Pfauen". Er freute sich, er hatte wieder mal allen gezeigt, dass er einen "Arsch in der Hose" hatte.

In der Kneipe war auch Jürgen anwesend, dem tat es leid, dass Robert für den Schaden am PKW des Vaters aufkommen musste, und später fuhr er ihn in sein Dorf zurück.

Der Alte meckerte auch schon wieder mit ihm, weil er arbeiten musste, während Robert sich in der Stadt schöne Tage machte. "Und du fauler Hund lungerst nur herum und versäufst dein Geld, eine Schande ist das, hier ist Post für dich", sagte er. Das Arbeitsamt hat ihm geschrieben. Sie haben ihm 3 Stellen angeboten und am nächsten Tag wird er sich vorstellen.

Bei einem Möbelhersteller hätte er Chancen als Polsterer, müsste sich aber die Haare abschneiden lassen. Die beiden anderen Angebote sind von Baufirmen, deren Personalleiter rümpfen auch die Nasen, als er vor ihnen steht, aber sie fragen ihn trotzdem, ob er verwandt wäre mit diesem und jenem *(sie meinen Onkel Hans und seinen Vater)*, und als er bejaht, ist die Stelle ganz plötzlich, leider schon vergeben. "Ihr könnt mich alle am Arsch lecken", denkt Robert verbittert, "vielleicht sollte ich mir eine Knarre besorgen und mal eine Bank überfallen?" Corina versuchte nun des Öfteren, das Gespräch auf Berlin zu lenken. Sie merkte, dass Robert Gefahr lief, wieder kriminell zu werden. Und in der Heimat hatte er keine Chance, eine vernünftige Arbeit zu finden, während es auf dem Arbeitsmarkt in Berlin jede Menge freie Stellen gab. Sie lockten junge Arbeitskräfte mit durchaus attraktiven Angeboten an, z.B. alle drei Monate einen Freiflug in die Heimat, für 2 Jahr lang, sowie ein "Einrichtungsdarlehen" in Höhe von 5000 DM zu sehr günstigen Konditionen.

„Und wenn Du in Berlin Fuß gefasst hast und eine kleine Wohnung findest, komme ich nach, und wir werden zusammen leben", sagte Corina .Das hatte Robert nicht gedacht, dass sie seinetwegen die Heimat, ihre Familie und die Freunde aufgeben würde.

Aber das musste alles gut überlegt sein, er würde mit seiner Mutter darüber reden und mit seinem Bewährungshelfer.

Am nächsten Tag war er wieder in seiner Kneipe und plauderte mit Jürgen über Berlin, der war sofort Feuer und Flamme,. er wollte ebenfalls mitkommen. Irgendwann trat ein Gast zu ihnen und fragte, ob er sich zu ihnen setzen dürfte, sie hatten nichts dagegen. Er war schon etwas älter, von gepflegtem Äußerem und kam Robert bekannt vor. Es dauerte nicht lange und sie erinnerten sich an gemeinsame Hofgänge in der U-Haft in Mainz. Das war ja ein Ding, sein Name war Gisbert, und er wohnte seit kurzem in der Stadt, hatte ein möbliertes Zimmer bei einer älteren Dame und einen Job als Dachdecker. Sie waren sich damals schon sympathisch, und Gisbert bot ihm eine Schlafgelegenheit an, wenn er spät abends Probleme mit der Heimfahrt hätte oder wenn er mal ein Bett zum "Ficken" brauchte. Robert nahm dankend an, und sie tranken und redeten über Gott und die Welt, bis sie besoffen waren und Jürgen ihn wieder nach Hause fuhr.

Für Robert war Berlin die Hauptstadt Deutschlands, und wenn erstmal die Wiedervereinigung käme, dann bliebe sie das auch. Er hatte auch zu keiner Zeit Zweifel daran, denn die Menschen würden sich mit der Teilung nicht abfinden, selbst wenn die Schergen der Russen noch mehr Flüchtlinge abschießen. Seit dem Tod von Peter Fechter an der Mauer interessierte ihn alles, was mit der Ostzone zu tun hatte. Schon immer war die deutsche Geschichte für ihn wichtig, nicht zuletzt auch, weil die Familie seines Vaters aus dem ehemaligen Ostdeutschland stammte. Wenn sein Vater mal im Suff von früher sprach, dann erzählte er von einer schönen Landschaft, mit Wäldern und Seen, von Pommern nahe Masuren, das war seine Heimat. Hinzu kam, dass der Onkel Hans auch aus der Ostzone flüchtete, vor dem Bau der Mauer. Und die Oma lebte immer noch da und zwei ihrer Kinder, *(die Schwestern seines Vaters)* mit Familien ebenfalls. Und ausgerechnet bei Oranienburg, in der Nähe zu Ostberlin!

Als er mit dem Bewährungshelfer darüber sprach, konnte Robert spüren, wie froh dieser war, ihn endlich loszuwerden. Er gab ihm die Adresse einer Anlaufstelle in Berlin, wo er sich melden sollte. Seine Mutter war nicht so begeistert, es ging ihr und den Geschwistern besser, seit Robert daheim lebte. Aber er war alt genug, und sie wusste auch, dass er seinen eigenen Kopf hatte. Vielleicht war die Fremde auch ein Weg für ihn, um einmal ein normales Leben führen zu können, mit Corinas Hilfe könnte er es schaffen.

Der Benny war Ende Februar noch mal kurz zu Besuch, und er bestärkte Robert in dem Entschluss, nach Berlin zu gehen. Er gab ihm auch die Adresse seiner Großmutter bzw. seines Bruders und bot ihm Hilfe an, falls er in Berlin nicht zurechtkäme. Und so entschloss sich Robert, am nächsten Tag zum Arbeitsamt zu gehen, zusammen mit Jürgen, der wollte ihn nach Berlin begleiten. Sie feierten mit Corina in der Disco noch ein wenig, dann brachte er sie nach Hause und machte sich zu Gisbert auf den Weg. Heute wollte er dessen Angebot auf ein Nachtlager in Anspruch nehmen.

Am Morgen musste er schon früh das Zimmer von Gisbert verlassen, die Vermieterin sollte nicht sehen, dass er da übernachtet hatte, das würde nur Ärger geben. Er trottete zum Bahnhof und kaufte sich belegte Brötchen und Kaffee. Danach wusch er sich in der Toilette das Gesicht, und dann machte er sich auf den Weg zum Arbeitsamt. Dort würde er auf Jürgen warten. Als er so durch das Städtchen schlenderte und über seinen Entschluss nachdachte, die Heimat zu verlassen, kamen Wehmut und Trauer in ihm hoch. Wieder musste er etwas aufgeben das er liebte und in der Fremde neu beginnen. Und auch wenn er sich dagegen wehrte, die Tränen liefen einfach so, er konnte nichts dagegen tun.

Auf dem Arbeitsamt geriet der Beamte geradezu in Hochstimmung, als Robert und Jürgen sich um einen Job in Berlin bewarben. Sehr freundlich informierte er sie über alle wichtigen Dinge, und dann gingen sie gemeinsam die angebotenen Stellenanzeigen durch. Jürgen hatte eine abgebrochene Mechaniker-Lehre hinter sich, und Robert wollte auf keinen Fall wieder als Schuhmacher arbeiten. So einigte man sich auf ein Stellenangebot im Kabelwerk bei Siemens, da wurden Hilfskräfte im Lagerbereich gesucht. Für die Abklärungen mit Berlin, die Übernachtungen, das Überbrückungsgeld usw. waren noch ein paar Tage eingeplant, und sie sollten sich am Anfang der zweiten März-Woche wieder im Arbeitsamt einfinden.

Und nun vergingen die Tage wie im Flug. Verwandte, Bekannte, alle waren neugierig, manche wünschten Robert Glück, andere waren skeptisch und manche wussten gar nicht, in welches Berlin er denn fliegen würde und waren da nicht noch die Russen?! Als wenn ein richtiger Westdeutscher freiwillig nach Ostberlin umziehen würde?!

Und Robert hing fast nur noch mit Corina zusammen, sie machte ihm Mut und Hoffnung, wenn er wankelmütig wurde, und beteuerte immer wieder, wie sehr sie ihn liebe und an ihn glaube. Es war so schön für ihn, dass es Corina gab. Ohne sie hätte er es niemals geschafft, mit der Vergangenheit zu brechen. Und so versprach ihr Robert in Gedanken, als sie mal wieder in einem richtigen Bett lagen und Zärtlichkeiten austauschten: "Es wird sehr schwer werden, aber wenn es mit uns in Berlin klappt, werde ich mich bemühen, aus Saulus einen Paulus zu machen". Und laut sagte er, "du bist für mich das Wichtigste auf der Welt, ohne dich möchte ich gar nicht mehr leben". Sie schaute ihn mit ihren großen Augen an und schwieg.

In dem ganzen Trubel um die Vorbereitungen zur Reise hatte er Gisbert nicht vergessen, er mochte den jungen Mann. Einige Male hatte er abends am Fenster geklopft, aber es blieb dunkel. Klingeln wollte er nicht bei der Vermieterin, und Corina meinte, er wäre vielleicht für einige Tage zu seiner Verwandtschaft ins Ruhrgebiet gefahren. Sie sollte ihm bei Gelegenheit Grüße bestellen und Roberts Anschrift hinterlassen. *(Aber Gisbert war zu diesem Zeitpunkt schon einige Tage tot! Er war an dem Tag, als Robert bei ihm übernachtet hatte, bei Arbeiten auf einem Hausdach abgestürzt. Er hatte ja außer ihm noch keinen Freund oder Bekannten und war auch erst eine kurze Zeit im Städtchen, so wusste halt niemand davon. Robert kannte nicht mal seinen Nachnamen).*

In der zweiten Märzwoche trafen sich Robert und Jürgen auf dem Arbeitsamt. Sie hörten sich die Belehrungen des Beamten an, dass sie bloß keine Schande über das Städtchen bringen sollten, immer schön anständig und fleißig sein sollten usw. usw. Dann händigte er ihnen die Unterlagen für Berlin aus, Gutscheine für eine Hotel-Übernachtung und die Flugtickets. Sie sollten schon am nächsten Tag *(einem Donnerstag)* von Frankfurt a/M nach Berlin fliegen.

Als sich dann der Herr vom Arbeitsamt von ihnen verabschiedete, konnte er es sich doch nicht verkneifen zu lästern und ließ einen kleinen Seitenhieb los. "Es ist ja schade um das viele Geld, das ihr den Staat kostet, aber ich hoffe doch sehr, dass ihr in Berlin hängen bleibt und ich euch nie wieder sehen muss!"

Nun wurde auf einmal die Zeit knapp. Noch schnell einen Sprung in die Kneipe "Zum Pfauen". Mit Corina verbringt Robert noch ein Stündchen im kleinen Zimmer unter dem Dach. Sie verspricht ihm, schon zu Ostern für einige Tage nach Berlin zu kommen. Dann der Abschied von Edith und ihrem Mann, Umarmungen, Küsschen, Tränen. Anschließend geht es in die Disco, sie feiern ein wenig und der DJ *(der Robert nicht ausstehen konnte)* verabschiedet sich übers Mikrophon "von unserem lieben Robert, der uns heute leider verlassen wird und nach Berlin fliegt", mit diesen Worten lässt er zum letzten Mal Roberts Lieblingslied spielen: "Hey Tonight" von CCR.

Eine Freundin von Corina fährt Robert nach Hause, sie wird ihn am nächsten Tag zum Flughafen nach Frankfurt bringen.

Am Morgen dann der Abschied von der Familie, natürlich auch hier Trauer und Tränen. Robert verspricht der Mutter, dass er anständig bleiben wird. Auch vom Vater verabschiedet er sich. Der meint nur, "schade um das Geld, dass du ausgibst, in spätestens 4 Wochen wirst du wieder hier sein". "Ja", denkt Robert, "da kannst du Recht haben, aber wenn ich komme, dann nur zu Besuch".

Draußen wartet schon Corina mit ihrer Freundin, und so nimmt er seine alte Aktentasche, -in dieser befinden sich sein Kaffee-Becher, eine Garnitur Unterwäsche und die Papiere - steigt in das Auto und los geht es nach Frankfurt, zum Flughafen.

Dort wartet schon Jürgen auf ihn, seine Eltern hatten ihn dahin gefahren. Robert ist sehr nervös, es saß noch nie in einem Flugzeug, und wenn er ehrlich sein soll, so hat er schon ein wenig Angst. Dann ist es soweit, sie müssen zur Abfertigung. Und wieder Umarmungen, Küsschen und Tränen. Als Robert dann im Flugzeug sitzt, kommen so die Gedanken an das bisherige Leben, wieder geht er von zuhause weg. Diesmal allerdings aus freien Stücken, er hatte doch so viele Pläne, was ist nur daraus geworden? Ob es diesmal besser klappt, endlich mal eine Sache beginnen, die er auch beendet, das wär`s doch!

Natürlich war es nicht leicht Fuß zu fassen, in dieser spießigen Gesellschaft, mit ihren Vorurteilen gegen Gestrauchelte. Die sich auch gegen Erneuerungen wehrt, die der Jugend nichts zubilligt, die nicht akzeptieren will, dass lange Haare, verrückte Kleidung und zeitgemäße Musik ein Ausdruck von Freiheit sind. Diese Erwachsenenwelt in den Dörfern, in denen noch beinahe täglich von "Adolf" gesprochen wird *(wie gut damals alles war, es gab keine Kriminalität, keine Faulenzer, es herrschte Zucht und Ordnung, usw. usw.)*.

Und doch kommt ihm manchmal der Gedanke, dass er selbst auch ein wenig an sich arbeiten müsse. Die Gesellschaft braucht ihn nicht, aber er braucht die Gesellschaft, das hat er wohl erkannt. Aber es fehlt ihm ein Vorbild, jemand, zu dem er aufschauen kann, der ihn ein wenig an die Hand nimmt und begleitet. Denn oftmals steht er sich selbst im Weg. Und es fällt ihm sehr schwer sich unterzuordnen, sich anzupassen. Vor allem muss er lernen, auch mal zu verlieren ohne gleich auszurasten. Wird er es nun in Berlin schaffen und sich ein wenig zum Positiven verändern, vielleicht mit Corina?

Eine Stunde später landen die beiden in Berlin-Tempelhof. Wahnsinn, sie sind wirklich in der eingemauerten Stadt. Robert fällt sofort die Berlin-Blockade 1948 ein, als die Russen die Stadt aushungern wollten und West-Berlin aus der Luft versorgt wurde. Die Bilder und Berichte von damals schwirren ihm durch den Kopf, er hat viel darüber gehört und gelesen, über diesen Flugplatz, auf dem sie nun standen.

Sie haben nur Handgepäck, und schnell sind sie durch die Kontrolle. Draußen finden sie auch gleich den Bus, der sie Richtung Kurfürstendamm bringt. An der Urania müssen sie aussteigen, und nach einigen Metern sind sie vor dem Hotel, in dem sie übernachten werden.

Am nächsten Morgen fahren sie zum Arbeitsamt, zur Sonnenallee.

Natürlich haben sie in der großen Stadt schnell den Überblick verloren. Alles ist so riesig und so laut, sie verfahren sich einige Male und sind auch ziemlich gereizt und mutlos, als sie dann endlich beim Arbeitsamt ankommen. Die Mitarbeiter dort sind aber sehr freundlich, kein Vergleich mit dem Muffel in der Heimat. Wieder Papierkram, wieder viel bla, bla, und dann verlassen sie das Amt mit einer Mappe unter dem Arm, in der sich die Unterlagen befinden. Draußen werden sie von Männern bedrängt, die ihnen bei der Wohnungssuche behilflich sein wollen. Sie drängeln und schubsen und reden durcheinander, und Robert wundert sich schon, woher die denn wissen, dass sie aus Westdeutschland kommen und auch eine Wohnung brauchen? Sie nehmen einige Visitenkarten und machen sich auf den Weg zu Benny und Christian, die sollen ihnen ein bisschen helfen, bis sie in Berlin besser klar kommen.

Nach einer weiteren "Irrfahrt" finden sie die Wohnung, in der die Brüder bei der Großmutter leben. Den Christian kannte Robert noch nicht, aber er war freundlich, wenn auch etwas ruhiger, verschlossener als sein Bruder Benny, ein angenehmer Junge. Beide mussten lachen, als die Rede auf die Wohnungsvermittler vor dem Arbeitsamt kam. "Das sind richtige Geier, die arbeiten für Möbelgeschäfte", erklärte Benny, "nur Westdeutsche Arbeitnehmer bekommen so eine Mappe vom Amt und daran erkennen sie Euch. Da Ihr auch ein Zinsloses Einrichtungs-Darlehen bekommt, versuchen sie Euch zu ködern, indem sie Wohnungen vermitteln, und dafür müsst Ihr überteuerte Möbel kaufen. Sie nutzen Eure Hilfs- bzw. Ahnungslosigkeit aus. Und ohne Wohnung keine Arbeit, ohne Arbeit keine Wohnung, ein Teufelskreis. Oder aber Ihr müsst ewig lange in dem Wohnheim bleiben, wo sie Euch ja nun auch unterbringen. In welchem Heim sollt Ihr denn wohnen? "Mit dieser Frage schaute er sich die Unterlagen vom Arbeitsamt an.

Robert und Jürgen schauten ziemlich dumm aus der Wäsche, während sie Benny zuhörten. Dann bot er ihnen an, sie gemeinsam mit Christian in dieses Heim zu begleiten und ihnen auch den Weg zum Kabelwerk von Siemens zu zeigen.

Meine Güte, was ist dieses West-Berlin groß. Sie fahren erst mit dem Bus und dann mit der U-Bahn von Steglitz bis nach Spandau, wo das Kabelwerk steht. Der Stadtteil heißt aber hier Siemensstadt, nach dem Firmengründer benannt. Das Wohnheim befindet sich in der Nähe zum Arbeitsplatz. Auf einer Etage befinden sich mehrere Zimmer mit einer Gemeinschafts-Küche. Nachdem sie sich angemeldet haben und die Belehrungen des Heimleiters zur Kenntnis genommen haben *(Hausordnung)*, kaufen sie erstmal einige Lebensmittel für das Wochenende, und dann fahren sie zum Ku´damm. Hier kommen die "Landeier" überhaupt nicht mehr aus dem Staunen heraus. Ein Geschäft reiht sich an das nächste, und dann die vornehmen Restaurants und die Gedächtniskirche und das Europacenter. Dazu der Autoverkehr und die vielen Menschen auf den breiten Bürgersteigen. Die beiden "Neu-Berliner" wissen gar nicht, wo sie zuerst hinschauen sollen, und Robert gesteht sich insgeheim ein, dass er ohne Begleitung doch recht verloren wäre, in dem Trubel der Großstadt. Inzwischen macht sich auch der Hunger bemerkbar, und dann essen die beiden an einer der zahlreichen Imbiss-Buden zum ersten Mal in ihrem Leben eine "Currywurst". Das ist eine Berliner Spezialität. Es schmeckt wirklich toll, vor allem der Ketchup, so was kannte Robert noch nicht.

Inzwischen ist es Abend, und nun erstrahlt alles in einem Lichtermeer, wunderschön sieht der Ku`damm aus. Benny und Christian führen sie nun in die seinerzeit wohl bekannteste und schönste Disco Berlins, das "Big Eden", und die ist wirklich ein Hammer. Alles groß und sauber, eine moderne, tolle Einrichtung, irre Beleuchtung, ganz anders als der "Schuppen" in der Heimat. Und die Musik vom Feinsten, dazu die vielen hübschen Mädchen, das gefiel Robert und Jürgen sehr, hier würden sie sich wohlfühlen. Benny und Christian waren bekannt in der Disco, und oftmals wurden sie von jungen Leuten begrüßt, diese hießen die beiden "Neuen aus Westdeutschland" herzlich willkommen, und so gestaltete sich der Abend zur vollsten Zufriedenheit. Als Robert um Mitternacht zum Aufbruch drängte, erntete er nur verständnisloses Kopfschütteln. Er wusste damals ja nicht, dass es in Berlin keine Sperrstunde gab. Hier konnte man sich eigentlich rund um die Uhr in Discos und Kneipen rumtreiben, eine tolle Sache.

In der Frühe machten sie sich dann auf den Weg zu ihrer Unterkunft. Robert hatte sich Notizen über den Fahrweg gemacht, und so kamen sie auch gut dort an. Überhaupt waren sie verwundert, dass es hier Nachtbusse gab, die in relativ kurzen Abständen fuhren, dass man in alle Richtungen fahren konnte, mit einem Fahrschein, der auch noch so billig war. Das fanden sie schon toll, im Gegensatz zu den Dörfern, wo ein Bus oder Zug morgens zur Stadt fuhr und abends wieder zurück.

Als sie dann in ihren Betten lagen und noch etwas plauderten, waren sie sich einig, dass es sich lohnen könnte, in dieser Stadt zu leben.

Am Montag stellten sie sich bei Siemens vor. Einen kurzen Lebenslauf mussten sie schreiben und ihre Papiere vorlegen, damit hatte Robert ein Problem, er ließ die Haftzeit erstmal weg. Dann eine Begutachtung durch einen geschniegelten Bürokraten, der ihnen kurz und knapp erklärte, was ihre Aufgabe sei. Sie sollten im Wareneingangsbereich tätig sein und angelieferte Waren auf Paletten umstapeln. "Fast hätte ich es ja vergessen," meinte der Herr vom Personalwesen, "wir sind natürlich von Ihrem Arbeitsamt bestens über Sie informiert worden, auch bei dem geringsten Diebstahl werden Sie sofort entlassen". Toll, da war es wieder: einmal Dieb, immer Dieb. Robert spürte, wie er rot anlief und die Wut hochkam, aber er sagte nur, "danke für die Einstellung, also dann bis morgen".

Die Arbeit bei Siemens war ziemlich blöde und stumpfsinnig. Wenn Ware ankam, hatten sie ca. eine Stunde zu tun, und eine Stunde lungerten sie wieder nur so herum und schauten sich die jungen Frauen und Mädchen an, die an den Fließbändern arbeiteten. Es gab da einige Automaten, da konnte man Getränke und Essen kaufen, was sie auch reichlich taten, und so hatten sie oftmals bis zum Feierabend die Hälfte vom Tageslohn schon im Voraus "verfressen".

Im Heim fühlten sie sich auch nicht wohl, zu viel Gängelei und Bevormundung durch den Leiter. Zudem wurde sehr viel gestohlen, die Lebensmittel in der gemeinsamen Küche verschwanden regelmäßig. Kurz und gut, es gefiel ihnen überhaupt nicht, und nach einer Woche hatten sie die "Schnauze" voll von Siemens und vom Wohnheim. Wäre da nicht die "Voraussage" von Roberts Vater gewesen *(in spätestens vier Wochen bist du wieder hier)*, so hätten sie schon längst die Flucht nach Hause angetreten. Aber zum Glück gab es den Benny, der Robert immer piekte und an dessen Stolz appellierte.

Am Wochenende besuchten sie wieder die Brüder *(Benny wollte ihnen die Mauer zeigen)* und lernten nun auch deren Großmutter kennen. Oma Grützmacher war ein liebes Frauchen, sie kümmerte sich sehr um ihre Enkel, auch wenn sie mit den Ansichten und der Lebensart der jungen Leute nicht mehr so klar kam. Ihre schöne, heile Welt war halt nur die Erinnerung an das Leben damals, im alten Berlin.

Als Robert auf dem hölzernen Aussichtsturm an der Mauer stand und zum Brandenburger Tor herüber blickte, beobachtet von den DDR-Grenzern mit ihren Ferngläsern, da kam die Wut in ihm hoch. Er hatte ja schon Bilder von der Mauer im Fernsehen und in der Zeitung gesehen, aber nun stand er direkt davor, konnte sie berühren, das war schon ein schlimmes Gefühl für ihn. Er dachte an die vielen Menschen, die hier erschossen worden waren, dachte an die Großmutter, an seine beiden Tanten *(die ältere der Schwestern und die Oma hatten sie mal besucht, als Robert noch klein war, vor dem Bau der Mauer)*, die mit ihren Familien in diesem eingemauerten Land, besetzt von den Russen, leben mussten. Er wurde sehr traurig, und er nahm sich fest vor, sie sobald als möglich dort drüben zu besuchen

Nach Roberts Verständnis lebten die Menschen in der DDR unfrei, bewacht und unterdrückt von den Russen. Deshalb kamen auch sehr viele Menschen als Flüchtlinge in den Westen rüber. So hatte er es in der Schule gelernt und immer gehört von den Leuten im Dorf, in der Familie sowieso. Da war Hitler immer noch ein großer Held, der nur etwas Pech hatte, weil der Winter zu früh kam, als die Deutschen Soldaten 1941 kurz vor Moskau standen. Und das mit den Juden war nicht so gut, das hätten sie nicht machen sollen. Aber die hatten auch selbst Schuld, die waren geizig und haben dem armen Bauern die letzte Kuh aus dem Stall geholt, wenn der seine Schulden nicht bezahlen konnte. Früher, wenn der Alte betrunken war, hatte er manchmal zu Robert gesagt, "schade, dass wir den Krieg verloren haben, sonst würdest du jetzt vielleicht am Ural stehen, als Soldat und ich könnte wenigstens stolz auf dich sein. Aber vielleicht hätten sie dich auch schon erschossen, damals gab es keine Spitzbuben und wenn doch, dann wurde kurzer Prozess gemacht!"

Überhaupt hatte der Vater großen Hass auf die Russen. Er wurde als junger Bursche von russischen Soldaten gefangen genommen, als diese in Deutschland einmarschierten.

Er konnte allerdings nach einigen Monaten fliehen und schlug sich nach Westen durch, so kam er nach Rheinland-Pfalz wo er denn auch sesshaft wurde. Er muss in der Gefangenschaft sehr gelitten haben, aber er hat Robert kaum etwas davon erzählt. Es machte dem Vater auch zu schaffen, dass sein älterer Bruder im Krieg gefallen ist, und der eigene Vater war angeblich verschollen, die Mutter und die anderen Geschwister auch. Das Elternhaus war auch verloren, darin wohnten nun wahrscheinlich die Polen. Also hatte er mit Sicherheit ein schweres Päckchen durch das Leben zu schleppen. *(Aber das alles rechtfertigt nicht sein brutales Verhalten gegenüber seiner Frau und seinen Kindern!)*

Am Dienstag, nach der Arbeit, machte Robert sich auf den Weg zum Bewährungshelfer, dessen Büro war im Bezirk Schöneberg, im Süden Berlins. Er war in Begleitung von Benny, der mal wieder keine Lust auf Arbeit hatte *(sehr zum Leidwesen der Oma)*, der aber auch inzwischen genervt war, für Robert das "Kindermädchen" zu spielen. "Hör mal zu, Robert", sagte Benny, "du musst so langsam mal lernen, deinen Verstand zu gebrauchen. Es kann nicht sein, dass ich immer mitfahren muss, wenn du in die Stadt willst, du hast doch sonst auch so eine große Klappe, also nutze sie. Wenn du den Weg nicht kennst oder unsicher bist, dann musst du nur die Leute auf der Straße fragen, so kommst du schon weiter".

(Robert hat sich diese Worte zu Herzen genommen, er hat all die Jahre nur selten einen Stadtplan gebraucht, immer waren Bennys Worte in seinem Kopf.)

Auf dem Amt wurde er schon erwartet, und er war angenehm überrascht. Der Bewährungshelfer war eine "Sie" und eine junge, hübsche noch dazu. Er plauderte mit ihr ein wenig über seine Familie, warum er nach Berlin ging usw. usw. Die Frau war sehr freundlich und bot ihm ihre Hilfe an, falls er diese brauche. Er berichtete weiter von seiner Arbeit bei Siemens, dass er dort aber nicht mehr bleiben will, auch vom Wohnheim möchte er weg, und ob es deshalb Probleme mit der Bewährung geben könnte. Sie verneinte seine Frage und riet ihm, auf jeden Fall mit ihr und dem Arbeitsamt in Kontakt zu bleiben. Arbeit gäbe es in Berlin jede Menge, und er würde sicher bald etwas Passendes finden. Zum 31. März haben Robert und Jürgen dann den Job hingeschmissen, auch dem Wohnheim haben sie den Rücken gekehrt.

Sie hatten am Wochenende bei den Brüdern übernachtet, und Robert hatte dabei schon angedeutet, dass er sich eine andere Arbeit suchen würde. Benny hatte ihn aber morgens beiseite genommen und erklärt, dass er jederzeit herzlich willkommen sei, aber er müsse sich von Jürgen trennen, da dieser wohl in der Disco "lange Finger" gemacht hatte. Ihn wollten die Brüder nicht mehr in der Wohnung haben. Robert stellte seinen Kumpel zur Rede und dieser gab zerknirscht seine Verfehlung zu. "Ihr habt ja Recht wenn Ihr sauer auf mich seid, Robert, sei bitte nicht böse, aber ich werde nach Hause zurückkehren. Ich habe keine Lust mehr in Berlin zu bleiben," meinte Jürgen, "der Fehlgriff geschah eigentlich nur aus Frust, ich bin nicht für die Großstadt geschaffen, mir fehlt meine Familie." Robert war es recht so, er hatte sich fest vorgenommen in Berlin anständig und ehrlich seinen Weg zu gehen. Wenn Jürgen seine Finger nicht bei sich halten konnte, dann mussten sie sich halt trennen. Schon am nächsten Tag flog dieser in die Heimat zurück.

Robert aber wurde beim Arbeitsamt vorstellig und kam am Nachmittag mit mehreren Stellenangeboten zu den Brüdern zurück. Noch einmal begleitete ihn Benny am nächsten Tag zu diversen Firmen, wo Robert sich als Arbeit suchend vorstellte. Bei einigen Betrieben wurde er wegen der Fehlzeiten, *(Gefängnisaufenthalt)* oder seiner langen Haare abgelehnt, aber bei der letzten Firma hatte er Glück. Er musste keinen Lebenslauf schreiben und brauchte somit auch nichts zu verheimlichen. Es handelte sich um einen

Lebensmittel-Betrieb, hier wurde Getreide verarbeitet. Der Chef war ein älterer, korpulenter, freundlicher Mann, so ein Kumpel, Papa-Typ. Er war Robert gleich sympathisch. Der Stellvertreter hingegen, jünger, sehr schlank und mit schütterem Haar, schaute ihn verkniffen und abweisend von oben bis unten an. Man konnte förmlich spüren, dass ihn an Robert so ziemlich alles störte.

Der Chef erklärte ihm kurz, um was für eine Tätigkeit es sich handelte. "Sie werden als "Ungelernter" hier eingestellt, die Arbeit ist körperlich schwer, Staub und Hitze, Kälte und Nässe wechseln sich oft ab. Die Probezeit beträgt sechs Monate, danach können Sie einen unbefristeten Arbeitsvertrag bekommen. Wir erwarten absolute Zuverlässigkeit, Arbeitsbeginn für Sie ist der kommende Montagmorgen um sechs Uhr, bitte pünktlich". Dann drückte er Robert die Hand, und er konnte gehen.

Draußen erzählte er Benny, dass er einen neuen Job hat und auch einen guten Lohn bekommen wird. Der freut sich mit ihm, und so fahren sie gut gelaunt zu Oma Grützmacher und Christian. Robert hat ja nun keine Bleibe, und bis er eine Wohnung findet, soll er bei ihnen logieren. Nun wollen sie gemeinsam versuchen die Oma rum zu kriegen, dass sie ihr OK dazu gibt. Aber das ist nicht so einfach. "Herr Robert", sagt sie, "ich bekomme nur eine kleine Rente, und das hier ist eine Sozialwohnung, ich darf niemanden zur Untermiete wohnen lassen, außerdem habe ich schon mit den Brüdern so viel Arbeit, und der Benny liegt mir auf der Tasche". Und sie jammert und klagt, und alle reden auf sie ein, und am Schluss gibt sie doch nach, sie hat halt ein gutes Herz. Robert verspricht ihr hoch und heilig, dass er sich anständig verhalten wird, macht ihr auch finanzielle Zugeständnisse, und so wendet sich alles zum Guten.

Am nächsten Tag, einem Samstag, tut Christian ganz geheimnisvoll. Er möchte mit Robert und Benny zum Flughafen Tempelhof, da gäbe es etwas Besonderes zu sehen. Also fahren sie mit dem Bus dahin, und kaum sind sie in der Wartehalle, sieht Robert auch schon das "Besondere". Da steht plötzlich das schönste Mädchen der Welt vor ihm, und mit dem Lächeln, das er so liebt, sagt sie, "hallo Robert, ich habe es dir ja versprochen, da bin und wenn es dir recht ist, dann bleibe ich auch ein paar Tage". Und schon fallen sie sich in die Arme.

Robert ist gerührt, da haben die Brüder den Osterhasen gespielt, diese Heimlichtuer. Aber das ist wirklich ein schönes Ostergeschenk, er hatte zwar gehofft, dass Corina ihn besuchen würde, daran zu glauben fiel ihm allerdings schwer. Wenn Robert im Bett lag und sich nach ihr sehnte, dachte er oft an die Zeit im Gefängnis zurück, da hatte Corina auch einen anderen Mann, mit dem sie ihn betrog, und dieser Stachel saß tief. Er nahm sich trotzdem ständig vor, ihr zu vertrauen, aber das Misstrauen in ihm wanderte hin und her.

Oma Grützmacher war die pure Verzweiflung anzusehen, als sie mit Corina im Schlepp ankamen. Sie befürchtete schon einen neuen Mitbewohner, aber schnell konnten die Brüder sie beruhigen, und dann war alles wieder gut und sie spendierte Kaffee und selbst gebackenen Kuchen. Anschließend machten sich die jungen Leute auf den Weg, um für Corina eine Pension zu finden, was aber nicht so einfach war, kurz vor Ostern. Und sie wollte ja auch die Tage bis zum Fest bleiben, längeren Aufenthalt in Berlin hatte die Mutter nicht erlaubt.

Schließlich fanden sie eine preiswerte Unterkunft, wo Corina allerdings gleich darauf hingewiesen wurde, dass "Männerbesuch" nach 22 Uhr nicht gestattet sei. (*Damals war man erst mit 21 Jahren volljährig, und die spießige Gesellschaft achtete sehr auf "Anstand und Moral"!*) "OK.", sagte Robert leise zu Corina, und sie mussten beide lachen, "dann vögeln wir eben vorher!"

Wieder zurück bei der Oma, brachten sie sich etwas in Stimmung, Corina hatte eine Flasche Wein aus der Heimat mitgebracht, und so tranken sie ein Gläschen, später wollten sie zur Disco "Big Eden" fahren.

Robert hatte sich immer dagegen gesträubt, Rauschgift zu konsumieren, ihm reichte es schon, wenn er betrunken war und die Beherrschung verlor. Vielleicht hatte er auch nur Angst davor, willen – bzw. hilflos zu sein. Er hatte viel gehört, über Mädchen, die sich hemmungslos hingaben, oder Jungens, die auf Partys (*vornehmlich der Oberschicht*) im Rausch kreuz und quer vögelten und nicht mehr danach fragten, wie alt die Mädchen gerade waren.

Als sie nun auf den Abend warteten, kamen noch zwei Bekannte von Benny, die in der Nachbarschaft wohnten. Einer von ihnen hatte mächtig Respekt vor Robert, ihm imponierte dessen Furchtlosigkeit (*da hatte der Benny wieder maßlos übertrieben, wenn er von den Prügeleien sprach, in die Robert verwickelt war. Robert hatte sehr wohl Angst, wenn ein größerer, stärkerer Junge sich mit ihm schlagen wollte. Er zeigte es nur nicht).*

Sie plauderten auch über Drogen, und der neue Fan von Robert bot ihm eine kleine Pille an, diese sah aus wie ein Feuerstein, den man für ein Benzin- Feuerzeug benötigt. "Das ist LSD", sagte er, das macht einen locker und leicht, und man kann die Musik besser genießen". Robert wollte schon den Kopf schütteln, wollte ablehnen, aber die anderen stichelten, das Wort "feige" fiel, und da griff er zu. Was konnte ihm schon passieren, er war doch willensstark *(wenn es nicht gerade um Alkohol oder Mädchen ging),* hatte sich meistens im Griff. Außerdem waren seine Kumpels dabei.

Die Wirkung der Pille ließ gar nicht so lange auf sich warten. Er musste mal auf die Toilette, und da hing ein Poster von Frank Zappa an der Tür, auf der dieser auch auf einem Klobecken saß. Automatisch fiel Roberts Blick auf dieses Bild. Auf einmal schien ihm, als würde der Zappa im zuzwinkern, mal mit dem linken, dann mit dem rechten Auge. Etwas verwirrt ging er nach draußen, und da lief ihm die Oma Grützmacher über den Weg, mit einem großen Tablett voller belegter Brote. Sie bot ihm etwas zu essen an, aber er fand das nur lustig und lachte sie an oder aus, und sie war schwer beleidigt. Dann machten sie sich auf den Weg zur Disco. Der Bus war ein Doppeldecker, und sie gingen nach oben, weil man da einen besseren Blick auf die Straßen hatte. *(Damals gab es noch im Bus einen Schaffner, der die Fahrgäste kontrollierte bzw. das Fahrgeld kassierte.)* Auch über den Schaffner musste Robert herzlich lachen, er konnte sich kaum einkriegen vor Heiterkeit, und da merkten die anderen, dass die Pille wirkte. Robert selbst bekam wenig von seinem Verhalten mit, er fühlte sich nur zeitweilig sehr leicht, ein wenig wie in Watte gepackt, alles um ihn war weit weg, hatte mit ihm nichts zu tun. Er konnte auch keine Gefahr auf der Straße erkennen, die Lichter der Autos fand er schön, und so lief er spontan quer über den Ku´damm. Er hatte mächtig Glück, dass ihm nichts passierte, Autos mussten bremsen, Fahrer hupten und schimpften, sie glaubten, ein Betrunkener lief auf der Fahrbahn. Als Corina ihn dann wie ein Kind bei der Hand nahm, maulte er herum und drohte, er würde sie in den "Abgrund" stoßen. *(Auf dem Ku`damm wurde damals die Straßendecke erneuert und der alte Belag war ca. einen halben Meter tief ausgehoben, das erschien Robert als "Abgrund".)*

In der Disco saß er dann in einer Ecke, starrte die bunt flackernden Lichter an und lauschte der Musik. Die Wirkung der Droge hielt etliche Stunden an, aber nicht ständig, sondern in Intervallen. Manchmal konnte er sich klar artikulieren, dann wiederum träumte er mit offenen Augen, war nicht ansprechbar.

Als Robert am nächsten Tag zu Corina fuhr, konnte er sich kaum an Details erinnern, und als sie ihm Einzelheiten erzählte, wäre er vor Scham am liebsten im Boden versunken. Auf jeden Fall wollte er von diesem "Teufelszeug" nie wieder etwas schlucken. Er nahm es sich ganz fest vor.

Sie verbrachten die Stunden bis zum Abend im Bett und konnten doch nicht genug voneinander bekommen, zu groß war das sexuelle Verlangen. Störend war aber das oftmalige Knarren des Holzfußbodens, wenn jemand im Flur entlang ging und vor der Türe stehen blieb und lauschte, und sie waren sicher, dass der Verursacher der Betreiber der Pension war. Dieser hatte Corina schon am ersten Tag mit seinen Blicken verschlungen.

Der Hunger war es, der sie schließlich doch aus dem Zimmer und auf die Straße trieb. Corina hatte Appetit auf eine Pizza, und so besuchten sie ein Italienisches Lokal. Auch das war nicht selbstverständlich für Robert. Früher wäre er niemals in solch ein Restaurant gegangen, er war viel zu schüchtern, zu unsicher, schämte sich seiner Herkunft, er dachte, jeder könnte ihm das ansehen. Hinzu kamen seine abgefressenen Fingernägel, die er immer zu verstecken suchte.

Auch so ein Erbe aus der Kindheit.

Wenn er früher "unartig" war, sei es wegen der Schule, oder weil der "Feldschütz" *(meistens Kriegsversehrte, die für ein Zubrot die Felder bewachten, die nahmen sich oftmals wichtiger als die Polizei)* ihn beim Klee Stehlen *(Futter für die Stallhasen)* erwischt hatte, immer saß ihm die Furcht im Nacken, dass er Schläge bekommen wird, sobald der Alte davon erfährt. Und dann saß er in seiner Höhle im Wald und fraß vor Nervosität die Nägel ab, bis das Blut lief. Seine Corina arbeitete aber daran, das zu ändern. Sie hatte trotz ihrer Jugend schon einen wachen Verstand, ein gutes Herz, und sie war sehr klug. Sehr bald hatte sie bemerkt, dass Roberts Verhalten mit seiner Kindheit zusammen hing, und so versuchte sie ihm eine Stütze zu sein, sie half ihm, so gut sie konnte. Und dazu gehörte eben auch das Benehmen in einem Lokal, welches Besteck zu welchem Gericht oder welches Getränk in welches Glas usw. usw. Und Robert war ihr dankbar dafür.

Corina sprach nicht sehr viel über ihre Kindheit. Die Eltern waren geschieden, und die Mutter hatte ihr Glück bei einem anderen Mann gefunden. Der Vater war in der Justiz tätig, aber zu ihm hatte sie wohl keine Verbindung mehr. Es gab da mal etwas in ihrer Kindheit, so erzählte sie Robert, da hatte der Vater sie mit den Augen eines Mannes betrachtet und angefasst, aber mehr sei nicht geschehen. Und nun lebte sie seit vielen Jahren bei ihrer Großmutter, die sie sehr liebte, und mit ihrem eifersüchtigen Dackel.

Robert hatte verpennt, er kam erst spät nachts in seine neue Bleibe zurück und wollte nur noch ein Stündchen ruhen, um dann zu seiner neuen Arbeitsstelle zu fahren, aber er ist doch fest eingeschlafen. "Um Gotteswillen, was soll ich nur machen", sagte er zu Benny, der ihn geweckt hatte. "Mach dir bloß nicht ins Hemd", antwortete Benny, "dann gehst du halt später hin, und wenn die meckern, suchst du dir etwas anderes". Mit diesen Worten drehte er sich herum und schlief weiter. Robert aber plagte das schlechte Gewissen, hatte er doch erst am Vortag Corina hoch und heilig versprochen, den Job unbedingt annehmen zu wollen. Schnell zog er seine Klamotten an und verließ das Zimmer. In der Küche war die Oma schon tätig, schmierte Brote für ihn, und auch der Kaffee stand auf dem Tisch. "Wie meine Mama", dachte Robert gerührt, und schon saß ein dicker Kloß in seinem Hals.

Corina war ganz erschrocken, als sie auf sein Klopfen die Türe öffnete. Sie legte sich wieder ins Bett, und Robert erzählte ihr kurz von seinem Missgeschick, dann schlüpfte er auch schon zu ihr ins warme Bettchen. Wenn er nur bei ihr liegen und sie lieben konnte, da waren alle Sorgen ganz klein. Später machten sie sich auf den Weg zum Europacenter, das war ein riesiges Hochhaus. Dort gab es sehr viele kleine Geschäfte mit allerlei nützlichen, aber auch unnützen Dingen, z.B. Andenken aus Berlin, Corina wollte einige Geschenke für die Freundinnen und die Familie suchen. Solch ein Haus hatte Robert noch nie gesehen, es gab mehrere Lokale und Restaurants, und im Untergeschoß befand sich sogar eine richtige Eisbahn. Gegen Mittag hatte Corina es geschafft und Robert umgestimmt. Er war nun doch bereit, in der Firma anzurufen und sich für sein Fernbleiben zu entschuldigen. Sie gingen zu einem Telefonhäuschen, suchten die Nummer aus dem Buch und Robert rief in der Firma an. Es meldete sich ein Mann, und als Robert sich erklären wollte, meinte der nur, "wer schon am ersten Tag fehlt, der hat doch ganz sicher keine Interesse an einer Arbeit, die Sache hat sich erledigt, Sie brauchen nicht mehr zu kommen". Aber da machte es bei Robert im Kopf "klick", und er begann für seine Sache verbal zu kämpfen, etwas ganz Neues für ihn. *(Im Laufe der Jahre wurde er penetrant hartnäckig, wenn er seine Rechte einforderte, er konnte Menschen überzeugen, und oftmals gewann er auch schon deshalb, weil er sie "Dumm und dämlich" vollquatschen konnte.)* Also sagte er zu dem Mann am Telefon, "ich weiß ja nicht, wer Sie sind, aber mich hat ein dicker Mann eingestellt, und mit dem möchte ich sprechen", für einen Moment war es still in der Leitung und dann sagte der Mann, "OK, ich bin der Stellvertreter vom Chef, dann rufen Sie später noch mal an und fragen nach dem Meister Zorge".

Nach einer Stunde ist alles klar, Robert bekommt eine neue Chance, und die wird er nutzen.

An seinem ersten Arbeitstag stand Robert schon lange vor Arbeitsbeginn beim Pförtner und begehrte Einlass.

(In all den folgenden Jahren kam es äußerst selten vor, dass er sich verspätete. Selbst wenn er die Nacht durchgezecht hatte oder bei einer Frau hängen blieb, Robert war pünktlich. In den ersten Monaten stellte er sich zeitweilig drei Wecker, um bloß nicht zu verschlafen, und wenn es mal ganz schlimm kam, fuhr er mit der Taxe. Absolute Pünktlichkeit entwickelte sich bei ihm schon zur Manie.)

In der Firma gab es mehrere große Umkleideräume. Jeweils einen für die Schichtleiter, einen für die Handwerker, und einen Raum teilten sich die Lehrlinge, die Angelernten sowie die Hilfsarbeiter. In diesen Raum führte ihn der Pförtner und stellte ihn den Anwesenden vor als den "neuen Kollegen aus Westdeutschland". Es war ein wenig wie damals im Heim, alle glotzten ihn an. Er sah halt nicht aus wie einer, der arbeiten will, mit seinen langen Haaren, der Jeanskluft. Damals war die Jugend im Aufbruch, wollte sich nicht gängeln lassen, lehnte sich gegen die Alten auf. Und Robert passte rein äußerlich genau in das Klischee: Ficken, Saufen, Rauchen, Stehlen und Herumlungern!

Er bekam einen Umkleideschrank zugewiesen, und kurz vor sechs Uhr marschierte er mit der ganzen Truppe vor das Büro vom Chef, wo sich die

Vorgesetzten einfanden, und dann wurde man für diverse Tätigkeiten eingeteilt.

Die ersten Tage waren sehr hart für Robert, er war solche Arbeit nicht gewohnt und das frühe Aufstehen gefiel ihm auch nicht. *(Der erste Wecker klingelte schon um vier Uhr!)* Um zur Firma zu gelangen, musste er mehrmals umsteigen und hatte noch einen weiten Fußweg vor sich. Wenn er dann von der Arbeit kam und sich bei Oma Grützmacher auf das Sofa setzte, war es nicht selten, dass er gleich einschlief. Im Betrieb hatte es sich natürlich herumgesprochen, dass er am ersten Tag gefehlt hatte, und man ging davon aus - das schnappte er in der Kantine auf -, "wenn der Langhaarige seinen ersten Hunderter in der Hand hält, wird er nicht mehr kommen". "Ich werde euch etwas husten", dachte Robert, "ich beiße mich durch, ich will leben und nie mehr arm sein, nie wieder hungern."

Corina war inzwischen wieder in der Heimat. Beim Abschied versprach sie Robert, dass sie bald nach Berlin kommen würde, sie möchte mit ihm zusammenleben.

Also begab sich Robert auf Wohnungssuche, und das war nicht so einfach. Preiswerte Wohnungen waren Mangelware, und für Alleinstehende war es fast unmöglich, etwas Passendes zu finden. Hinzu kam, dass er in der Firma noch zur Probe arbeitete, und er wollte nach einigen Wochen schon resignieren, da erinnerte er sich an die aufdringlichen Möbelverkäufer am Arbeitsamt, und er beschloss, mit einem von diesen Leuten Kontakt aufzunehmen. Dies gelang ihm auch, aber es gab Probleme. Zwar bekam er von dem Möbelverkäufer die Adresse einer Hausverwaltung, die Robert – auf dessen Empfehlung hin *(?!)* -eine Wohnung vermieten würde, auch hatte er sich schon die total überteuerten und altmodischen Möbel angeschaut. Aber bei der Beantragung des Einrichtungs-Darlehens verschwieg der Möbelverkäufer, dass Robert noch keinen gültigen Arbeitsvertrag hatte, auch die Vorstrafe bzw. seine Bewährung erwähnte er nicht, und so wurde Robert nach einigen Tagen zu der Bankzentrale geladen, wo man ihm einen Betrugsversuch unterstellte. Er konnte die Herren irgendwie überzeugen, dass er selbst wenig Ahnung von diesen Dingen hatte und der eigentliche Schuldige der Möbelverkäufer war, der ihn abzocken wollte. Das sahen die Herren in der Bank dann genauso und sahen von einer Anzeige gegen ihn ab.

Der Möbelverkäufer ließ dennoch nicht locker, er sah in Robert eine vermeintlich leichte Beute und bedrängte ihn weiterhin. Als er aber eines Tages zum Feierabend vor der Firma wartete und Robert weiterhin zum Kauf der Möbel nötigen wollte, platzte dem der Kragen. Er packte ihn an der Gurgel und zeigte ihm die Faust. *(Von da an hatte er Ruhe, er hat diesen Gauner nie wieder gesehen.)*

Die Hausverwaltung hatte ihr Büro in einem schönen alten Haus, am oberen Ende vom Ku´damm. Im Inneren war alles sehr gediegen, Teppichläufer auf dem Boden, schwere alte Holztüren mit Klinken aus Messing und Stuck an der Decke. Robert fühlte sich hier unsicher, das war nicht seine Welt, aber da musste er durch. Die Sachbearbeiterin war eine freundliche ältere Dame, und er trug ihr seinen Wunsch nach einer Wohnung vor. Als er von seinem Erlebnis mit dem Möbelverkäufer sprach, und dass dieser Mensch Wohnungen besorgen könnte, wenn man im Gegenzug dafür Möbel kaufen würde, runzelte sie die Stirn und murmelte etwas von "Missbrauch und Unsitte". Robert hatte eine Bescheinigung seiner Firma bei sich, wonach vorgesehen war, ihn demnächst in ein festes Arbeitsverhältnis zu übernehmen. Daraufhin versprach die Sachbearbeiterin Robert, ihm eine kleine Wohnung zu vermieten. Diese befand sich in Berlin-Kreuzberg, in der Bergmannstraße. Er solle sie erstmal anschauen, und wenn sie ihm zusagte, könnte man einen Mietvertrag machen.

Wer kann ermessen, wie sehr Robert sich gefreut hat? Endlich, zum ersten Mal in seinem Leben eine eigene Wohnung. Nun kann er leben, wie er es mag, ohne Vorschriften, keine Bevormundung mehr. Mit seinem Mädchen, wie Mann und Frau, und ein Kätzchen würde er sich halten.

Gleich am nächsten Tag fuhr er nach der Arbeit zur Bergmannstraße. Das Vorderhaus an der Straße sah sehr gepflegt aus, dort klingelte er bei der Portiersfrau und stellte sich vor, man hatte ihn schon erwartet. Die Wohnung, für die er sich interessierte, befand sich allerdings im 3. Hinterhof und lag Parterre, einen Balkon gab es nicht. Dort war der Anblick weniger schön, alles grau in grau, und die Sonne verirrte sich bestimmt nur selten in den schmalen, kleinen Hof. Die Wohnung selbst sah aus wie eine Räuberhöhle, verschlissene Tapeten, die Fensterrahmen und Türen vergilbt und verdreckt, Wasch- und Klobecken ebenso. Eine Dusche oder Badewanne gab es nicht, war aber aus Platzmangel auch nicht vorgesehen.

(In diesen Häusern gab es fast nirgends richtige Bäder.) Robert erinnerte sich an alte Filme aus dem Berlin der Gründerzeit, genau so sah es aus, wie in einem Armenhaus.

Im ersten Moment war er geschockt, hätte sich am liebsten umgedreht und wäre gegangen. Aber was würde es bringen? Er hatte keine andere Wahl, er musste diese verkommene Wohnung nehmen. Einige Tage später unterschreibt Robert den Mietvertrag, und als er die Schlüssel in der Hand hält, ist er doch sehr stolz. Er hat Arbeit gefunden und nun die Wohnung, das ist schon viel mehr, als ihm die meisten in der Heimat zugetraut haben. Er wird seinen Weg gehen, er wird es schaffen!

Der Abschied von Oma Grützmacher fällt ihm nicht leicht, er hatte sie in der kurzen Zeit doch sehr ins Herz geschlossen. Auch sie mochte den "Herrn Robert" und wünschte ihm alles Gute im Leben. Benny war schon seit einigen Tagen nicht mehr in Berlin, vermutlich trieb er sich mal wieder in Westdeutschland bei seiner Mutter herum, und mit Christian war er nicht so richtig warm geworden, er konnte sehr mürrisch und zurückhaltend sein. Außerdem machte er neben seiner Arbeit noch ein Fernstudium, und da blieb nichts für Robert übrig. Trotzdem war Robert auch Christian sehr dankbar, der hatte ebenfalls großen Anteil daran, dass Robert in Berlin Fuß gefasst hatte. Sie haben sich aber bald aus den Augen verloren.

(Zu dieser Zeit gab es in Kreuzberg viele Händler, die meist in Kellerräumen ihre Waren anboten, die Trödler. Auch in der Bergmannstraße gab es reichlich von diesen Geschäften. Sie bezogen ihre Ware meist durch Wohnungsauflösungen, also wenn jemand starb oder wegzog oder sich neu einrichtete. Aber oft kamen auch ganz arme Leute, die keine Arbeit fanden und Geld brauchten, um zu überleben, die brachten dann ihren Plunder zum Trödler für einen Spottpreis. Der wiederum machte einen guten Gewinn mit den Sachen.) Zu solch einem Trödler, der genau gegenüber von seinem Hauseingang einen Laden hatte, ging Robert und suchte als erstes nach einem Bett, und er hatte auch Glück. Am gleichen Tag waren Möbel angeliefert worden, darunter zwei neuwertige schmale Liegen, eine mit rotem, die andere mit gelbem, festem Stoff bezogen. Die kaufte er sofort und schleppte sie hinüber in seine Bude.

Nun hatte Robert erstmal eine Schlafstatt, und er begann jeden Tag nach der Arbeit etwas zu renovieren, mit der Küche fing er an. Es hatte ihm bisher nie jemand gezeigt, wie man malert oder tapeziert, dass man erst die alten Tapeten entfernt, Makulatur aufträgt, oder beim Holz den alten, brüchigen Lack entfernt, schleift, spachtelt, vorstreicht usw. Aber er hatte einen Mund, um zu fragen, obwohl er sich damit eine Blöße gab, denn viele Menschen weiden sich an der vermeintlichen Dummheit der anderen, und Robert war eben in vielen Dingen schlicht ahnungslos.

Eine Etage höher im Haus wohnte ein älteres Ehepaar. Beide grüßten zwar freundlich, wenn Robert ihnen begegnete, aber sonst blieben sie auf Distanz, wie auch die anderen Mieter. *(Selbst in Berlin gab es Beamte und Spießer!)* Aber der Mann trank gerne mal einen über den Durst, und er suchte den Kontakt zu Robert, fast täglich blieb er am Fenster stehen und schaute ihm zu, wie er renovierte oder mit der Hand seine Wäsche wusch. Eines Tages bat Robert ihn in die Wohnung und zeigte ihm voller Stolz, was er schon vollbracht hatte. Der Alte war ein hagerer Mensch mit hoher Stirn, schütterem Haar und einer imposanten Nase. Er bot Robert das "Du" an und zog ein Flasche Schnaps aus seiner Aktentasche, "also ich bin der Fritze", sagte er, "und nun wollen wir auf gute Nachbarschaft trinken." Nachdem die Flasche halb leer war, ging Fritze so richtig aus sich heraus, er schimpfte über Gott und die Welt, über die Vormieter von Robert, die ihm so einen "Saustall" hinterlassen haben, über die Jugendlichen, die keine Manieren und Anstand kennen, keinerlei Respekt vor den Alten zeigen, sich nicht waschen, nicht zum Friseur gehen und, und, und. Nur Robert, der war eine Ausnahme, immer gepflegt und ordentlich und so fleißig und wenn der erstmal eine Frau hätte, würde er sich bestimmt auch die Haare schneiden lassen!? Robert fand den Alten lustig und nahm ihm seine Rederei nicht übel, aber von diesem Tag an hatte er einen "Ersatz-Vater", der ihm nicht half, aber viel erzählte.

In Roberts Firma wurde Getreide zu Malz verarbeitet, und dieses benötigt man zur Bierherstellung, der Betrieb war einer Brauerei angeschlossen. Jedem Mitarbeiter stand pro Tag ein Deputat an Getränken zu, 8. Flaschen je 0,33 Ltr. nach Wahl, Pilsner, Limo, Malzbier , also alles, was so in einer Brauerei hergestellt wird. Die langjährigen Arbeiter tranken schon morgens um fünf Uhr ihr Bier, und es war nicht selten, dass manche schon zum Frühstück dummes Zeug redeten. Robert wurde nach einigen Wochen als Helfer auf die Darre beordert, das war eine unbeliebte Tätigkeit, mit viel Staub, Hitze und körperlicher Anstrengung verbunden. Aber er bewährte sich, und man schätzte seine Arbeitskraft. Er war auch hilfsbereit und gutmütig, und das nutzten viele aus, ließen ihn oft die schwerste, schmutzigste Arbeit machen und verscheißerten ihn wegen seiner langen Haare, die er während der Arbeit als Zopf trug. In seiner ehrlichen, naiven Art glaubte er anfangs alles, was man ihm sagte, und manch einer erschlich sich sein Vertrauen und nach zwei, drei Schnäpsen und einer Flasche. Bier war seine Zunge locker und dann sprudelte es nur so aus ihm heraus. Er erzählte auch etwas von seiner Familie, seinen vielen Geschwistern *(Kopfschütteln und Grinsen in der Runde, wie kann man nur so viele Kinder kriegen?)*, dass sie manchmal ein Schwein und Hasen hielten, und da sagte einer der Spaßvögel, "da habt ihr ja bestimmt auch eine Kuh gehabt", und alles brüllte vor Lachen. Robert konnte nicht verstehen, weshalb sie über seine Familie lachten und alles in den Dreck zogen, und so wurde der Spaßvogel sein erster Feind im Betrieb!

Die Küche in seiner Wohnung sah schon richtig gut aus, er hatte die Wände mit schönen, kräftigen Farben gestrichen, die Decke und das Fenster strahlten in Weiß, den Kachelofen hatte er geputzt, und beim Trödler erstand er einen wunderschönen, alten Küchenschrank. *(Er erinnerte Robert an seine Kindheit, da besaßen sie einen ähnlichen, mit Scheiben in den Türen, dahinter kleine Gardinen. Aber damals blieben die Scheiben nicht lange heil. Eine ging zu Bruch, weil der Alte in einem Wutanfall die Bratpfanne durch die Küche schleuderte und den Schrank traf, und in die andere warf er voller Wut Roberts kleine Katze, weil die auf den Boden gepinkelt hatte. Das Tier verletzte sich sehr, und Robert rannte weinend zu dem Lehrer neben ihrem Haus und suchte Hilfe, aber der verweigerte sich. Mit dem Alten wollte sich keiner anlegen.)*

Corina schrieb ihm, dass sie sich inzwischen in Berlin bei verschiedenen Firmen beworben hatte und bei einer positiven Antwort zu ihm nach Kreuzberg ziehen würde. Robert freute sich schon sehr darauf, er vermisste sie natürlich, nicht nur körperlich, und konnte ihre Ankunft kaum erwarten.

Von seiner Mama bekam Robert die Anschrift der Tante Astrid, die mit ihrer Familie und der eigenen Mutter *(Roberts Oma)* in der Nähe von Ostberlin wohnte. Sie hatte erst spät geheiratet, und ihr Mann brachte als Witwer zwei Kinder mit in die Ehe. Im gleichen Ort wohnte noch eine weitere, jüngere Tante mit Familie, diese war Robert aber noch nicht bekannt. Er nahm Kontakt auf mit der Tante Astrid und machte einen

Termin an einem Freitag aus. Am späten Nachmittag, nach seinem Feierabend, wollten sie sich am Roten Rathaus auf dem Alexanderplatz treffen.

Der Schritt von West- nach Ostberlin war relativ einfach. Er fuhr mit der U-Bahn zur Friedrichstraße. Als Westdeutscher brauchte er nur seinen Reisepass vorzulegen, nun wurde er von allen Seiten betrachtet *(so schaut man Affen im Zoo an, ging es ihm durch den Kopf.)*, der Beamte schnauzte ihn an, "nehmen Sie den Kaugummi aus dem Mund, machen Sie das Ohr frei". Anschließend zahlte er das "Eintrittsgeld" in Höhe von 5,- DM *(im Laufe der Jahre wurde die Höhe des Umtauschs immer wieder geändert.)*, dann ging er einige Schritte über eine Art Flur und schon war er in "Berlin- Hauptstadt der DDR". Der erste Eindruck war für Robert schockierend, auf dieser Seite des Bahnhofs standen oder liefen bewaffnete Uniformierte herum, so was kannte er aus seiner Heimat nur, wenn die Amerikaner ein Manöver hatten. Aber das hier waren Deutsche, die ihre eigenen Landsleute bewachten, unbegreiflich für Robert.

Auf der Friedrichstraße war ihm dann bewusst, dass er wirklich in einem anderen Land zu sein schien. Er war die helle Beleuchtung im Westen gewöhnt, das Neonlicht der Geschäfte, den Trubel der Großstadt eben. Hier war alles düster und grau, die stinkenden, komisch aussehenden Autos und die ärmlich gekleideten, mürrisch blickenden, unfreundlichen Menschen machten ihn unsicher. Er musste sich zum Roten Rathaus durchfragen und manche der Leute gaben ihm keine Antwort oder sagten, "wir wollen solche Leute hier nicht haben, am besten gehen sie wieder in den Westen zurück, oder nach Amerika"!? *(Lag das nur an seinem Äußeren?)*

Nach ca. 30 Minuten hat er es dann geschafft, er läuft über einen großen Platz, an einem schönen Brunnen vorbei *(dem Neptun-Brunnen)*, und dann steht er vor dem Rathaus. Seine Tante Astrid hatte er als kleiner Junge Ende der 50iger Jahre gesehen, da hatte sie den Bruder *(Roberts Vater)* zum ersten- und einzigen Mal im Westen besucht. Aber er erkennt sie sofort wieder, auch den Mann an ihrer Seite. Die Mutter hatte daheim ein Hochzeitsfoto der Beiden an der Wand hängen. Sie scheinen sich zu freuen, als Robert auf sie zukommt, aber ihm entgeht auch nicht der prüfende Blick, mit dem sie ihn mustern. Onkel Herbert geht an Krücken, er hatte seine Beine bei einem Arbeitsunfall verloren. Sie betreten das Restaurant im Roten Rathaus, und obwohl viele Leute in einer Schlange stehen, brauchen sie nicht zu warten *(wahrscheinlich, weil der Onkel Invalide war)* und so werden sie an einem Tisch "platziert". Es gibt ja so viel zu erzählen und Tantchen ist sehr neugierig, "Wie geht es deinem Papa und der Mama, trinkt Papa immer noch, was hast du denn gelernt, warum bist du nach Berlin gekommen, wo wohnst du, hast du eine Freundin?" Die Zeit vergeht schnell, und bald müssen sie sich trennen, Robert muss spätestens um Mitternacht durch die Grenze, zurück nach West-Berlin. Er verspricht den beiden, dass er in Verbindung mit ihnen bleiben wird, dann geht er zur Friedrichstraße. Dort angekommen, wird er wieder streng gemustert, man fragt ihn, ob er noch DDR-Mark bei sich führe, was er verneint *(die 5 Mark vom Umtausch hatte er der Tante gegeben).* Noch einige Schritte und er ist endlich wieder im Westen. Er atmet einmal kräftig durch, bis die Beklemmung weicht. Robert hat in diesen Stunden im Ostteil der Stadt keinerlei Freundlichkeit erfahren, selbst die Kellnerin war mürrisch, aber es sind doch Deutsche!? Diese Gegensätze zwischen Ost und West sind nur schwer zu begreifen und für ihn beinahe pervers. *(Er wird sich auch niemals daran gewöhnen können.)*

Corina ist in Berlin.

An einem schönen, sonnigen Nachmittag stand sie einfach vor seiner Tür. Diese Überraschung war ihr sehr gelungen, und sprachlos, aber tränenreich, fielen sie sich in die Arme, herzten und küssten sich, und stolz präsentierte Robert seine "Bude". Es gab zwar noch viel zu tun in der Wohnung, aber für den Anfang reichte es. Sie hatten ein Dach über dem Kopf, eine Schlafstatt, und sie hatten sich selbst. Das war das Wichtigste, für alles andere hatten sie nun alle Zeit der Welt.

Das Wochenende verbrachten sie im Bett, oder sie trieben sich in seinem Kiez herum. Es gab ja in Kreuzberg an jeder Ecke eine Kneipe, und auch sonst konnte man viel Neues entdecken.

Corina sollte sich gleich am Montag bei einer Firma vorstellen, die gar nicht so weit von der Wohnung entfernt war. Am nächsten Tag, als Robert von der Arbeit kam, erwartete ihn eine glückliche Corina. Sie hatte ihren Job bekommen und konnte in den nächsten Tagen mit der Arbeit im Büro beginnen. Ein Problem entstand nur, als sie sich bei der Polizei anmelden wollte. Die Wohnungsgesellschaft hatte im Mietvertrag von Robert eine "Untervermietung" ausgeschlossen und eine "wilde Ehe"*(Zusammenleben eines Liebespaares ohne Trauschein)* wurde in der damaligen Zeit nicht toleriert.

Also fuhren sie gemeinsam zum Vermieter an den Ku`damm und jammerten der älteren Dame etwas vor. Die ließ sich erweichen und legte ihnen eine Lösung quasi in den Mund. "Wenn Sie mir schriftlich bestätigen, dass Sie verlobt sind und bald heiraten wollen, könnte ich eine Ausnahme machen". Das taten sie denn auch, und fröhlich wie kleine Kinder, denen man ein Geschenk gemacht hatte, begaben sie sich auf den Weg nach Hause.

Bis zum Herbst hatten sie die Wohnung fertig renoviert und mit ihren bescheidenen Mitteln doch behaglich eingerichtet. Robert bekam seine Festeinstellung *(nun konnte er nicht so einfach entlassen werden)*, und damit verbunden war eine kleine Lohnerhöhung. Er trat auch in die Gewerkschaft ein und aus der Kirche aus! Nie könnte er vergessen, wie schlimm ihn die "Vertreter Gottes auf Erden" in der Vergangenheit behandelt haben. Warum also sollte er diesen Leuten etwas von seinem schwer erarbeiteten Geld zukommen lassen?

Corina war in ihrer Firma sehr beliebt, und oft wurden sie und Robert zu einem Konzert oder ins Kino eingeladen, und er war sehr stolz auf seine hübsche und kluge Freundin.

Mit der Bewährungshelferin hatte Robert unregelmäßigen Kontakt und wenn, dann ließ sie ihn gewähren, es gab keine Gängeleien. Sie besuchte ihn einmal in seiner Wohnung und lernte dabei auch Corina kennen. Sie fand, dass er auf dem richtigen Weg sei, und fortan verkehrten sie nur noch schriftlich miteinander. An einem Wochenende kam sogar Besuch aus der Heimat, Corinas Mutter wollte doch einmal sehen, wie und wo ihre Tochter denn lebte. Auch sie war beeindruckt von dem, was die beiden jungen Leute schon geschafft hatten, und nicht gerade überschwänglich, aber respektvoll akzeptierte sie nun auch den Robert.

In dessen Firma gab es eine halbwilde Hauskatze, die dafür sorgte, dass Ratten und Mäuse nicht überhandnahmen. Robert mochte Katzen, und bald war sie ihm gegenüber sehr zutraulich. Täglich bekam sie ihre Streicheleinheiten und auch mal etwas Leckeres zu fressen, zumal er bemerkte, dass sie trächtig war. Und eines Tages brachte Robert aus ihrem Wurf ein Kätzchen mit nach Hause, einen kleinen, schwarz-weiß gefärbten

Kater. Auch Corina freute sich über das Tierchen, und nun waren sie schon wie eine richtige Familie. Alles hätte schön sein können, wäre da nicht ab und an der Schatten der Vergangenheit über Robert herein gebrochen. Und das Erbe des Vaters!

Robert war sich seiner Triebhaftigkeit bewusst. Wenn er früher keine Partnerin hatte, machte er es sich halt selbst, aber das war mit Scham verbunden. *(Hatten nicht immer die Lehrer, Erzieher und Pfarrer das alles verteufelt?).* Aber nun hatte er Corina, und eine Frau hatte sich dem Mann hinzugeben, zu jeder Zeit. So kannte er das seit der Kindheit, wenn er die Erwachsenen beobachtete. Auch wenn Corina manchmal über seinen "komischen Trieb" lästerte, so ließ sie es doch zu, wenn er sie nehmen wollte. Und er wollte immer.

Er war nun in einem Schichtdienst eingeteilt und musste alle vierzehn Tage auch am Wochenende arbeiten, hatte dafür aber am Montag und Dienstag Freizeit. Die Wohnung war renoviert, er hatte Langeweile, und dann trieb er sich in einer nahegelegenen Markthalle herum oder in einer der zahlreichen Kneipen in der Umgebung. Viele der jungen Frauen zu jener Zeit befanden sich auf dem Ego-Trip, wollten sich emanzipieren und nicht wenige waren allzu schnell bereit, sich mit den Männern einzulassen. Die Pille erleichterte die Sache ungemein, weil nun die Angst vor einer ungewollten Schwangerschaft vorbei war, und Robert schmeichelte es schon, wenn eine Frau ihn wollte. Da wurde auch nicht viel herum geredet, es passierte mal bei ihm oder bei ihr und einige Male auf dem Friedhof am Ende der Bergmannstraße, von hinten, wie die Karnickel. Besondere Gefühle empfand Robert dabei nicht, es ging nur um die Erleichterung. Die Frauen dachten wohl ebenso.

Er hatte Corina gegenüber schon ein schlechtes Gewissen, er hatte sie doch wirklich lieb, aber der Trieb war einfach stärker. Und wenn sie dann vor dem Fernseher kuschelten und sie zärtlich zu ihm war, da brach er oft in Tränen aus und schämte sich für sein schlechtes Verhalten. Um sein Gewissen zu beruhigen, redete er sich ein, dass er durch die Jahre im Heim und später im Gefängnis sexuell zu kurz gekommen sei, er habe halt "Nachholbedarf".

Diese Gefühlsausbrüche von Robert kannte Corina schon von früher, aber das "warum?" konnte ihr niemand erklären. Für ihre Bekannten und

Freunde war Robert ein ziemlich brutaler Kerl, vor allem, wenn er getrunken hatte. Er konnte auch schlimmste Schläge einstecken und dabei noch lachen, da verzweifelten selbst stärkere Männer an ihm, er gab nie auf. Die andere Seite war halt das Häufchen Elend, das bei ihr lag und manchmal wie ein kleines Kind weinte.

Anfang Dezember flog Robert zum ersten Mal nach Hause zu seiner Familie. Gerne wäre er über Weihnachten geblieben, aber er hatte über die Feiertage Schichtdienst. Und Corina hätte in der Firma nicht frei bekommen. So aber wurde es nur ein verlängertes Wochenende. Er freute sich sehr auf das Wiedersehen mit seiner Mama und den Geschwistern, gespannt war er auch auf seinen Vater. Würde der ihn auch mal loben und Roberts Leistung in Berlin anerkennen? Sein Bruder Dieter holte ihn vom Flughafen ab, und ca. 30 Min. später waren sie im Dorf und hielten vor dem Haus an. Dieter fuhr gleich weiter, er hatte eine eigene Wohnung.

Robert öffnete die Küchentür, und da waren auch fast alle anwesend. Der Vater saß am Tisch neben dem Kühlschrank, die Wand im Rücken, so hatte er alles im Blick, die Kinder hockten still auf der Bank, *(ich will keinen Ton hören, O-Ton vom Alten!)* wie die Hühner auf der Stange, und die Mutter lief mit rotem Gesicht aufgeregt hin und her. Sie hatte sein Lieblingsessen gekocht, Frikadellen mit jungen Brechbohnen, dazu Salzkartoffeln und eine leckere Soße. Er nahm seine Mutter in den Arm, drückte sie, auch den Vater umarmte er, dieser war sichtlich gerührt. Und dann kamen die Geschwister zu ihm, und alle redeten auf einmal, jeder wollte das Neueste sagen und suchte Roberts Nähe, und dem wurde ganz warm ums Herz, weil er spürte, wie sehr ihn seine Familie liebte.

Nach dem Essen packte er seine Koffer aus und spielte schon mal den Weihnachtsmann. Das war vielleicht eine Freude, zu sehen, wie glücklich die Kleinen über die Gaben waren. In Berlin war er mit Corina stundenlang in den Geschäften umher gewuselt und hatte Geschenke ausgesucht, dabei wurde nicht am Geld gespart. Außer den großen Geschwistern, die nicht mehr zu Hause wohnten, wurde jeder seiner Familie von Robert bedacht, auch der Vater. Abends kam dann vereinzelt die Verwandtschaft aus dem Haus, um ihn zu sehen und guten Tag zu sagen. *(Er war ja nun ein Mann von Welt und er reiste mit dem Flugzeug!)* Und viele Fragen stellten sie: Ob er schon in der Ostzone war, ob er Russen gesehen hätte, warum er nicht zum Friseur ging, ob das schöne Mädchen aus der Stadt bei ihm in Berlin wäre, wann wird geheiratet und so weiter und so fort. Robert nahm es ihnen nicht übel, sie waren halt neugierig, was tat sich schon Besonderes in ihrem Dorf. Nun hatten sie wenigstens etwas zum Reden.

Am nächsten Tag fuhr er in das Städtchen. Er wollte mal wieder seine Kumpels sehen, hatte auch Lust, der Großmutter von Corina guten Tag zu sagen.

Als Robert die Türe der Gaststätte "Zum Pfauen "öffnete, saß Edith mit dem Rücken zu ihm auf dem Boden und scheuerte den Boden,"wir haben noch geschlossen", rief sie ihm zu ohne aufzublicken. Da er sich nicht regte oder sprach, drehte sie sich herum, stand sprachlos auf und ging auf ihn zu. Mit Tränen in den Augen umhalste und küsste sie ihn, auch Robert war sehr gerührt, es tat ihm ja so gut, gemocht zu werden. Dann kam ihr Mann dazu, und wieder musste er von seinem Leben in Berlin erzählen. Bald trudelten die ersten Gäste ein und hockten sich zu ihm. Wer ihn kannte, der grüßte freundlich, und nicht wenige spendierten ein Getränk, und bald hatte er schon einen richtigen "Schwips".

Einer der Gäste war ihm von früher bei Discobesuchen her flüchtig bekannt, und dieser Junge lud ihn ein, zu einer "Fete" mit zu kommen. Zwei Brüder, Söhne reicher Eltern *(Auto-Verkauf)* nutzten die Abwesenheit der Alten, die irgendwo in der Sonne Urlaub machten, und gaben eine Party im Elternhaus.

Robert wurde mit lautem "Hallo" und Schulterklopfen begrüßt. Er wunderte sich schon sehr über diese Freundlichkeit, hatte er doch in der Vergangenheit kaum Kontakt mit den meisten dieser jungen Leute gehabt, die aus der "besseren Gesellschaft" kamen und solche Menschen wie ihn eigentlich mieden. Na ja, sie lebten halt in einer anderen Welt und der Alkohol hatte sie wohl etwas lockerer gemacht. Es wurde auch Rauschgift verteilt *(Shit und Trips)*, aber Robert ließ davon die Finger, er hatte noch sehr gut in Erinnerung, wie sein erster Versuch mit LSD verlaufen war. Er fühlte sich auf der Party überhaupt nicht wohl, irgendwie passte er nicht zu diesen Leuten. Als dann später die Hemmschwellen fielen und kreuz und quer gefummelt und gevögelt wurde, verließ er still und heimlich das Haus.

Am nächsten Tag fuhr ihn Dieter nach Frankfurt zum Flughafen, und ab ging es wieder, nach Berlin.

Das erste Weihnachtsfest mit Corina in der gemeinsamen Wohnung war wirklich schön, obwohl Robert arbeiten musste. Aber das war ihm schon Recht, denn Feiertage wurden sehr gut bezahlt. Als er am Heiligen Abend nach Hause kam, hatte Corina schon etwas Leckeres gekocht, und nach dem Essen konnten sie gar nicht schnell genug ins Bett kommen, so groß war der andere "Hunger". Später tauschten sie ihre Geschenke aus, und dann saßen sie gemeinsam mit dem kleinen Kater in der warmen Stube, schauten auf die Lichter vom geschmückten Weihnachtsbaum und schienen eigentlich glücklich und zufrieden zu sein, wie eine kleine Familie. In den nächsten Tagen schien ihm Corina etwas verändert, sie wirkte bedrückt, äußerte sich aber nicht dazu, wenn Robert sie fragte. Vielleicht hat sie Heimweh, dachte er, die Oma fehlt ihr sicherlich und der Dackel.

Den Jahreswechsel wollten sie bei Freunden und Bekannten in Berlin - Wedding feiern.

Einer dieser Bekannten war Holger, ein junger, schüchterner Mann. Er hatte einen tollen Job, irgendwas mit Technik, verdiente sehr gutes Geld und fuhr einen richtig großen Schlitten. Robert kannte ihn schon eine Weile, man mochte sich, und vielleicht würde ja irgendwann Freundschaft daraus.

Auf der Party erschien auch sein Arbeitskollege Herbert mit einem hübschen, jungen Mädchen. Es wurde eine tolle Nacht, und morgens lagen die meisten besoffen kreuz und quer in der Wohnung und schliefen ihren Rausch aus. Robert aber versuchte, wach zu bleiben, er hatte schon lange ein mulmiges Gefühl im Bauch. Dieser Holger scharwenzelte seit dem Abend um Corina herum, war sehr höflich und aufmerksam zu ihr, und Robert entgingen auch nicht die langen, tiefen Blicke, die sich die beiden zuwarfen.

Irgendwann tat er so, als sei er eingeschlafen, öffnete aber gelegentlich ein Auge und dann konnte er sehen, wie die beiden sich küssten und zwischen den Beinen streichelten. Nur die Anwesenheit der anderen hinderte sie wohl daran, noch weiter zu gehen. Es tat Robert wahnsinnig weh, dies mit ansehen zu müssen, es war auch nicht zu begreifen.

Hatte sie ihm nicht ständig ihre Liebe beteuert? Und nun so was! Aber dann fiel ihm wieder die Zeit im Gefängnis ein, auch damals hatte sie einen anderen Liebhaber. Panik kam in Robert auf, Angst vor dem Alleinesein, falls sie ihn verließ. Im ersten Moment wollte er sich auf die beiden stürzen, den Rivalen schlagen, vernichten, und nur mit aller Kraft gelang es ihm, sich zu beherrschen.

Als er etwas ruhiger wurde, nahm er sich vor, um Corina zu kämpfen, sie immer liebevoll zu behandeln, einfach gut zu ihr zu sein. Vielleicht lag es ja auch nur am Alkohol, an der allgemeinen Ausgelassenheit, dass bei den beiden ein triebhaftes Verlangen entstand. Jedenfalls wollte er in der Zukunft die Augen offen halten.

Die nächsten Wochen verliefen so, als sei nichts vorgefallen. An einem warmen Wochenende begab sich Robert mit Corina nach Ostberlin zu einem Treff mit seiner Familie aus der Zone, Tante Astrid mit Mann und Sohn. Sie sollten sich zu einer bestimmten Zeit im Restaurant des "Roten Rathauses" am Alexanderplatz einfinden, Tantchen hatte dort einen Tisch für sie reserviert. "Welch ein Glück", denkt Robert, "so kommen wir um die lästige Platzierung herum". *(In Ostberlin konnte man sich in Lokalen nicht einfach hinsetzen wo es einem gefiel, sondern das Personal dort entschied darüber. Es war nicht selten, dass ein Pärchen getrennt an verschiedenen Tischen "platziert" wurde, vor allem wenn sie aus dem Westen kamen, was ja leicht zu erkennen war.)*

Natürlich wurden sie angestarrt, als kämen sie aus einer anderen Welt *(war ja auch leider so)*, beide trugen sie lange Haare bis zum Rücken, er braun, sie blond, beide waren sehr westlich, modisch und bunt gekleidet, Robert in enger Jeans – Kluft und Stiefeletten, Corina trug Hot Pants *(enge, kurze Höschen)* und einen langen, schwarzen Mantel. Na ja, jedenfalls die Familie war von Corina begeistert, und Robert war sehr stolz auf sein Mädchen, "so eine hübsche kluge Freundin, die musst du immer gut behandeln, sonst läuft sie dir weg?!" O-Ton der Tante. *(Wie recht sie doch hatte!)*

Robert arbeitete inzwischen im Zehn-Tage-Turnus, danach hatte er jeweils vier Tage frei. Am letzten Arbeitstag nahm er oft seinen gesammelten Freitrunk mit, Bier, Limonade usw. Sein Kollege, der ein Auto hatte, transportierte ihn damit nach Hause. Robert mochte Bier nicht sonderlich, da er schnell Kopfschmerzen davon bekam, aber sein Nachbar Fritze trank es gerne, weil es umsonst war, oder die hübsche junge Frau, die mit ihrem Mann unter dem Dach wohnte und heimlich trank. *(Und dann ihre Hemmschwelle verlor und Robert ab und an von hinten ranließ, für die schnelle Nummer!)* Er trank lieber harte Sachen, Whisky oder Wodka mit Cola, oder "Cuba Libre" *(weißer Barcadi mit Cola und Zitrone)*.

Jedenfalls saß er am ersten arbeitsfreien Tag in der Wohnung und wartete auf Corina. Vormittags hatte er schon mit Fritze Bier und Schnaps reichlich genossen, und so war er schon ziemlich betrunken und die Kopfschmerzen machten ihm arg zu schaffen.

Corina hatte sich verändert, sie beteuerte zwar immer, dass sie ihn liebe und bei ihm bleiben möchte, aber sie schlief nicht mehr so gern mit ihm, täuschte Unpässlichkeit vor und kam auch nicht mehr so pünktlich wie sonst nach Hause. Und wenn sie sich mit der Clique trafen, in der Kneipe oder der Disko, dann merkte selbst ein Blinder, dass sich zwischen ihr und Holger etwas anbahnte. Aber Robert wollte das nicht wahrhaben, und er war auch einfach zu stolz, um mit ihr darüber zu reden. War er denn nicht ein toller Kerl, so stark und schön?!

Der Gedanke, sie könnte ihn verlassen, der kam ihm einfach nicht, das war unvorstellbar.

In der Firma gab es einen sanftmütigen Lehrling, der öfter etwas "geistig abwesend" erschien, Robert wusste von ihm, dass er manchmal "Trips" schluckte, weil ihm die Arbeit zu stressig war. Von diesem Jungen hatte er einmal eine Tablette bekommen, "die wäre zur Beruhigung", das Gegenteil war der Fall, und das bekam Robert in den kommenden Stunden ganz schrecklich zu spüren

Wie er nun so dasaß und auf Corina wartete, wurde er immer nervöser, Ungeduld und Angst machte sich breit. Da kam ihm der Gedanke an die Tablette und in der Hoffnung, sie möge ihn etwas ruhiger machen, schluckte er sie.

Als Corina von der Arbeit kam, war es schon dunkel, und während sie über den Hof ging, hörte sie laute Musik und Gegröle. Die gemeinsame Wohnung lag im Erdgeschoß, und so konnte sie hineinschauen und bemerkte, dass Robert wohl betrunken war. Ihr wurde etwas mulmig zumute und so schlich sie sich eine Treppe höher, wo Fritze und Gemahlin wohnten, und bat um Einlass.

Robert war inzwischen total von der Rolle, mal lief er unruhig wie ein Tier im Käfig hin und her, dann wieder mimte er einen Sänger und grölte zur Musik, oder er saß auf dem Sofa, lachte, gestikulierte oder stierte einfach vor sich hin. Als er Durst auf ein Bier bekam, wusste er nicht mehr, wie er die Flasche öffnen sollte und schlug sie auf die Herdplatte, so dass sie zerbrach, das Bier spritzte herum, er blutete an der Hand, und da kam die Zerstörungswut in ihm hoch und er zerschlug Geschirr und alles, was ihm in die Hände kam, wurde zu Boden gewischt. Im Wohnzimmer hob er den schweren Sessel hoch und warf ihn an die Wand. Erschrocken über sein Tun verfiel er dann ins Weinerliche, jammerte und rief nach seiner Corina.

So ging es eine ganze Weile hin und her, und in einem lichten Moment kam ihm der Gedanke, bei Fritze Beistand zu suchen. Auf sein Klopfen öffnete dessen Frau die Wohnungstüre und führte ihn in die Stube, wo Fritze schon wieder, oder immer noch, betrunken auf dem Sofa saß und ihn anstierte. Da brach es förmlich aus Robert heraus, er erzählte wohl seinen ganzen Lebenslauf, sprach von seiner Mama, seinen Geschwistern, vom bösen Vater und immer wieder von seiner lieben Corina, wenn sie bloß wieder zu ihm käme, dann wäre alles gut. Dazwischen wurde er von Wein- und Lachkrämpfen geschüttelt, also er stand total neben sich. Die Nachbarin beruhigte ihn, so gut es ihr möglich war, und brachte ihn wieder in seine Wohnung zurück.

Und plötzlich war auch Corina wieder da. Sie hatte sich im Schlafzimmer der Nachbarn versteckt und so das Auftreten Roberts mitbekommen, was sie sehr erschütterte. Das konnte nicht alleine vom Alkoholgenuss herrühren, und sie vermutete zu Recht, dass er wohl eine LSD Pille geschluckt haben müsse. Sie drückte sich an ihn, schob ihn sanft in Richtung Schlafzimmer, dabei sprach sie leise zu ihm und versuchte so, ihn zu beruhigen. Dann zog sie ihm seine verschmutzte Kleidung aus, wollte ihn ins Bett bringen. Aber für Robert schien das nur ein Signal zu sein, nun begann er, Corina zu entkleiden, und weil es ihm nicht schnell genug ging oder weil er völlig verrückt wurde, riss er ihr die Wäsche vom Leib und dann warf er sich über sie. Sie wusste ja, dass er triebhaft war, aber was nun folgte, war schlicht ein Alptraum für sie. Er nahm sie von vorne, von hinten, dabei stammelte er wirres Zeug. Dann erzählte er ihr alles von "seiner Freundin Corina", dann sprach er von Robert als seinem Freund, was das für ein toller Kerl wäre, der Größte überhaupt, mal wollte er seine Corina ficken, dann hatte er Lust auf seinen Freund Robert, dazwischen weinte er, bedauerte sein Scheißleben, und immer wieder drang er in sie ein oder ließ sich von ihr küssen.

Es muss wohl eine fürchterliche Nacht für beide gewesen sein. Gegen Morgen wurde Robert dann etwas ruhiger, aber in Schüben kam die Erregung immer wieder mal durch, obwohl er nun keine Erektion mehr bekam.

Corina arbeitete zu dieser Zeit bei einer Versicherung am Ku`damm und musste um 9 Uhr in der Firma sein. Da Robert sich nun einigermaßen im Griff hatte *(er fühlte sich aber wie zerschlagen, ihm war übel und manches erschien ihm fern und wie in Watte gepackt),* wollte er sie unbedingt dorthin begleiten. Es war ein ekliger, trüber Morgen, ab und zu kam noch etwas Schneeregen-Gemisch vom Himmel, und Robert lief ohne Schuhe mit ihr zur U-Bahn,

Corina hinderte ihn nicht daran, und auch die Leute auf der Straße, oder in der U-Bahn sagten nichts, schauten weg. Es gab zu dieser Zeit viele verrückte, junge Leute in Berlin, er war nur einer davon.

Als Robert wieder nach Hause kam, war er entsetzt über das Chaos, das er vorfand. Überall in der Küche lagen Glasscherben, leere Bierflaschen und Zigarettenkippen, und so langsam dämmerte ihm, was er da angerichtet hatte, und große Scham stieg in ihm hoch.

Er legte sich ins Bett und wollte etwas schlafen, aber als die Erinnerung ihm immer mehr Bilder der vergangenen Nacht zeigte, da konnte er gar nicht glauben, dass er sich so schrecklich benommen hatte. Was würden die Nachbarn sagen, was würde geschehen, wenn der Vorfall im Betrieb bekannt würde? Aber vor allem quälte ihn die Frage, ob Corina ihn nun verlassen oder ihm verzeihen würde, dabei schossen ihm die Tränen in die Augen und er wünschte sich daheim, bei der Mutter und den Geschwistern zu sein, da wäre er nicht so schrecklich alleine, und zum ersten Mal dachte er ernsthaft an den Tod!

Robert versteht sich mit seinem Kumpel Herbert sehr gut, obwohl sie außer den langen Haaren, der Liebe zur modernen Musik und der extravaganten Kleidung nur wenige Gemeinsamkeiten haben. Trotzdem sind sie oft zusammen, und nach der Arbeit *(Spätschicht bis 23 Uhr)* zieht es sie in die Diskothek "Sound" in der Genthiner Straße, es wird Roberts zweites zuhause. *(Meistens verlassen sie die Disko erst morgens, dann treibt es sie zum oberen Ku`damm in ein Cafe wo sie mit Dirnen frühstücken, bevor es nach Hause ins Bett geht.)* Schon lange vor dem Eingang bieten junge Leute Rauschgift an. "Shit, Trips, Shit Trips", alles im Vorbeigehen und im Flüsterton. Robert wundert sich immer wieder, wie einfach es ist, sich mit Rauschgift ein zu decken, niemals hat er dort die Polizei gesehen oder gar eine Razzia erlebt. Seit dem letzten Vorfall mit LSD scheint er auch kuriert zu sein. *(Niemals wieder wird er Rauschgift zu sich nehmen.)* Herbert dagegen greift öfter zu und kauft, was er so braucht. *(Später möchte er sich auch mal als Dealer versuchen, will im größeren Stil Haschisch kaufen, fällt dabei aber fürchterlich auf die Schnauze. Er wird betrogen, und das Geld ist natürlich weg.)*

Der Schuppen ist einfach toll! Es gibt einen Getränketresen, eine Speiseecke, wo man seine Gerichte verzehren kann, des Weiteren eine Ecke, in der ständig Lichter flackern, in bunten Farben, Punkten und kreisförmig, wie Wassertropfen oder Luftballons. Dort saßen meist die "Genießer" von Rauschgift, lauschten der Musik und starrten blöde grinsend vor sich hin. Des Weiteren gab es Flipper-Automaten und einen Kinoraum, die Filme waren teilweise schaurig, für Roberts Geschmack nicht jugendfrei. Auf der Tanzfläche bewegen sich die jungen Leute zum Rhythmus der Musik, oder sie stehen nur so da und schütteln die Köpfe mit ihren langen Haaren. Viele Zuschauer *(wie Robert)* laufen langsam im Kreis um die Tanzfläche herum, und wer hat, der zeigt schlenkernd seinen Autoschlüssel herum. Sie suchen "Beute", junge Mädchen, die bereit sind für eine schnelle Nummer im Auto oder die nicht selten auch mit nach Hause gehen. Es sind oftmals gepflegte Mädchen aus gutsituierten Familien, die den besonderen Kick suchen und sich von den verrückten Typen ficken lassen. *(Robert hat bis dato noch nie so viele Mädchen mit sauberer, weißer Unterwäsche kennen gelernt.)* Meist bleibt es aber bei einem Treff, sonst wäre der Reiz dahin!

An einem Abend bringt Herbert zwei junge, hübsche Frauen mit in den "Sound" und stellt sie ihm vor. Sie suchen eine Bleibe für kurze Zeit und wollen bei Herbert wohnen. Eine der Frauen, Jule, ist Robert bekannt, sie war bei der Silvesterparty dabei, sie finden sich sympathisch, und so fahren alle gemeinsam zu Herberts Wohnung. Dort schläft Robert mit Jule. Sie ist gierig, fickt sehr gut, wird aber immer nervöser und unruhiger und erklärt ihm ganz plötzlich, dass sie jetzt unbedingt einen "Schuss" braucht. Robert versteht nicht gleich, was sie meint, aber als sie sich den Arm abbindet, kann er sehen, dass in der Armbeuge viele Einstiche sind.

Aber als sie nun in ihrer Tasche herumkramt und eine Spritze, das Pulver, Löffelchen und andere Dinge rausholt, da versucht er sie von ihrem Vorhaben abzuhalten. Doch dieses eben noch geile, triebhafte und hingebungsvolle Mädchen verwandelt sich plötzlich in eine Furie, ist nicht mehr zu bändigen, sie droht ihm mit einer langen Schere, und sicherlich würde sie auf ihn eingestochen haben, wenn er sie gehindert hätte, sich eine Spritze zu geben. Und später, als das Gift wirkte, war sie wieder lieb und nett, als wäre nichts geschehen. Unfassbar, wieder eine neue Erfahrung für Robert.

Mit Corina hat er nun immer öfter Streit, sie kommt weiterhin zu spät von der Arbeit, verweigert sich ihm auch öfter sexuell, und Robert glaubt fest, dass der Holger dahinter steckt.

Als er eines Tages zur Spätschicht musste, überkam ihn eine starke Unruhe, wenn er an Corina dachte, es war ihm unmöglich zu arbeiten, so sehr schwirrte ihm alles Mögliche durch den Kopf. Er täuschte Magenschmerzen vor, und der Vorarbeiter schickte ihn nach Hause. Dort wollte er auf Corina warten, nur noch mal mit ihr reden, er brauchte sie doch so sehr.

Inzwischen war es schummrig geworden, und er saß da in der dunklen Wohnung in der Toilette, hinter der Gardine, starrte auf das große Tor und wartete auf sein Mädchen, und es ging ihm immer schlechter, sein Puls raste und dann kam sie, aber sie war nicht alleine, Holger ging an ihrer Seite. Er hatte Recht gehabt, seine Vorahnung hatte ihn nicht betrogen!

Er wartet noch eine Weile auf dem Klo, hört, wie sich die beiden lachend unterhalten und in die große Stube gehen *(der doofe Robert müsste ja jetzt bei der Arbeit sein!)*, dann öffnet er leise die Klotür, und da sieht er schon, wie sie im Wohnzimmer stehen und sich knutschen, und ihm ist, als stürze die Welt zusammen. Mit ein, zwei Schritten steht er hinter ihnen und sagt, "guten Abend", die beiden erschrecken sich fürchterlich, die Gesichter werden bleich, und Corina stellt sich vor Holger, und der sagt, "wir lieben uns, bitte gib Corina frei". Bei diesen Worten ist es Robert, als schieße ein Blitz in seinen Kopf, Angst, Panik wollen seine Brust sprengen, jetzt würde er wieder alleine sein, dann sah er vor seinem geistigen Auge, was die zwei wohl all diese Wochen getrieben haben, und eine fürchterliche Wut kam in ihm hoch. Und nun steht dieser kleine Kerl, dieser Wurm, den er eigentlich doch gern hatte, vor ihm und will alles zerstören, was ihm lieb und teuer ist. Da ballt er die Faust und schlägt Holger mit ganzer Kraft ins Gesicht, Blut spritzt, und weinend und laut um Hilfe schreiend stürzt der aus der Wohnung. Corina will ihm folgen, aber Robert hindert sie daran, und das

Wissen, dass der andere ihr wichtiger zu sein scheint als er selbst, das tut ihm sehr weh.

Sicher, er war „fremdgegangen", holte sich bei anderen Mädchen das, was er brauchte, um seinen Trieb zu stillen. Aber das machten die Männer doch so, das war doch keine Liebe, und das waren doch schlechte Weiber, mit denen er Sex hatte, aber Corina, die hatte er sehr lieb, die war wie ein Engel für ihn, so sauber, so anständig! Der Gedanke, dass sie ihn betrogen hatte und ihn verlassen wollte, gab ihm einen solchen Knacks, dass er sich am liebten ein Messer in die Brust gerammt hätte.

Ob sie wohl weinen, ob sie alles bedauern würde, was sie ihm angetan hatte, wenn er tot wäre?

Robert sitzt im Wohnzimmer mit Corina und weint und schreit sich seine Not von der Seele, warum, warum, er weiß, was passiert ist, aber er begreift es nicht.

Kurze Zeit später klopft es laut an der Wohnungstür, Robert öffnet, und da stehen mehrere Polizisten mit dem blutverschmierten Holger in der Mitte vor ihm und begehren Einlass. Er lässt sie in die Wohnung, aber Holger verweigert er den Zutritt. Da werden die "Bullen" aggressiv und drohen ihm Schläge an, und erst als Corina sich einschaltet und Holger bittet, draußen zu warten, entspannt sich die Lage. Robert erklärt nun den Polizisten den Vorfall, und als diese ihm entgegnen, dass er mit einer Anzeige wegen Körperverletzung zu rechnen hat und sie ihn im Wiederholungsfall mit zur Wache nehmen werden, da verspricht er, ab jetzt friedlich zu bleiben, wenn der Holger auch verschwindet.

Corina geht zu Holger in das Treppenhaus, spricht mit ihm, und dann geht er endlich und mit ihm auch die "Bullen".

Robert begibt sich am nächsten Tag zum Arzt und lässt sich "krankschreiben". Er steht total neben sich, die Vorfälle der vergangenen Zeit stehen vor seinen Augen, alles wiederholt sich in seinem Kopf, Wut auf alles und jeden, abgelöst von tiefer Trauer, Weinerlichkeit, aber auch Scham über sein Verhalten. Er versucht sich zu betäuben, mit Alkohol ist manches leichter zu ertragen, der Katzenjammer am nächsten Tag aber umso schrecklicher. Abends treibt er sich im "Sound" herum oder in einer der zahlreichen Kneipen, säuft und prügelt sich schon aus nichtigem Anlass, es ist richtig schlimm mit ihm, manchmal hasst er sich selbst, kann vor Ekel nicht mehr in den Spiegel schauen.

Corina fand sehr schnell eine neue Unterkunft, in der Nähe ihrer Firma am Ku`damm. Dort zog sie zur Untermiete bei einer Witwe ein. Bis zu diesem Tag hatte Robert gehofft, dass sie vielleicht doch bei ihm bleiben, ihm eine letzte Chance geben würde, vergeblich. Gerne hätte er vor ihr geweint, sie angebettelt, doch zu bleiben, aber sein Stolz ließ es nicht zu. Sie versprach ihm immerhin, auf Holger einzuwirken, dass der die Anzeige wegen Körperverletzung zurück nahm. *(Robert hatte ja immer noch die Bewährungsauflagen vom Gericht.)* Und dann war sie einfach weg! Nach einigen Tagen schaute sie noch mal kurz vorbei, um einige vergessene Dinge abzuholen. Da kam es auch zu Zärtlichkeiten, sie machten es noch mal schnell in der Küche, im Stehen, weil im Wohnzimmer ein Kumpel zu Besuch war. *(Wollte sie ihm damit zeigen, was er leichtfertig aufgegeben hatte, oder liebte sie ihn immer noch? Keine Ahnung.)*

(Er wird Corina niemals wieder sehen!)

Die ersten Wochen ohne sein Mädchen waren schrecklich für Robert. Er hätte sich gerne jemandem anvertraut, sein Herz ausgeschüttet, aber wem könnte er vertrauen? Mit Fritze und seiner Frau plauderte er manchmal, aber die gaben ihm die Schuld an der Misere, und Fritze in seinem Suff sagte einmal, "bei so einem feinen Mädchen reicht es nicht, nur den Schwanz reinzuschieben, die wollen mehr?!"- "was mehr?", dachte Robert. Und seine Kumpels sahen in ihm einen "richtigen Kerl", die wären enttäuscht wenn er jammern würde, und seine Familie war so weit weg von ihm. Oft war er nahe daran, alles hinzuschmeißen und in die Heimat zurück zu kehren, aber dann fielen ihm die Abschiedsworte seines Vaters ein, "schade um das schöne Geld für den Berlin-Flug, in vier Wochen bist Du doch wieder hier!" Nein, die Freude würde er ihm nicht machen, er wird sich durchbeißen.

In der Firma haben sie bemerkt, dass etwas mit Robert nicht stimmt, und die größten Lästermäuler schmeicheln sich an ihn ran und spendieren Alkohol, und wenn der wirkt, öffnet der immer noch naive Junge sein Herz, und dann schießt es aus ihm heraus wie Wasser aus einer geöffneten Schleuse. Er ist froh, wenn ihm jemand zuhört, er redet und redet und merkt nicht, wie sie sich über ihn lustig machen.

Mit Herbert ist er nun noch öfter zusammen, es gibt immer was zu "feiern", mal in dessen "Bude", mal bei Robert, aber meistens sind sie im "Sound", der eine auf der Suche nach willigen Mädchen, der andere wegen Musik und Trips. Eines Tages lernt Robert ein tolles Weib kennen, sie arbeitet am Ku`damm in einem Café, so sagt sie und scheint viel Geld zu haben, denn sie besucht ihn oft frühmorgens, noch vor seiner Frühschicht. Dahin kommt sie mit der Taxe, sie vögeln eine Stunde und wenn sie geht, lässt sie immer ein Geschenk für ihn zurück. Mal eine LP, aber auch größere Geldscheine. Als er einmal im "Sound" seinen Kumpels von seiner neuen "Flamme" vorschwärmt, dass sie so großzügig zu ihm ist und was sie so alles im Bett macht, da grinst Herbert nur und Jule, die "Fixerin", sagt so nebenbei, "na dann, herzlichen Glückwunsch, dein Schwanz ist nicht der erste und auch nicht der letzte, den sie pro Nacht in den Mund nimmt!" Robert ist sprachlos, er stellt seine Bekanntschaft zur Rede, und es war so, die Neue ging als Straßenmädchen anschaffen! Robert beendet diese Beziehung sofort, er wünscht sich eine Frau nur für sich alleine, auch fürs Herz. Eine Nutte wäre wohl das letzte, was er in seiner Situation brauchte.

Es ist Frühling in Berlin, alles grünt und blüht, und auch die Menschen schauen wieder freundlicher in die Welt. Robert hat seine vier arbeitsfreien Tage vor sich und so entscheidet er sich spontan für einen Trip nach Ostberlin. In der U-Bahn Station Kochstraße, in Kreuzberg, steigt er in den Zug nach Friedrichstraße ein. Bevor sich die Türen schließen, ertönt eine Lautsprecherdurchsage, "Achtung, sie verlassen jetzt West-Berlin". Dann fährt der Zug ein paar Minuten in gedrosseltem Tempo nach "drüben". Bis zur Friedrichstraße passierten sie einige düstere, geschlossene Bahnhöfe, die von bewaffneten Uniformierten bewacht wurden. Es war schon beklemmend, vor allem der Gedanke, dass diese Männer auf Flüchtlinge schießen würden! Im Ostteil angekommen, begab er sich an den Schalter für Reisende aus Westdeutschland und legte seinen Reisepass vor. Wie schon bekannt, kamen abfällige Blicke wegen seines Äußeren, und im Kasernenton ertönte eine Stimme, "drehen Sie sich zur Seite, machen Sie das Ohr frei, nehmen sie den Kaugummi aus dem Mund!"

Anscheinend sah Robert dem Bild im Reisepass ähnlich, denn er durfte den "Zwangsumtausch" 1:1 tätigen und bekam den Ausweis zurück. Nun trat ein Grenzbeamter auf ihn zu und führte ihn in einen kleinen Raum, und schon kamen die obligatorischen Fragen. "Was wollen Sie in der

Hauptstadt Berlin, was haben sie in der Tasche *(Leder-Umhängetasche mit Fransen)*, führen Sie Valuta mit sich"? Dann leerte der Beamte den Inhalt der Tasche auf einen Tisch und kontrollierte alles sehr sorgfältig, und die Fragerei ging weiter. "Warum sind sie nach West-Berlin gezogen, wo arbeiten sie, waren sie beim Militär, usw." Robert ging das alles sehr auf die Nerven, er gab patzige Antworten bzw. gar keine. "Dann musste er sich bis auf die Unterhosen ausziehen, wurde noch mal rundum gemustert und durfte anschließend in die "Hauptstadt der DDR" einreisen!

Er spazierte "Unter den Linden" in Richtung Alexanderplatz zum "Roten Rathaus". Als er den "Neptun-Brunnen" erblickte, beschloss er eine Rast einzulegen, setzte sich auf eine Bank, zündete sich eine Zigarette an und beobachtete die Menschen. Da sah er einige Meter entfernt vier junge Mädels stehen, eine hübscher als die andere, die zu ihm hinschauten und sich albern aufführten. Vielleicht kann ich mit ihnen etwas plaudern, dachte Robert und ging auf sie zu. Und tatsächlich kamen sie ins Gespräch, er verteilte "West-Zigaretten und West-Kaugummi", sie waren sehr neugierig; und er musste erzählen; wo er herkam, wie der Westen so wäre usw. usw. Inzwischen war es schon später Nachmittag geworden, die Mädels mussten nach Hause, aber man verabredete sich zu einem neuen Treff in zwei Wochen an gleicher Stelle. Gut gelaunt kehrte Robert wieder in den Westteil zurück. Einige Tage später erzählte er seinen Kollegen davon; und diese gaben ihm den Tipp, am Bahnhof-Zoo in einer Wechselstube das Westgeld in Ostmark umzutauschen, das wäre "gerechter", da die Ostmark nichts wert sei. Der Kurs stand z.B. bei 5:1, war aber schwankend, manchmal auch höher.

Also tauschte Robert West– in Ostmark, und vor dem nächsten Besuch in Ostberlin klebte er sich die Geldscheine unter die Geschlechtsteile, für den Fall, dass er sich bei einer Kontrolle ausziehen müsste.

Aber dieses Mal hatte er Glück, ziemlich schnell wurde er abgefertigt; und so marschierte er voller Freude und Hoffnung zum Neptun-Brunnen. Und tatsächlich, die Mädchen hielten ihr Versprechen, sie zeigten ihm "Errungenschaften des Sozialismus", das Kaufhaus Centrum, die Weltzeituhr, den Fernsehturm, die schönen neuen Häuser, und so wurde es ein angenehmer Tag. Das schönste der Mädchen hatte es Robert angetan, *(sie erinnerte ihn sehr an Corina)*; ihr Name war Sylvia, beide Elternteile waren Ärzte. Die drei anderen waren Schwestern und lebten mit ihrer Mutter und einer kleineren Schwester zusammen. Der Vater hatte sich wohl vom Acker gemacht. Beide Familien lebten im Stadtteil Treptow, in der Nähe der S-Bahn Baumschulenweg. Wieder verabredeten sie sich, und auf seinem Heimweg grübelte Robert darüber nach, wie man es wohl anstellen müsste, um so eine junge Frau in den Westen zu holen, wenn sie es will!?

Einige Tage später wurde er jäh aus seinen Träumen gerissen. Er bekam Post von Sylvia, darin schrieb sie, dass die Eltern ihr jeglichen Kontakt zu ihm verboten hätten. Da sie beide in unterschiedlichen Welten lebten, wäre es besser, sich nicht mehr zu sehen. Das tat weh, aber Robert war entschlossen, nicht so einfach aufzugeben. Er hatte zwar keine Postanschrift von Sylvia, aber er ging am vorgesehenen Tag wieder über die Grenze nach Ostberlin, vielleicht würden ja die anderen Mädels da sein. Und wirklich, er wurde am Brunnen erwartet, es war Ute, die älteste der Schwestern. Sie sprachen über dies und das, aber vor allem machte ihm Ute klar, dass er sich die Sylvia aus dem Kopf schlagen müsse. Deren Eltern wären in der Partei und gegen alles, was so aus dem Westen kommt. Aber wenn Robert möchte, so würde sie, die Ute, sich freuen wenn er weiterhin zu Besuch käme. Da merkte er, dass sie ihn mochte und so machten sie einen neuen Treff- und Zeitpunkt aus.

Beim nächsten Mal hatte er wieder verstecktes Ostgeld dabei, aber alles ging glatt, und ohne Probleme kam er rüber nach Ostberlin. An diesem Tag fuhren sie mit der S-Bahn nach Treptow. Ute wollte ihm etwas zeigen, als sie aber am Bahnhof Baumschulenweg ausstiegen, wurde ihm flau im Magen, er ahnte schon, was kommen würde. Und richtig, sie nahm ihn mit zu sich nach Hause und stellte ihn der Mutter vor. Die fiel beinahe in Ohnmacht als sie Robert sah, "meine Güte Ute, einen Westler schleppst du mir an, schau dir mal die langen Haare an und die bunten Klamotten, wenn das die Nachbarn sehen"! Na ja, die gute Frau hatte etwas die Fassung verloren, aber Robert hatte Charme und konnte sie beruhigen, er versprach, dass er nichts Böses vorhat mit der Ute, und im Westen würden die jungen Leute fast alle so rumlaufen wie er. Inzwischen war es später Abend geworden, und er musste Ostberlin bis 24 Uhr verlassen haben, also verabschiedete er sich von der Mutter und den anderen Mädchen. Ute wollte ihn noch zur Bahn begleiten, aber erstmal ging es in den Keller, wo es zu den ersten, heftigen Zärtlichkeiten kam. Auch gab sie ihm den Rat, zur

Mutter nett zu sein, Strumpfhosen und West-Zigaretten könnten dabei hilfreich sein. *(So war es denn auch.)*

Robert hatte in weiser Voraussicht mit Ute ausgemacht, falls ein Treff zum vereinbarten Termin platzte, dass man sich dann am folgenden- bzw. übernächsten Tag treffen wollte *(Telefone waren im Osten rar und Handys gab es damals noch nicht)*. Als er einige Tage später wieder über die Grenze wollte, gab es tatsächlich Ärger. Man wollte wissen, warum er so häufig in die "Hauptstadt" käme, und da er sich bockig gab, verweigerten sie ihm die Einreise! Also versuchte er es am nächsten Tag noch einmal, und dieses Mal ließen sie ihn rüber. Das ging eine Weile so hin und her, es war schön mit Ute, sie war so lieb zu ihm, aber es gab immer öfter Ärger an der Grenze, einmal schickten sie Robert weg, "er solle sich die Haare schneiden lassen". Oder es gefiel ihnen seine Kleidung nicht, oder seine große Klappe störte sie, oder wenn sie verlangten, er möge sich bis auf die Unterhosen ausziehen und er sich weigerte dies zu tun, hatte man ihm auch schon Schläge angedroht. Er war halt nicht erwünscht im Osten. Und so ging diese schöne Liebelei ziemlich schnell zu Ende.

Robert schickte Ute dennoch einige Male Briefe, aber es kam keine Antwort mehr aus Ostberlin!

Bald schon lernte er zwei junge Frauen aus dem Schwarzwald kennen, die wollten für einige Tage West-Berlin mit allem Drum und Dran genießen, und das taten sie dann auch. Marie und Beate zogen in Roberts Wohnung ein. Marie war sehr hungrig und leidenschaftlich, und Robert gab ihr, was sie brauchte. Als der Tag der Abreise nahte, gestand ihm Beate, dass sie ihn auch mal genießen möchte, das gefiel ihm, und da sie noch Urlaub hatte, vereinbarten die beiden Folgendes: Beide Frauen reisten gemeinsam ab, und einen Tag später wollte Beate mit dem Flugzeug wieder nach Berlin kommen. Natürlich durfte Marie das nicht merken, sie waren doch Freundinnen!? So kam es denn auch, Beate war noch verrückter als Marie, und Robert verließ das Bett eigentlich nur, wenn er zur Arbeit musste. Es waren herrliche Tage für ihn, was war er doch für ein toller Hecht, es war schön, so begehrenswert zu sein! Dass die beiden ihn nur benutzen wollten, dass ihnen nur sein Schwanz wichtig war, das begriff er erst, als ein Brief aus dem Schwarzwald kam.

Darin bedankten sie sich für seine Gastfreundschaft und Fürsorge, und er solle nicht traurig sein, aber sie hätten schon am ersten Tag beschlossen, ihn zu genießen!? Das konnte doch nicht wahr sein, das Techtelmechtel mit beiden war also von ihnen vorher abgesprochen, das verletzte Robert sehr. Hier wurde sein Stolz in den Dreck gezogen, er wollte nicht begreifen, dass auch Frauen Egoisten sind, dass sie schlecht sein können, dann dachte er an seine Mutter, und Scham und Selbstmitleid überkamen ihn.

Nachdem Beate frühmorgens abgereist war, begab sich Robert in seine Stammkneipe, diese befand sich direkt in der Bergmannstraße im Vorderhaus, seine Wohnung hingegen lag im dritten Hinterhaus. Er trank einige Bierchen, dann kam er mit dem Zapfer ins Gespräch, der mochte ihn und spendierte einige Schnäpse, und so war er schon um die Mittagszeit in gehobener Stimmung. Er verließ das Lokal, wollte eigentlich nach hinten zu seiner Wohnung gehen, als er auf der Straße einen Bekannten traf, der auf dem Weg zum Flughafen *(Tempelhof)* war. Er schloss sich ihm an, und so trotteten sie gemeinsam den Mehringdamm hoch. Nach einigen Minuten erblickte Robert zur linken Seite das Lokal "Barlaam`s Haide". *(Diese Kneipe wurde von einigen sozialistisch angehauchten Studenten geführt, die wollten ohne großen Gewinne wirtschaften, machten niedrige Preise, also alles zum Wohle der Gemeinschaft!)* Er war oftmals hier eingekehrt, wenn er von der Spätschicht kam, auch weil er sich in eine der "selbstlosen" Studentinnen verguckt hatte, die mochte Robert und war gut zu ihm, sie wollte verhindern, dass er durch seine Trinkerei ins Elend stürzte, und so manches Mal führten sie lange Gespräche über "Gott und die Welt". Spontan beschloss er, dort noch einen "Absacker" zu nehmen, und so trat er ein.

In der Kneipe waren kaum Gäste, er setzte sich an einen Tisch, bestellte sein Bier und grübelte über die Frauen nach, die ihn so schäbig behandelten. Ein junger Kerl, gesellte sich zu ihm *(Robert kannte ihn flüchtig, wusste nur, dass der in einer Band war. Viele Jahre später wurde er berühmt, er sang in einem Lied davon, was er alles tun würde wenn er König von Deutschland wäre!)*, und der nervte ihn mit seinem geistlosen Geschwätz über die Kapitalisten, machte ihm aber Komplimente, wie gut er aussehe *(denkt er denn, alle Männer mit langen Haaren sind schwul?!)*, er laberte ihn voll, aber Robert mit seiner schlechten Laune wollte alleine sein, und so kam es zum Streit. Na ja, er gab dem lästigen Kerl eine Ohrfeige, und da bekam er plötzlich von hinten einen Schlag in die Rippen, stürzte zu Boden und ehe er reagieren konnte, trat ihm jemand mit Holzpantinen ins Gesicht. Das war schlimmer als ein Faustschlag, das Blut spritzte nur so hervor, er hatte starke Schmerzen, aufgeplatzte Lippen und zwei Zähne weniger. Er hat nie erfahren, wer der heimtückische Angreifer war. Man brachte ihn ins Krankenhaus, wo er versorgt und genäht wurde, aber die Ärzte gingen mit dem besoffenen, langhaarigen Robert nicht besonders zart um, und so verließ er auf eigenen Wunsch die Erste Hilfe Station.

Jetzt war es an der Zeit, die Wunden zu lecken. Am nächsten Tag ging er zu seiner Hausärztin und ließ sich krankschreiben. Er hatte ihr schon oft von seiner Vergangenheit erzählt. Sie verstand ihn, da konnte er sich auch schon mal ausweinen. Sie hatte erkannt, was mit Robert los war, warum er so viel trank, sich prügelte und den Weibern nachjagte. "Sie suchen Liebe und Anerkennung, am besten wäre es, Sie würden wieder zurück zu Ihrer Familie gehen, hier in Berlin gehen Sie vielleicht vor die Hunde. Und noch etwas, Sie suchen unbewusst in den Frauen Ihre Mutter, aber die werden Sie wahrscheinlich nicht finden"!

Also das verstand Robert nun überhaupt nicht, wie konnte die Ärztin so etwas sagen? Natürlich hing er an seiner Mutter, sie hatte für ihre Kinder gehungert, der Alte schlug sie manchmal blutig, wenn sie Robert vor ihm schützen wollte. Aber er leidet doch nicht unter einem Ödipus-Komplex!

Für einige Tage verkriecht er sich in seiner Wohnung, lässt die Finger vom Alkohol und gelobt, sich zu bessern, sein Leben zu ändern. Als er wieder zur Firma geht, um zu arbeiten, ist natürlich zu sehen, dass er eins auf die "Fresse" bekommen hat. Nicht wenige der Kollegen reagieren schadenfroh, und der Chef redet ein ernstes Wort mit ihm.

Nach einigen Wochen ging es wieder aufwärts mit Robert, er hatte die Geschichte mit den beiden Mädels aus dem Schwarzwald gut verdaut, man schrieb sich sogar gelegentlich Briefe, und auch die Wunden im Gesicht waren verheilt. In der Firma lief auch alles optimal, er war immer noch sehr anstellig und zuverlässig, und eines Tages fragte ihn der Betriebsrat, ob er nicht Lust hätte, den Beruf – Brauer und Mälzer –zu erlernen, der Chef würde auch sein OK geben. Natürlich wollte Robert, dann würde auch endlich die Frotzelei aufhören, er sei ja nur ein "Ungelernter". Da er als Mälzer arbeitete, käme ein Praktikum in der Brauerei hinzu, verbunden mit dem Besuch in der Berufsschule, sowie vorher ein Eignungstest beim Arbeitsamt.

Das lief alles auch gut an, etwas Angst hatte er nur vor der Theorie *(er war in der Heim-Grundschule aus der 6. Klasse abgegangen)*. Wie er nun so über das Problem nachdachte, fiel ihm Corina ein, und sofort setzte er seine Hoffnung auf sie, Corina war ja so klug, und sie würde ihm bestimmt helfen. Als er sie in ihrer Firma anrief und den Sachverhalt erklären wollte, sagte sie einfach "Nein!" und, "ich führe nun mein eigenes Leben, du musst halt sehen, wie du klarkommst," mit diesen Worten legte sie den Hörer auf. Damit hatte Robert nicht gerechnet, sie hatte doch immer den Schreibkram für ihn gemacht, er würde ohne Hilfe die Theorie nicht schaffen, das war ihm klar, und so schmiss er die Brocken hin.

Im Betrieb sprach es sich schnell herum, und die Lästermäuler stichelten und lachten über ihn. Er war und blieb für einige nur der "Hurenjunge und der dumme Schuster". Das tat verdammt weh, und oft stand er morgens vor dem Betrieb und zählte seine Knöpfe an der Jacke, geh ich rein? ja, nein, ja, nein. Aber dann dachte er an sein Leben vor Berlin und den Schwur, "nie wieder arm sein", und so hob er wieder öfter die Faust und flüchtete sich in den Alkohol.

Einmal noch rief er Corina an und jammerte herum, und als sie fragte, wie er sich denn die Zukunft vorstellt, mit seiner Trinkerei, da packte ihn die Wut und trotzig rief er, "ich werde mit 35 Jahren ein Haus haben, und davor parkt mein Daimler!" Daraufhin sagte Corina, "ach ja, warum nicht gleich ein Rolls-Roys?". *(Sie spielte darauf an, dass er keinen Führerschein besaß und nach dem Unfall mit Fahrerflucht auch noch ein mehrjähriges Fahrverbot bekommen hatte)*. Wütend knallte Robert den Hörer auf. *(Aber er besaß mit 35 Jahren tatsächlich ein Haus und einen neuen Daimler in Berlin!)*

Der Alltag ging weiter, und Robert versuchte, das Beste daraus zu machen. In der Firma gab es immer etwas zu feiern, mal ging einer auf Rente, oder es gab Jubiläen oder Betriebsfeiern, und Robert war immer dabei. Einige Frauen der Kollegen tranken und flirteten mit ihm, und manche wollten auch mehr, und er gab ihnen gerne, was sie brauchten.

Im Sommer kam er auf einem Rummelplatz mit zwei hübschen Mädels aus Westdeutschland *(aber nicht aus dem Schwarzwald!)* ins Gespräch, man trank Bier, alberte herum, und gegen Abend gingen sie mit Robert nach Hause.

Zu vorgerückter Stunde vertrauten sie ihm an, dass sie mit der Belegschaft ihrer Firma zu einem Ausflug nach Berlin gekommen sind, aber nicht mehr zurück wollten. Ob sie wohl bei ihm eine Weile bleiben dürften, bis sie Arbeit gefunden hätten. Sie würden sich auch nützlich machen. Nur allzu gerne sagte Robert zu, sie waren auch wirklich sehr hilfsbereit und bedankten sich bei ihm auf ihre Art und Weise, es war eine schöne Zeit mit den beiden.

Eines Tages war mal wieder der alte Fritze bei ihm zu Besuch, er brachte eine Pulle Korn mit, Robert steuerte das Bier dazu, und schon war die schönste Sauferei im Gange. Als Fritze nur noch lallen konnte, kam er dann auf den Punkt. "Du hast immer so viele junge Weiber bei dir, willst du mir nicht mal eine abgeben? Kannst ja für 2-3 Stunden weggehen und mich mit den beiden alleine lassen!" Robert war sprachlos, da spielt dieser alte, geile Bock den Moralapostel, solange er nüchtern ist, und nun so was. Aber so waren sie halt, die anständigen Bürger, Robert hat es schon des Öfteren in seiner Firma erlebt. Gerade die ärgsten Lästermäuler schmierten ihm "Honig um die Backen", wenn sie besoffen waren, und dann kamen die versteckten Triebe zum Vorschein. Die Wünsche nach einem kleinen, jungen Mädchen, gerne auch jünger als die eigene Tochter, wurden oft an ihn herangetragen.

Aber Robert, mit seinen negativen Erlebnissen, was "alte Männer" anbelangte, ließ sie abblitzen, hielt ihnen den Spiegel vor, und wenn sie wieder nüchtern waren, schämten sie sich, auch weil Robert hinter ihre Fassade geschaut hatte, und das ließen sie ihn spüren.

Endlich alleine, die beiden jungen Frauen sind wieder nach Hause gefahren, es war zuletzt etwas stressig geworden, auch weil es zu Eifersüchteleien kam.

Robert möchte endlich den Führerschein der Klassen 1 und 3 machen und sich dann erstmal ein Motorrad zulegen. Also meldet er sich in der Fahrschule am Mehringdamm an *(5 Min. von seiner Wohnung entfernt)*. Der Fahrlehrer kam auch aus Westdeutschland und war ein ehemaliger Ausbilder bei der Bundeswehr. Der machte aus seiner Abneigung gegen Roberts Äußeres keinen Hehl, auch störten ihn prinzipiell diese "langhaarigen Affen, die sich vor dem Wehrdienst drücken, indem sie nach Westberlin ziehen und hier die Ordnung stören". Anfangs hielt sich Robert trotz des Kasernentons noch zurück, als der Fahrlehrer aber regelmäßig die Übungsstunde für ca. 10 Min. vor einem Bürogebäude unterbrach und Robert anwies, im Auto auf ihn zu warten, da er etwas Wichtiges zu erledigen hätte, da platzte ihm schließlich doch der Kragen. Vor allem, weil er statt 45 nur 35 Min. üben konnte. "Herr Weber, ich zahle für die Fahrstunde viel Geld, und ich erwarte von Ihnen, dass ich auch die volle Zeit fahren kann, also hängen wir die fehlenden Minuten hinten an, oder ich zahle weniger. Übrigens verstehe ich nicht, weshalb Sie immer während meiner Übungszeit in dieses Büro müssen. Können Sie das nicht nach Feierabend machen? Der Fahrlehrer lief rot an, und Robert dachte schon, er würde explodieren, aber er wurde ziemlich kleinlaut und gestand, dass in dem Büro seine Freundin arbeitet und er schon mal gerne auf die Schnelle ein "Käffchen" mit ihr trinkt!

Das war also geklärt, aber nun stimmte die Chemie zwischen beiden überhaupt nicht mehr. Mal fuhr ihm Robert zu schnell, dann wiederum missachtete er angeblich die Vorfahrt eines anderen, sodass der Fahrlehrer mit einer Vollbremsung eingriff, sie brüllten sich an, und Robert verließ das Auto mit einem, "die Vorstellung ist beendet, Sie können mich am Arsch lecken". Wütend schmiss er die Tür zu und rief nach einem Taxi, um nach Hause zu fahren.

In seiner Kneipe kippte er sich erstmal einige Klare mit Cola hinter die Binde, um sich zu beruhigen. Gerne hätte er mit dem Zapfer geplaudert, aber diesmal war nur die Chefin da. Diese war eine dralle, aufgedonnerte, etwas laute Person, vielleicht 5-6 Jahre älter als Robert, die ihn aber kaum beachtete. Das wiederum ärgerte ihn, er hasste es, wenn man ihn missachtete, und er beschloss, die ordinäre Kuh anzubaggern. Aber nicht mehr heute, er hatte genug vom Tag, außerdem war er müde, und so begab er sich in seine Wohnung

In der Firma macht er den Fehler, über die letzte Fahrstunde zu plaudern und dass er hingeschmissen habe, doch er erntet statt Verständnis nur Häme und Spott. Wenn er doch bloß seine Klappe halten könnte! Aber mit irgendeinem Menschen musste er doch über seine Probleme reden. Nach Feierabend kehrt er in seiner Kneipe ein, aber der Zapfer Olli tritt erst abends zur Ablöse an, und so kommt er mit der Wirtin ins Gespräch. Nach einigen Schnäpsen findet er sie gar nicht so übel, ihr Name ist Elke und ihr Ehegatte ist zurzeit verreist *(sagt sie, aber in Wirklichkeit sitzt der eine*

168

Gefängnisstrafe in Berlin-Moabit ab! Das hat sie ihm am nächsten Tag gebeichtet.). Na ja, sie findet Robert ebenfalls nett und sagt ihm das auch, "ohne die langen Haare könntest du mir sogar gefallen", und noch einige Schnäpse später, als Robert sie voll laberte und darauf hinwies, dass er solo sei und im 3. Hof hinter der Kneipe wohnt. "Na das passt ja, also mein Lieber, von der Bettkante würde ich dich nicht runter stoßen, wenn du möchtest, darfst du mich heute nach Hause bringen". Natürlich wollte Robert. Ihre Wohnung war nur zwei Häuser weiter im oberen Stockwerk. Dort angekommen, ließ sie Wasser in die Badewanne ein, und ohne großes Palaver gingen sie gemeinsam in die Wanne und anschließend ins Bett. Elke war gar nicht sein Typ, vor allem störte ihn der üppige Busen und der Hintern, aber sie war so was von triebhaft und versaut, sie machte Dinge mit Robert, von denen er bis dahin nicht wusste, dass es so was überhaupt gab *(keine anständige Frau würde so etwas tun, dachte er in seiner Naivität).* Aber er ließ sich treiben, sie schien ausgehungert zu sein, und seine Lust und Neugierde waren noch lange nicht gestillt. "Da haben sich zwei gesucht und gefunden", ging es ihm durch den Kopf, bevor ihm die Augen zufielen.

Nun folgten viele wahnsinnig schöne, verrückte Wochen.

Als Robert am nächsten Tag von der Arbeit kam, war sein erstes Ziel natürlich die Kneipe. Er war sich nicht sicher, wie Elke sich nach der ersten gemeinsamen Nacht verhalten würde. Aber sie lächelte ihn an und sagte zu Olli, "ich habe mit Robert zu reden und möchte nicht gestört werden". Mit diesen Worten öffnete sie die Tür zu einer kleinen Küche. Sie betraten den Raum, und Elke verriegelte die Türe hinter sich. Dann machte sie es sich in einem alten Sessel bequem, schob sich den Rock hoch und spreizte die Beine, und als Robert sah, dass sie kein Höschen anhatte, fiel er über sie her. Aber zuerst drückte sie seinen Kopf nach unten, sie wollte seine Zunge spüren, dann drehte sie sich um, und mit den Worten, "hau ihn richtig rein", hielt sie ihm den Hintern hin. Das war so richtig nach seinem Geschmack, anders als bei den jungen Dingern, die sich meistens so zierten und Hemmungen hatten.

Als sie endlich satt waren, rauchten sie noch eine Zigarette und gingen dann nach vorne zu Olli. Dem machte sie nun klar, dass Robert ihr "neuer Lover" sei, und als der Zapfer etwas verdutzt aus der Wäsche schaute, fügte sie hinzu, "selbstverständlich geht alles, was er verzehrt, auf Kosten des Hauses".

Robert war beinahe täglich in der Kneipe präsent. Wurde es mal spät, so brachte Elke ihn mit ihrem weißen BMW zur Firma, was natürlich Dank des "aufmerksamen" Pförtners schnell die Runde machte. Allgemeiner Tenor war, "nun wird der Langhaarige sicher bald den Job schmeißen, er kann sein Geld ja leichter verdienen". Elke war es auch, die ihn drängte, wieder zur Fahrschule zu gehen, damit er endlich die Pappe bekäme.

Im Lokal stand er während seiner Freizeit fast regelmäßig hinter dem Tresen und bediente die Kundschaft, man mochte ihn, er konnte zuhören, viel und gut plaudern, und vor allem war er ein "Schluckspecht". Es war wichtig, "zu animieren, damit es in der Kasse klingelt". Oftmals war er so betrunken, dass er kaum noch stehen konnte, aber nach außen hin hatte er sich im Griff, konnte es gut verbergen.

In West-Berlin gab es keine Sperrstunde, und wenn mal abends wenig los war, schloss Elke die Kneipe zu, und dann startete sie mit Robert eine Fress- und Sauftour durch andere Lokale. So machte er auch in diversen Bars mit Schwulen und Huren Bekanntschaft, das Geld saß dank Elke sehr locker, und es fiel ihm oft schwer, morgens zur Arbeit zu gehen. Man fuhr selbstverständlich mit Taxe, und dabei ließ sie eines Nachts ihre Tasche mit sehr viel Geld im Wagen liegen. Ein Finder meldete sich nicht, die Tasche war weg!

Das Leben mit Elke war schön, nicht nur wegen der Bettgeschichten. Robert sah aber auch andere Seiten bei ihr. Da gab es noch ein Kind, das von der Großmutter betreut wurde, und um beide kümmerte sie sich rührend. Das gefiel ihm sehr, es erinnerte Robert an seine Mama und die Geschwister. Mehr als einmal drängte sie ihn auch, er möge seinen Job in der Firma aufgeben und nur noch in der Kneipe zu arbeiten, aber er dachte an ihren Mann, der im Knast saß, und eines Tages sprach er mit Ollie über die ganze Problematik. Der wollte sich zuerst aus allem raushalten, aber dann plauderte er doch. Das eigentliche Problem war seiner Meinung nach nicht der Ehemann, sondern Roberts "Vorgänger", ein älterer, gepflegter und ruhiger Mann, der "jwd" *(janz weit draußen)* am Stadtrand wohnte. Robert erinnerte sich, ihn gelegentlich im Lokal gesehen zu haben. Ollie plauderte viel Intimes aus der Vergangenheit aus, Elke sei dem Mann hörig, und das ging schon viele Monate so. Das tat Robert richtig weh, sollte es wirklich so sein, dass er nur ein Mittel zum Zweck, d.h. das Elke ihn nur benutzte, um von diesem alten Knacker los zu kommen? Sofort fiel ihm wieder Corina ein, noch einmal wollte er sich nicht verscheißern lassen, er würde aufpassen!

Robert hatte sich fest vorgenommen, keine krummen Dinge mehr zu machen, und deshalb gefiel ihm so manches nicht, was für Elke und Ollie in der Kneipe schon Usus war. Da wurde z.B. billiger Schnaps aus dem Supermarkt gekauft, umgefüllt und dann als hochwertige Spirituose ausgeschenkt, überwiegend abends an betrunkene Arbeiter, die von der Schicht kamen. Oder die Spielautomaten *(Mietgeräte)* wurden von Olli einmal pro Woche manipuliert, er hatte einen Nachschlüssel, und wenn die Kneipe mal leer war, stellte er sich eine Superserie ein, zog den Stecker raus, damit niemand spielen konnte, und sobald Kunden kamen, schaltete er den Automaten wieder an und holte sich so, quasi vor Zeugen, seinen Gewinn raus.

Aber einmal wurde es richtig kriminell. Die Kneipe war ja von Elke nur gepachtet, und jeden Monat kam der Besitzer, ein unsympathischer, brutaler Mensch, und holte sein Geld ab. Elke hatte schon etwas Angst vor ihm, denn es kam vor, dass sie die Pacht nicht pünktlich zahlen konnte, und dann wurde er richtig unangenehm. *(Der Besitzer betrieb eine Schwulenkneipe in Schöneberg, und mochte kleine Jungen. Einmal landeten sie nach einer Durchzechten Nacht in diesem Lokal. Als Elke Robert als "mein Beschützer" vorstellte, - das sollte ein Scherz sein - griff er unter den Tresen und holte einen blank polierten Knüppel hervor. "Ich brauche keinen Beschützer", sagte er, "falls mal jemand aufmüpfig wird, habe ich ja meinen 'Seelentröster' , und dabei sah er Robert an!?)*

Als Elke bei ihrer Sauftour mit Robert eine Tasche mit einigen tausend Mark in der Taxe verlor, da war dieses Geld auch für die Pacht dabei. Na ja, guter Rat war teuer, aber eines Morgens, als Elke in ihre Wohnung wollte *(sie hatte die Nacht bei Robert verbracht)* stellte sie fest, dass Einbrecher am Werk gewesen waren! Welch ein passender Zufall!? Die Schränke waren durchwühlt, viele wertvollen Sachen und Bargeld wurden gestohlen, sagte Elke. Zum Glück hatte sie eine Hausratversicherung. Immer wenn später mal über den Einbruch gesprochen wurde, zog ein Grinsen über das Gesicht von Elke, und Olli und Robert machte sich so ihre Gedanken.

An einem Sonntag, beim "Frühschoppen", bediente Robert einige vom Abend übriggebliebene "Schluckspechte", als plötzlich Elke auftauchte, sturzbetrunken! "Ich dachte, du wärst noch im Bett", sagte Robert, sich mühsam zu einem ruhigen Ton zwingend, "du wolltest doch mal ausschlafen". Sie lachte über seinen betroffenen Gesichtsausdruck und meinte ganz lapidar, "glotz doch nicht so blöde, im Bett war ich schon, aber nicht daheim." Und dabei lachte sie ihr vulgäres Lachen, das er so hasste! Die langjährigen Gäste schauten schon etwas verlegen in die Runde, einige grinsten auch schadenfroh, und bevor Elke sich noch mehr gehen ließ, packte Robert sie am Arm und zog sie in den Nebenraum. Dort gestand sie ihm, dass der "ältere Freund" am Abend zu Besuch gewesen war und dass sie gemeinsam in dessen Wohnung übernachtet hätten. Als sie ihn ärgern wollte und damit begann, einige Details zu erzählen, sah er rot, "wieder reingefallen, wieder so ein Schwein", dachte Robert Er schubste sie zum Sessel, da sagte sie lachend, "na, haste dich nun aufgegeilt, komm, nimm mich von hinten, das magst du doch so, anderen Männern gefällt das übrigens auch". Mit diesen Worten drehte sie sich im Sessel um, natürlich hatte sie kein Höschen an, und voller Wut und Lust stieß er zu. Als seine Tränen auf ihren nackten Arsch tropften, hätte er sie am liebsten geschlagen, sie hatte ihm so wehgetan, aber auch erregt wie nie zuvor!

Völlig durcheinander verließ er die Kneipe, und in seiner Wohnung gab er sich dem Schmerz hin. Er verstand die Welt nicht mehr, war er nicht gut zu ihr gewesen, warum machte sie so was, warum betrog sie ihn? Elke hatte irgendwie erfahren, dass er öfter jüngere Frauen bei sich übernachten ließ, aber das war vor ihrer Zeit. Sie flirtete gerne mit den besoffenen Gästen und animierte sie zum Trinken, da hatte er mal gesagt, sie solle es nicht übertreiben. Ihm gefiel nicht, dass sie sich so antatschen ließ. Damals meinte sie, er solle nicht so den Moralapostel spielen, sie verbiete ihm ja auch nicht die Vögelei mit "seinen" Trebegängerinnen?! Aber das machte er doch nicht mehr, er hatte sich in Elke verliebt, da gab es keine andere, warum redete sie denn so einen Blödsinn?

Am nächsten Tag stürzte er sich in die Arbeit, um bloß nicht an Elke zu denken, aber es gelang ihm nicht wirklich. Er hatte ihr seine Seele gezeigt, sie wusste, wie er tickte und trotzdem hatte sie ihn mit dem "alten Sack" betrogen, ihm so wehgetan. Er fühlte sich richtig verscheißert, sie hatte ihn so klein gemacht. Vor seinem geistigen Auge sah er ihr Gesicht, ihren Körper, wie sie es im Bett mit ihm trieb, dann schob sich der andere dazwischen, er konnte sehen und hören, wie sie über ihn lachten. Robert rannte aufs Klo und kotzte und weinte bittere Tränen. Endlich ist Feierabend, und er hat sich nach außen hin gefangen, aber in ihm brodelt es. Nur mit Mühe schafft er es, an der Kneipe vorbei zu gehen. In seiner Wohnung trinkt er eine halbe Pulle Schnaps, legt sich auf das Sofa, und schon bald ist er eingeschlafen.

Als Robert wach wird, dauert es eine ganze Weile, bis er so richtig bei sich ist. Aber dann stürzt alles über ihm zusammen, Elke will ihn nicht mehr, er wird wieder alleine sein, die Schmerzen in seiner Brust, in seinem Bauch rauben ihm den Atem, was ist nur los mit ihm? Er kann nicht mehr denken, will nur zu ihr, alles klären, erklären, warum, warum?

Er zieht seine Stiefeletten an, greift sich seine Lederjacke und stürzt nach vorne zur Kneipe. Bevor er eintritt, holt er noch mal tief Luft, und dann steht er im Raum. Elke sitzt am Tresen und unterhält sich mit einem Gast, als Robert näherkommt, dreht sie sich um und sagt laut zu dem Mann, "würdest du dem Robert bitte klarmachen, dass ich wieder mit dir zusammen bin, und sag ihm, er möge in Zukunft das Lokal nicht mehr betreten." Der Mann dreht sich um, es ist Elkes ehemaliger Geliebter, er schaut Robert an und sagt leise, "du hast es gehört, also bitte geh und komme nicht wieder!" Fassungslos, unfähig etwas zu sagen, steht Robert vor den beiden, er möchte schreien, weinen, wieder nimmt ein Mann ihm das Liebste weg, tut ihm weh, macht ihn klein. Da sieht er den Bierkrug auf dem Tresen - die beiden sollen nun erleben was sie angerichtet haben - er greift zu, und Elke schreit auf, wahrscheinlich hat sie Angst um den "alten Sack", aber Robert zerschlägt den Krug und rammt sich den scharfkantigen Glasgriff erst in das rechte untere Handgelenk, und als das Blut spritzt, schneidet er sich eine lange und tiefe Wunde in den linken Unterarm. Er empfindet dabei keinen Schmerz, aber Genugtuung, er wird sterben, und die Elke ist daran schuld! Er verlässt das Lokal und läuft über den Mehringdamm, er will zum Kreuzberg, sich in den Büschen verstecken. Aber er kommt nicht weit, ein Polizeiwagen hält neben ihm an, und die Beamten sprechen mit ihm, wollen ihn beruhigen. Jetzt begreift Robert auch, was er getan hat, die Wunden beginnen zu schmerzen, und schluchzend und zitternd sagt er immer wieder, "ich will zu Elke, ich will zu Elke!" Sie fahren ihn ins nächste Krankenhaus, wo er versorgt wird.

Eine Schwester unterhält sich lange mit ihm, über seine Familie, seine Probleme, dabei fließen die Tränen, und er verspricht ihr, in Zukunft keine

"Dummheiten" mehr zu machen. Am Morgen begibt er sich zu seiner Hausärztin in der Bergmannstraße und bittet um eine Krankschreibung. Frau Doktor ist sehr ungehalten, als ihr Robert von dem Vorfall erzählt. Sie "wäscht" ihm gehörig den Kopf, "wegen so einer Person wollen Sie sich das Leben nehmen? Denken Sie gar nicht an ihre Mutter, an die Geschwister und all die Menschen, die sie mögen?" Sie redet lange auf ihn ein, er soll mit dem Alkohol aufhören, und das Beste wäre überhaupt, wenn er wieder in seine Heimat zurückkehren würde. Er verspricht der Ärztin auch, dass er die Kneipe meiden wird, über alles andere wird er nachdenken. Anschließend fährt er in die Firma und gibt die Krankschreibung ab. Dem Chef schwindelt er vor, dass er in seiner Wohnung mit einer Kiste Bier gestolpert sei, in die zerbrochenen Flaschen gefallen sei und sich dabei an den Armen verletzt habe. So richtig glaubt der Chef die Geschichte nicht, er vermutet logischerweise Weise, dass es mit der Kneipe zusammen hängt, aber er wünscht Robert trotzdem "gute Besserung", in jeder Beziehung!

Die nächsten Wochen sind nicht einfach für Robert, er geht täglich des Öfteren aus dem Haus, und jedes Mal schmerzt es sehr, wenn er die Kneipe sieht, aber es gibt keinen anderen Weg.

Vor Weihnachten sind die Arme wieder in Ordnung, und da nimmt er seinen Resturlaub und fliegt in seine Heimat. Wie immer, so ist auch diesmal bei seiner Familie die Freude sehr groß, als Robert ganz überraschend an die Tür klopft. "Hast du Hunger, möchtest du was trinken?" Die Mutter rennt aufgeregt hin und her, will ihm etwas Gutes tun, aber die Not ist zuhause halt immer noch vorhanden, und es fehlt an allem. Robert spürt, wie peinlich das der Mutter ist. Er steckt ihr Geld zu, und eines der Kinder rennt erstmal zum Kaufmann, um das Nötigste zu kaufen. Dann verteilt er Geschenke an alle, und auch der Alte kommt nicht zu kurz. Später gibt es viel zu erzählen, die kleinen Geschwister drängen sich an Robert, jeder möchte ihm nahe sein. Er hatte der Mutter vor einigen Tagen geschrieben, dass er sich nun endgültig von Corina getrennt habe und dabei auch den "Unfall" mit seinen Armen erwähnte. *(Die wahre Geschichte hat er verschwiegen, ein Held darf doch keine Schwäche zeigen!)* Alle bedauern seine Trennung von Corina, sie war sehr beliebt bei seiner Familie. Vor allem der kleine Michael war traurig, sie hatten beide den gleichen Geburtstag im Februar.

Am nächsten Tag zieht es ihn wieder in die Stadt, zum "Pfauen", er möchte gerne die Edith und die alten Kumpels wiedersehen. Als er sich vom Bahnhof aus hinunter in das Städtchen begibt, kommen wieder die Erinnerungen hoch. Gerne hätte er bei Corinas Großmutter vorbei geschaut, aber er traute sich nicht. Vielleicht hatte sie schon von Roberts Schandtaten erfahren? Auf einmal ist er ganz traurig, möchte auf den Arm genommen werden, er kommt sich so unendlich verloren und einsam vor!

Im "Pfauen" sind die Wirtsleute hoch erfreut, als sie der "verlorene Sohn" mal wieder besucht, und nach einigen Cola-Schoppen *(Cola mit Wein)* geht es Robert auch wieder gut, und am späten Nachmittag begibt er sich zur Disco. Und wie der Zufall so spielt, auf dem Weg dahin trottet er durch die schmale Gasse, und da hupt plötzlich hinter ihm ein Auto. Er schaut sich um und sieht eine junge Frau am Steuer, die ihm zuwinkt. Sie parkt den Wagen, einen dicken Daimler, auf der Straße, läuft auf ihn zu und fällt ihm um den Hals. Da erkennt er sie wieder, es ist die Ursula, die treue Seele. Sie hatte Robert schon immer gemocht, als junges Mädchen war sie sehr verliebt in ihn, er war ihr erster "Mann". Und als er damals aus dem Knast kam und Hilfe brauchte, da war sie auch für ihn da. "Mensch Robert, was zieht dich denn in unser Kaff, keine Lust mehr, in Berlin zu bleiben?" Sie haken sich unter und gehen gemeinsam in die Disco, sagen den Bekannten hallo und ziehen sich dann zum Plaudern in eine etwas ruhigere Ecke zurück, es gibt ja so viel zu erzählen. Ursula war einige Monate vorher mit ihrem Freund mit dem Motorrad schwer verunglückt, ihre Beine mussten genagelt werden. Nun ging es ihr gesundheitlich wieder einigermaßen gut. Sie darf gelegentlich den Wagen vom Papa fahren, das ist sicherer *(deshalb der Daimler)*. Natürlich hat es sich in ihrem Bekanntenkreis herumgesprochen, dass die Corina den Robert wegen eines anderen verlassen hat, und Ursula ist auch begierig, Details zu erfahren. Als sie bemerkt, dass er noch immer leidet, hält sie sich mit der Fragerei zurück. Aber sie erwähnt so ganz nebenbei, "du, Robert, ich bin wieder solo!"

Über die Feiertage treffen sich die beiden nun täglich, Ursula holt ihn nachmittags mit dem Wagen ab, dann fahren sie in die Stadt, kehren im "Pfauen" ein oder in die Disco, und wenn es spät wird, bringt sie ihn in sein Dorf zurück. Dabei kommt es auch zu Zärtlichkeiten, und am letzten Abend fragt sie ihn, "sag mal, hättest du was dagegen, wenn ich zu dir nach Berlin käme?" Also, da war Robert schon etwas perplex, eigentlich wollte er mal eine Weile alleine bleiben, sich noch etwas austoben. Aber Ursula schaute ihn so lieb an, kuschelte sich an ihn, und da dachte er, "warum eigentlich nicht, wenn sie unbedingt will, sie hat mir immer schon gefallen, und sie wird mich ganz bestimmt nicht betrügen. Vielleicht sind aber auch die Eltern dagegen, dann hat sich alles von alleine geregelt." Als er am nächsten Tag mit dem Flieger in Tempelhof ankam, nahm er sich ganz fest vor, den Führerschein zu erwerben, Ursula hatte ihn wieder auf den Geschmack gebracht. Aber dass sie zu ihm nach Berlin kommen würde, das glaubte er nicht wirklich.

Im Betrieb schienen sich der Chef und einige der Kollegen wirklich zu freuen, als Robert wieder zur Arbeit erschien, und so ging alles seinen gewohnten Gang. Leider führte ihn sein Weg eines Tages auch wieder in die Kneipe, der Trieb und das Verlangen, ihn mit dieser versauten Person auszuleben, waren einfach zu stark. Die Elke empfing ihn mit den Worten, "hallo Robert, schön dich wieder zu sehen, hast du Hunger? Ich habe noch warmes Essen auf dem Herd!" Dieses Miststück, natürlich wusste er, was sie von ihm in der Küche wollte, aber er war zu schwach um abzulehnen. Dort fielen sie gierig übereinander her und er dachte, "du Luder, eines Tages werde ich dir auch wehtun!"

In der Fahrschule waren sie nicht sehr erfreut, ihn zu sehen, aber er bekam seine Chance. Im März hatte er seinen "großen Tag", zuerst die Prüfung mit dem Motorrad, das war kein Problem, aber dann mit dem Auto fuhr er zu schnell, meckerte auch noch mit dem Prüfer rum und das war`s denn. Robert ist fast geplatzt vor Wut. Der Fahrlehrer aber konnte sich ein Grinsen nicht verkneifen. "Herr Strebel, wenn Sie sich wieder besser fühlen, machen wir noch mal einen Versuch, mit etwas mehr Disziplin schaffen auch Sie den Führerschein." Der hätte ihm am liebsten in die Fresse gehauen, drehte sich aber wortlos um und ging schnurstracks in die Kneipe, um seinen Frust runter zu spülen.

Einige Zeit später war es dann soweit, Ursula kam nach Berlin. Als Robert sie am Flughafen Tempelhof abholte, war die Freude auf beiden Seiten sehr groß. Obwohl er anfangs nicht davon überzeugt war, dass sie kommen würde *(er war auch unsicher, ob sie auf Dauer miteinander auskämen)*, so wollte er nun doch das Beste daraus machen.

Nachdem Ursula die Wohnung kritisch beäugt und etwas herumgemosert hatte - zu klein, kein Bad, aber für den Anfang reicht es – , da fiel Robert ein, dass er noch Zigaretten holen müsste. Schnell ging er nach vorne in die Kneipe, und als Elke ihm zulächelte, da sagte er ohne sichtbare Regung, aber innerlich frohlockend, "heute beende ich unser Bumsverhältnis, ich habe endlich ein anständiges Mädchen gefunden." Und als sie ihn etwas dümmlich anschaute, legte er nach. "Nun kannst du wieder zu deinem alten Mann gehen, oder es dir selbst machen!" Mit diesen Worten verließ er die Kneipe. In der gleichen Nacht wurde sein Küchenfenster mit einem Pflasterstein eingeworfen!

Ursula hatte sich noch in der Heimat - über das Arbeitsamt - eine Arbeitsstelle als Verkäuferin besorgt. Der Supermarkt befand sich ebenfalls in der Bergmannstraße, unweit ihrer Wohnung. An einem Wochenende kam sein Nachbar Fritze zu einem Bierchen vorbei, und er brachte Neuigkeiten mit. Im gleichen Haus, aber im nächsten Aufgang wurde eine größere Wohnung frei. Diese befand sich im 2. Stock, und das Wohnzimmer bekam sogar ab Mittag die Sonne zu sehen, eine große Verbesserung der Wohnqualität. Einen Haken hatte die Sache allerdings, die alten Mieter ließen ein altmodisches Sofa mit den dazu gehörigen Sesseln und eine Sitzbank in der Küche zurück. Und dafür musste Abstand gezahlt werden. Die Bank hatte es aber in sich, klappte man die gepolsterte Sitzfläche hoch, so kam eine Badewanne zum Vorschein. Auch eine Abwasserpumpe war angeschlossen. Das war natürlich eine tolle Sache, sonst gab es in der Toilette nur ein Handwaschbecken. Mit den langjährigen Mietern wurde Robert schnell einig, und mit deren Fürsprache *(der Mieter war doch eine Persönlichkeit, er war Musiker im Berliner Polizei-Orchester!)* gab die Hausverwaltung ihre Zustimmung zum Wohnungswechsel. Schon einige Tage später konnten die beiden in die neue Wohnung umziehen. Da sie gut verdienten - und Ursula hatte auch etwas Geld mitgebracht - kauften sie einige neue Möbel und machten es sich gemütlich im neuen Heim.

Ursula ließ den Robert an der langen Leine. Er ging nicht mehr fremd, aber es zog ihn immer noch in den "Sound" ,und wenn er Spätschicht hatte *(bis 23 Uhr)*, ging er des Öfteren mit Herbert in diese Disco. Es war oft so, dass er am Morgen erst nach Hause kam, wenn die Ursula schon zur Arbeit war. Dann ging er gerne ein paar Häuser weiter zu einem Tabak-Laden auf einen "Absacker". Der Alte im Laden trank auch gerne, und nach einigen

Schnäpsen und Bierchen war schon richtige Stimmung in der Bude. An solch einem Tag kam der Trödler von gegenüber zu einem Plausch vorbei, er war in Begleitung eines jungen und hübschen Mädels. Sie palaverten über Gott und die Welt und über die "faulen Langhaarigen" (*Robert ausgenommen, der war ja fleißig und pflegte sich!*), und der Trödler machte sich lustig über die "Flitzer" (*das war eine neue Verrücktheit aus England, junge Leute zogen sich nackt aus und liefen durch die Straßen oder zogen sich bei Veranstaltungen aus, sie wollten halt provozieren*). Robert verteidigte die "Flitzer", "ich finde das toll, es macht doch Spaß wenn die Spießer sich aufregen, ich würde das auch machen!" Und nun nagelten die alten Männer ihn fest, "Du traust dich doch nicht, Feigling, Memme", alles redet durcheinander, und der Trödler bietet 50,- DM, und da sagt der Robert zu, aber nur wenn das Mädchen mitgeht. Die ziert sich etwas, zieht aber doch die Bluse und den BH aus, doch nun verlässt sie der Mut und unser Held geht alleine, wie Gott ihn schuf, gemächlich die Bergmannstraße runter. Die Leute glotzen oder schütteln die Köpfe, und nach ca. 30 Metern legt ihm ein älterer Herr aus seinem Wohnhaus seine Jacke um und führt ihn in den Laden zurück. Dort hat dann der Inhaber ein Schild mit großen Buchstaben bemalt und an die Türe geheftet: "Der erste Flitzer in der Bergmannstraße heißt Robert!" Das hing auch einige Tage dort, für Robert eine "Heldentat" mehr, aber nur im Suff. Wenn er nüchtern war, schämte er sich doch ein wenig vor den Nachbarn.

Robert hatte seinem kleinen Bruder Otmar zur Konfirmation ein Geschenk gemacht, nach Absprache mit den Eltern schickte er dem Jungen ein Flug-Ticket der PAN–AM von Frankfurt– Berlin und zurück. Natürlich war bei dem Kleinen die Freude riesengroß, als er in Berlin-Tempelhof ankam, und er war sehr aufgeregt, zum ersten Mal in einem Flugzeug und dann die Landung mitten in der geteilten Stadt! Am nächsten Tag fuhren sie mit der U-Bahn zu einem großen Kaufhaus, wo Robert seinen Bruder erstmal zeitgemäß einkleidete (*er steckte ja noch in seinem Konfirmationsanzug*). In den folgenden Tagen bemühten sich Robert und Ursula, den Aufenthalt des Jungen so angenehm wie nur möglich zu gestalten. Er wurde richtig verwöhnt, und auf einem Rummelplatz lief ihnen nicht nur ein Prominenter über den Weg (*Hallervorden*), sondern er verguckte sich beim Autoskooter– Fahren auch noch in eine kleine, hübsche "Dame". Weil er aber zu schüchtern war, um sie anzusprechen, beließ er es beim oftmaligen

Anbumsen mit dem Elektroauto. Gefallen hat dem Bruder auch der Nachbar Fritze, nicht nur dessen Trinkfestigkeit, sondern auch die Sprüche, die er von sich gab, und sein imposanter "Riechkolben". Aber alles hat ein Ende, und so musste auch Otmar nach einigen Wochen wieder nach Hause. *(Für ihn begann nun der "Ernst des Lebens", er sollte eine Lehre als Friseur beginnen.)*

In West-Deutschland wurde zu dieser Zeit die Fußball–WM ausgetragen, und als am 22.06.74 die "Ostzone" gegen West-Deutschland spielen sollte, wollte sich Robert das Spiel gemeinsam mit seiner Ost-Verwandtschaft im Fernsehen anschauen. Also wieder zur Friedrichstraße, dort die übliche Prozedur, Kontrolle, wieso, warum, Durchsuchung, Schikane. Da er sich mit einem Tagesvisum nur in Ostberlin aufhalten durfte, nahm er sich ein Taxi, und für 10,- DM West war der Fahrer bereit, ihn zu dem Dorf seiner Verwandtschaft zu fahren. Zuerst war ja alles schön, Friede, Freude, Eierkuchen. Aber dann kamen die Frotzeleien, man mokierte sich über die "BRD-Profis", die "Westmillionäre", die "arroganten Bayern", lobte überschwänglich jeden Ballgewinn der eigenen "werktätigen" Fußballer. Und als das 1:0 für die "Ostzone" fiel, hatte Robert wirklich das Gefühl, im "Feindesland" zu sein, ja, es schien so, als wäre er persönlich verantwortlich für alles Dekadente aus der "BRD". Und überhaupt, was jammerten sie denn so über das Leben in der "Ostzone"! Anscheinend gefiel es ihnen doch dort nicht schlecht, also dieses Verhalten befremdete ihn schon sehr!!

Mit Ursula lief es eigentlich ganz gut, sie war fleißig und hilfsbereit, konnte gut kochen, war sehr reinlich im Haushalt und mit sich selbst, aber sie war sehr still und ein ausgesprochener Morgenmuffel. Gab es mal etwas Kabbelei, war es nicht selten, dass sie ihn nur ansah und lange keinen Ton mit ihm sprach. Damit kam er überhaupt nicht klar, er war sich auch nicht seiner dominanten Art bewusst, was wiederum den Unmut von Ursula hervorrief. Robert brachte des Öfteren Kumpels mit nach Hause, dann wurde Skat gespielt, gesoffen, und wenn sie von der Arbeit kam und später ein leckeres Abendbrot anrichtete war allgemeiner Tenor, "das ist mal eine nette, tolle Frau, die solltest du halten". Solche Worte hörte Robert oft, aber das war für ihn kein Thema, sein Leben war doch jetzt und hier, und er hatte noch vieles nachzuholen, alles andere lag in weiter Ferne.

Am Herbstanfang bekam er Post vom Kreiswehrersatzamt, er sollte sich zu einem bestimmten Termin in einer bestimmten Kaserne einfinden und seinen Wehrdienst leisten!? So ein Mist, Robert fiel aus allen Wolken, an das Militär hatte er überhaupt nicht mehr gedacht. Die erste Einberufung bekam er noch ins Gefängnis geschickt, und irgendjemand sagte damals, "da haste ja Glück im Unglück, Knastbrüder nehmen sie nicht beim Bund". Und nun so was, was sollte er denn da, als "alter Esel", und was wäre mit der Arbeit und der Wohnung! Am nächsten Tag sprach er mit seinem Chef und dem Betriebsrat über diese Sache, und beide wurden etwas förmlich: Ganz Berlin war laut Viermächte Abkommen entmilitarisiert, d.h. keine deutschen Soldaten in der Stadt *(nur Ostberlin hielt sich nicht daran)*. Und deshalb brauchte die Firma Robert auch keinen Arbeitsplatz freizuhalten, im Gegensatz zu West-Deutschland. Er wäre zwar ein guter Arbeiter, aber sie könnten ihm keine Zusage machen.

Sollte er nach der Militärzeit wieder nach Berlin kommen und den Wunsch haben, im Betrieb weiter zu arbeiten, so müsste er sich neu bewerben und mit der untersten Lohnstufe beginnen! Das war ja eine schöne Scheiße, da war guter Rat teuer. Für die Beamten der Bundeswehr war die Sache klar, Robert hatte seinen ersten Wohnsitz immer noch bei seinen Eltern im Dorf angemeldet, deshalb musste er seinen Wehrdienst antreten. Und nun hagelte es förmlich von guten Ratschlägen. Jene Kollegen, die Robert nicht mochten *(vor allem die Alten bekamen leuchtende Augen beim Erzählen und weil sie wieder vom Krieg träumten und was sie für Helden damals waren)*, hätten es gerne gesehen, wenn er zum Militär ginge *(endlich kämen die langen Loden runter, und er würde mal lernen, was Zucht und Ordnung bedeutet)*. Die anderen, jüngeren Kollegen sowie der Chef und die Eltern von Ursula bedrängten ihn und redeten ihm eine Ehe schön. "Denke doch mal wie viel Geld ihr verdient - und was ihr sparen könnt - und die schöne, preiswerte Wohnung - und so langsam musst du doch auch vernünftig werden, mit dem Saufen und Prügeln aufhören - und wenn erst mal Kinder kommen - und, und, und". Roberts Sippschaft artikulierte sich ähnlich.

Einige Tage später reisten sie in die Heimat, im Städtchen war an diesem Wochenende ein Weinfest, da wollten sie mitfeiern, und Robert würde am Montag wegen der Einberufung beim Kreiswehrersatzamt in Mainz vorsprechen. Natürlich wurde er von "Hinz und Kunz" vollgelabert, und am liebsten wäre er weggelaufen, klar mochte er die Ursula, aber sie waren erst einige Monate zusammen, über eine Heirat hatten sie noch nie gesprochen.

Abends spazierten sie zum Festzelt, wo sich schon einige Verwandte von Ursula eingefunden hatten, auch Bekannte von Robert waren da. Nach einigen Gläsern Wein hatte sich bei ihm eine Art Panik entwickelt, Angstgefühle drückten auf die Brust, alle wollten sie, dass er heiratete, also wie die Eltern leben oder wie die Geschwister, die im Alltag keine Liebe, keine Romantik, keine Leidenschaft erfuhren. Also Schwanz rein, raus, Kinder kommen, das Geld wird knapp, vielleicht wieder Hunger, wieder rein in die Scheiße, aus der er mühsam geklettert war. Das konnte nicht sein Leben sein, und der erste, der ihn anrempelte, bekam was auf die Fresse, er musste seinen Frust irgendwie loswerden, und schon war die schönste Keilerei im Gange.

Als er dann am Montag im Kreiswehrersatzamt vor dem Beamten stand und sein Anliegen vortrug, mit seiner Jeanskluft, den langen Haaren und einem prächtigen "Veilchen" geschmückt, konnte dieser sich ein Schmunzeln nicht verkneifen. "Wie es aussieht, haben Sie bestimmt schon ein wenig Ihre Einberufung gefeiert und auch den Bremser *(neuer, junger Wein)* genossen?!" Aber schnell wurde er sachlich und erklärte Robert die Fakten: Also grundsätzlich verweigern dürfte er den Wehrdienst nicht, das hätte nämlich zur Folge, dass er als "Fahnenflüchtiger" gesucht würde und Berlin nicht mehr verlassen könnte. Er schien es jedoch mit Robert gut zu meinen, als er ihm nahelegte, zu heiraten und den ersten Wohnsitz in Berlin zu nehmen. Wumm, das war ein Hammer! Aber was wollten die beim "Bund" denn auch mit ihm, dem "widerspenstigen Bock"? Da wäre er ja fünfundzwanzig Jahre alt und müsste Befehle von Jüngeren befolgen und gehorsam sein, wie im Gefängnis, und er sah sich im Geiste schon in der Arrestzelle sitzen.

Auf dem Weg nach Hause geriet Robert mächtig ins Grübeln, vielleicht wäre eine Heirat doch nicht so schlecht, jedenfalls hatte ihn die Verwandtschaft von Ursula gut angenommen, alles in allem waren die auch gut situiert, im Gegensatz zu seiner Sippschaft, und zeigten auch Gefühle. Na ja, dachte er, „mal ein paar Tage abwarten und dann sehen wir weiter". Wieder im Betrieb wurde er gleich morgens zum Chef gerufen, der wollte wissen, ob er sich schon entschieden habe. "Wir müssen ja schließlich auch planen und wenn du zum 'Bund' gehst, brauchen wir halt einen anderen, obwohl wir dich gerne halten würden." Er wurde väterlich, "soll das denn immer so weitergehen?", dabei deutete er auf das geschwollene Auge von

Robert. Er plapperte ihn richtig voll, und dem glühten schon die Ohren und er dachte bei sich, „vielleicht haben die 'Alten' ja doch Recht, vielleicht tut es mir ja gut, wenn ich was 'Festes' an der Seite habe und Verantwortung tragen muss. Und außerdem, habe ich denn eine andere, bessere Wahl?"

In den nächsten Tagen drehte sich alles nur um die Frage, Heirat ja oder nein?!

Robert erkannte, dass er nicht davonlaufen konnte, und nach einem feucht-fröhlichen Abend mit Fritze und Gemahlin boten diese sich als Trauzeugen an. Auch Ursula legte etwas von ihrer Schüchternheit ab, und nach einer wilden Nacht gestand sie ihm wieder und wieder, dass sie ihn wirklich liebe und auch ganz gerne einen kleinen Robert von ihm haben möchte. Das wiederum rührte ihn sehr an, obwohl er sich eigentlich keine Kinder wünschte, zu sehr war das Elend seiner eigenen Kindheit noch präsent und schreckte ihn ab.

Alles hat ein Ende, und so gab auch Robert eines Tages dem Drängen der Menschen nach, die es "gut" mit ihm meinten und bestellte das Eheaufgebot. Die standesamtliche Trauung sollte am 17.12.1974 in Berlin-Kreuzberg stattfinden.

Sie wollten danach mit wenigen Bekannten im kleinen Kreis feiern, die eigentliche Hochzeit sollte im kommenden Februar in der Heimat stattfinden. Natürlich in der Kirche, vor dem Traualtar, die Braut ganz in Weiß, er mit Anzug, draußen würden die Schaulustigen stehen und danach die Feier mit allen Verwandten im Lokal.

Die Zeit bis dahin verging unglaublich schnell, und wenn Robert morgens aufwachte, kam oft Panik auf, er fühlte sich dann wie in einem falschen Film. Warum nur dachte er immer wieder, je näher der Termin rückte, dass diese Heirat ein Fehler sein könnte? Ja, er wünschte sich sehr, dass irgendetwas geschehen möge, um diese Hochzeit zu verhindern. Aber er war zu schwach, um alles noch zu stoppen, wollte niemandem wehtun und niemanden enttäuschen, und so lief er sehenden Auges in sein Unglück!

(Warum das so war, können die Leserinnen und Leser in der FORTSETZUNG erfahren, die aber erst noch geschrieben werden muss …)